모든 공직자가 읽어야 할 '현대판 목민심서'

공직, 은퇴할 때 후회하는 27가지

김남형 지음

시간과공간

뼈저리게 후회하며 울어 본 사람들을 만나보면

그들에게는 공통점이 있었다.

'모두 열심히 살아왔다는 것,

그리고 그 후회를 발판으로

다시 날고자 한다는 것'이었다.

아마 가슴 쓰린 후회가 그들을 그렇게 만들었으리라…….

추천의 글 – 1

공직자에게 공직생활 내비게이션이 되기를 소원하면서…….

김중태(前 통일부 기획조정실장)

공직을 은퇴하신 선배님들을 만나 뵈면 이구동성으로 "세월이 유수같이 참 빨리도 간다."고들 말씀하시곤 하셨는데, 나도 공직을 은퇴한 지가 엊그제 같은데 돌이켜보니 어느덧 벌써 7년 차가 되었다.

나는 퇴직한 뒤에 매월 받아 보는 〈공무원연금〉지의 〈사랑방〉 코너에서 독자(은퇴자)들의 출간 소식을 특별히 관심을 갖고 보고 있다. 그럴 때마다 훌륭한 출판을 하신 저자들이 부럽기도 하고, 존경스럽기도 하고, 나도 언젠가는 어떤 형태의 출판이든 책을 한 권 쓰고 싶다는 생각이 늘 뇌리에서 맴돌곤 한다. 그러나 간절한 생각뿐이지 아직 엄두를 못 내고 있다.

늘 이러한 아쉬움 속에 살아가고 있는데 이번에 《공직, 은퇴할 때 후회하는 27가지》라는 매우 소중한 출판 소식을 저자로부터 듣게 되었고, 뜻하지 않게 출판될 책의 추천의 글을 쓰는 영광을 누리게 되었다.

저자는 내가 통일부의 남북출입사무소장으로 근무하던 시절인 2005년에 같이 근무하는 것으로 인연을 맺어 지금까지 아름다운 만남을 이어 오고 있다. 개인적으로 추천의 글을 부탁 받으면서 매우 감사했고 정말 영광스럽게 생각했지만, 어떤 내용으로 추천의 글을 써야 할 건지 며칠 동안 고민 아닌 고민을 하게 되었다.

저자는 이 책에서 공직생활 동안 2가지 원칙과 5가지 목표를 두었다고 했다. 즉, 2가지 원칙은 '① 국민을 사랑한다. ② 동료를 사랑한다'이고, 5가지 목표는 '① 내 업무에는 박사(博士)가 된다. ② 대안과 방법을 찾는다. ③ 20년 이상은 근무한다. ④ 중앙부처에 근무해 본다. ⑤ 사무관(5급)까지 한다'라고 하였다.

저자는 23여 년의 공직생활 동안 이 2가지 원칙을 지키기 위해 나름 최선을 다하였고, 5가지의 목표도 거뜬히 달성하였다.

보통 사람들이 생각하기 어려운 젊은 나이의 명예퇴직으로 공직생활에 대한 아쉬움은 많이 남아 있겠지만, 과감히 자신이 하고 싶은 일을 하기 위해 결코 쉽지 않은 결심을 하고 새로운 도전에 나선 그의 용기와 도전정신에 경의를 표한다.

저자는 1991년 처음 공직에 입문하여 강릉시청에서부터 23여 년 공직생활 동안 마치 이 책을 쓰기 위하여 강원도청, 중앙선거관리위원회, 통일부, 환경부 등 여러 부처에서 다양한 경험을 한 것이 아닌가 하는 생각이 들 정도로 많은 이야기를 쏟아 내고 있다.

저자가 보내 준 원고를 보면서 '내가 못 가진 것을 너무나 많이 가진 대단한 인재였구나!' 하는 생각을 하며 단숨에 원고를 읽어 나갔다. 구구절절이 공감 가는 내용이었다. 나의 33년 공직생활에 오버랩되면서 여러 가지 생각들을 떠오르게 하였다.

그동안 고관대작高官大爵을 하신 많은 분들이 공직생활 동안 '내가 무슨 일을 어떻게 했노라!' 하는 내용의 회고록 또는 자서전을 쓴 경우는 많이 보아 왔다.

그런데 저자는 보통 사람들이 경험한 공직 일선업무 현장의 생생한 이야기, 조직 내 인간관계 등 진솔되고 생동감 넘치는 '사랑방 이야기' 같은 일상적인 구수한 이야기들을 쉼 없이 풀어 놓고 있다.

공직자라면 누구나 상당 부분 공감할 수 있는 공직생활의 생생한 경험을 이렇게 글로 남겨 후배, 동료, 선배들이 시행착오를 최소한으로 줄이고 공직생활에서 유종의 미를 거둘 수 있도록 돕는 참고서를 저술했다는 것은 매우 의미 있는 작업이라 생각된다.

이 책에서 저자는 공직에서 은퇴할 때 후회하는 27가지에 대한 진솔한 이야기들을 적어 놓고 있다. 책을 읽으면서 나도 27가지 후회 중에 해당되지 않는 것이 몇 가지나 되나, 곰곰이 생각해 보았다. 우리는 늘 과거 자신이 했던 일에 대해 후회하고 안타까워하게 마련이다.

저자도 이 글을 쓰면서 '후회'에 대한 상념을 참으로 많이 하였다고 했다. 때로는 눈물도 짓고, 한숨도 많이 지었다고 했다. 그리고 그 이유는 바로 "알고 있었는데도 불구하고 하지 않은 것에 대한 나의 자책이요, 나에 대한 책망이었다."고 이야기하고 있다. 이는 나의 이야기이자 어쩌면 우리 공직자 모두의 이야기이기도 하기 때문에 이 말에 특별히 공감하고 있는지도 모른다.

나는 평소 논어 학이편學而篇에 나오는 '過則勿憚改과즉물탄개' 즉 '잘못을 깨달았을 때는 고치기를 꺼려하지 말라'는 성현의 말씀을 실천하기 위해 노력해 왔다.
우리는 인간이기 때문에 누구나 과오를 범할 수 있다. 그러나 그 과오를 깨달았을 때 그 과오를 고치기 위해 어떤 노력을 하느냐에 따라 그 결과는 천차만별千差萬別이 될 수 있다.

이 책이야말로 바로 이러한 과오에 대한 시정 지침을 제시하고 있다는 점에서 매우 유용하다고 할 수 있을 것이다.

저자는, 어떻게 하면 공직생활에서 '후회'를 줄일 수 있느냐는 공직자들의 물음에 대해 "오늘 당장 퇴임사를 써보세요."라고 권한다고 했다. 그리고 "그 퇴임사를 읽고 또 읽고, 그리고 외우라!"고 하면서 "그 퇴임사에 적혀 있는 후회 목록을 오늘부터 하나씩 하나씩 지우라!"고 말한다. 그리고 나서 퇴임할 때는 퇴임사에 "감사합니다. 고맙습니다. 그리고 행복했습니다."라고 딱 세 마디만 할 수 있도록 하기를 권한다.

결론적으로 저자는 "성공하는 공직이기보다 후회 없는 공직이길 소원합니다."라고 적고 있다. 모든 공직자가 이처럼 공직생활에 대한 후회가 없기를 진심으로 소원한다.

'인생은 속도보다 방향'이라고 이야기한다. 이를 위해서는 공직생활의 정확한 방향을 제시해 주는 '공직생활 내비게이션'의 역할을 해 줄 지침서가 필요할 것이다.

저자의 《공직, 은퇴할 때 후회하는 27가지》라는 책이야말로 바로 현직에 있는 모든 공직자들의 은퇴 후의 후회 없는 삶을 위한 훌륭한 지침서가 될 수 있으리라는 점에서 매우 의미 있는 출판이라 생각한다.

《뉴욕 타임스》 베스트셀러 1위의 《마음을 열어주는 101가지 이야기》(1,2,3) (잭 캔필드 / 마크 빅터 한센)처럼 널리 읽히는 책이 되기를 소망하며 《공직, 은퇴할 때 후회하는 27가지》 출판을 진심으로 축하한다.

추천의 글 − 2

모든 공직자가 읽어야 할 현대판 목민심서

남광희(환경부 중앙환경분쟁조정위원장)

　이 책의 저자가 환경부를 떠난 지 벌써 1년 6개월이나 되었다. 바로 엊그제 저자의 퇴임식을 한 것 같은데 참으로 세월이 무상하다는 생각이 든다. 지금도 그때를 생각하면 저절로 웃음이 나는 무척 인상 깊었던 퇴임식이었다. 여느 퇴임식처럼 무겁거나 침울하지 않은, 오히려 정반대의 밝고 따뜻한 분위기가 연출되었다.
　"건강한 강원도, 건강한 선거문화, 건강한 남북관계, 건강한 자연환경을 위해 헌신한 김남형 사무관은 정작 본인의 건강에는 신경을 쓰지 못하고 장기간의 두통에 시달려 얼마 되지 않은 월급을 뇌MRI 촬영에 소진함으로써 가계에 타격을 주기도 하였다."와 같은 박정준 사무관의 배꼽 잡는 코믹한 약력 소개는 그날의 분위기를 미루어 짐작하게 한다.

그때 나는 "늘 당당하고 용기 있는 모습이 보기 좋았다. 젊어서 자기의 길을 가는 모습이 부럽다. 오늘은 축제의 날이다."라고 축사를 한 것으로 기억한다. 사실은 퇴임하기 몇 달 전 저자와 한택식물원에 출장 갔을 때 그의 퇴임계획을 들었다. 환경과 관련된 일을 하면서 사회 저소득층을 위한 봉사도 하고 싶다고 했다. 어려서부터 봉사하는 삶을 살고 싶었고 더 늦기 전에 그 뜻을 펼치고 싶었단다. 그래서 사회복지사 자격증도 이미 따놓았고, 사업에 필요한 재정도 친구들과 이야기 나누고 있다고 하였다.

저자의 얘기를 들으면서 요즘 세상에서 찾아보기 힘든 대단한 친구라는 생각이 들었다. 안정된 공직을 15년이나 남겨 두고 자기 길을 찾아 표표히 떠나는 저자를 보면서 아직도 은퇴한 뒤에 무슨 일을 할지도 모른 채 얼마 남지 않은 공직에 미련을 두고 있는 내 자신이 부끄러워지는 한편, 공직이라는 온실을 벗어나 비바람이 몰아치는 광야와 같은 현실에서 과연 그가 애초 마음먹은 뜻을 제대로 펼쳐나갈 수 있을까 하는 걱정이 들기도 했다.

그러나 나의 걱정은 말 그대로 기우杞憂였다. 저자는 퇴직한 뒤, 원주기후변화대응교육연구센터에서 열심히 일하면서 봉사활동도 계속 이어가고 있다. 게다가 퇴임한 지 얼마 되지 않아 자서전을 발간하더니, 이번에 다시 《공직, 은퇴할 때 후회하는 27가지》라는 새로운 책을 펴낸다고 하니 실로 놀라운 일이 아닐 수 없다. 퇴임하고 나서 새로운 직업 등 변화된 환경에 적응하기도 만만치 않을 텐데 짧은 기간에 두 권의 책을 쓰다니 말이다. 저자는 아무리 생각해도 범상치 않은 인물임에 틀림이 없다.

처음 그를 봤을 때 키도 크고 덩치도 제법 있는 사람이 소의 눈 같은 착한 눈으로 웃던 모습이 지금도 눈에 선하다. 그런데 이런 착한 친구가 일할 때는 평소 모습과 달리 치밀하고 냉정한 사람으로 돌변한다. 일례로 민간환경단체에 주는 보조금 집행에 대해 십수 년 동안의 집행실태를 파악하고 조사하는 등 본인 스스로 파고 들어가 문제점을 밝히고 이를 개선하였다. 그리고 남들은 한 기관도 제대로 근무하기 힘든데 그는 환경부 등 중앙부처뿐 아니라 강원도청 등 지방자치단체에 이르기까지 무려 5개 기관에서 일해 온 슈퍼맨 같은 사람이었다. 이렇게 여러 기관을 전전하는 사람은 '메뚜기'라고 불리면서 좋지 않은 평가를 받기 쉬운데 저자는 어디를 가든 자기 자리에서 최선을 다해 왔고 그래서 늘 환영 받는 사람이었다.

한편 이 책을 읽고 나서 깜짝 놀란 사실이 있다. 저자가 그렇게 눈물이 많은 울보 남자인지를 까맣게 모르고 있었다. 웃음치료사라는 자격증과 늘 함박 웃는 모습에서 펑펑 울어대는 '울보 남자'를 상상하기란 불가능하다고 본다. 그런데 강원도 도로관리사업소 근무할 때 제설작업 하던 기사의 거친 손을 보면서 눈물 흘리던 모습, 원주지방환경청 노조대표로 일하면서 직원 상담과정에서 통곡하던 모습 등의 사례에서 보듯이 그는 동료들의 슬픈 사연과 안타까운 상황을 접할 때는 언제든지 여지없이 눈물을 쏟아 내었다. 참으로 공감능력이 탁월한, 웃음과 눈물을 함께 갖춘 휴머니스트라는 사실을 이 책을 통해 확실히 알게 되었다.

처음 이 책 제목과 목차를 보면서 나같이 은퇴를 앞둔 공무원들에게 참으로 유용한 책이라고 생각했다. 요즘 100세 시대를 맞이하면서 인생 2막 준비가 중요한 화두이다 보니 성공한 은퇴 스토리, 퇴직 전 준비에 관한 이야기 등 은퇴관련 책들이 서점에 즐비하게 나와 있다. 그렇지만 정작 공직자를 겨냥한 은퇴 준비서는 찾아보기 힘들다. 그런 점에서 저자의 이 책은 나처럼 곧 은퇴하는 공직자에게 큰 도움이 될 것이라고 본다. 실제 전체 27개 장 중에서 나만의 전문분야 만들기(9장), 5년 전부터 퇴직 준비하기(10장), 나만의 퇴임식 준비(21장) 등 은퇴 전 준비해야 할 실속 있는 유익한 정보를 담고 있다.

그런데 이 책을 다 읽은 뒤 나의 느낌은 은퇴를 앞둔 공무원뿐만 아니라 이제 막 공무원을 시작한 초임 공무원까지 모든 공무원들이 읽을 필요가 있는 현대판 목민심서 같다는 생각이 들었다. 왜냐하면 이 책은 은퇴한 공직자들을 대상으로 인터뷰한, 공무원으로서 재직 기간 동안 가장 후회가 되는 일들에 관한 내용을 바탕으로 작성되었기 때문이다. 즉, 공무원으로서 갖추어야 할 원칙과 목표, 민원인·주민 등 국민에 대한 친절한 서비스 제공, 직장 내 상하 동료 간 바람직한 인간관계, 현장중시의 행정 등 공직자들이 지향해야 하는 가치를 다루고 있다.

그렇다고 이 책이 공직자 윤리서처럼 딱딱하고 지루한 책은 아니다. 저자와 은퇴한 선배들의 구체적인 성공 및 실패 사례를 바탕으로 스토리텔링 형식으로 꾸며져 있어 읽기 편하고 재미있다. 또한 직장 선후배, 동료들 사이의 인간관계를 저자 특유의 휴머니스트적인 시선으로 묘사하고 있어 책을 읽는 내내 고개가 끄덕여지고 책을 읽은 뒤에는 가슴이 뭉클해지기도 하였다. 이러한 느낌은 아마 저자가 중앙부처와 지방자치단체 등 여러 기관에서 겪은 다양하고 풍부한 경험이 시너지 효과를 발휘한 데서 온 것이 아닌가 하는 생각이 들었다. 사실 중앙부처 공무원은 제도와 같은 큰 그림은 잘 그리지만 구체적인 현장성은 떨어지는 반면, 자치단체 공무원은 현장성은 뛰어나지만 제도와 같은 큰 그림에는 약한 문제점을 갖고 있다.

그리고 이 책은 특정 개인의 경험과 생각을 다룬 여타의 책들과 달리 저자만의 이야기가 아니라 설문조사를 토대로 다양한 퇴직 공무원들의 이야기까지 다루고 있어 훨씬 신뢰도가 높고 호소력이 있다고 본다. "잘 듣고 잘 메모해서 많은 사람들에게 알려 주게나. 공직에서 퇴직하는 사람 중에 나 같이 후회하는 사람이 없었으면 하네……."라는 퇴직 공무원의 말에서 알 수 있듯이 이 책은 후회 없는 공직자생활을 지향하는 사람은 누구나 읽어야 할 책이다.

23년 공직생활 동안 누구보다 즐겁고 신나게 다양한 경험을 한 저자가 공직이라는 직업이 얼마나 근사하고 멋진 직업인지 뒤늦게 깨달았다면서 "성공하는 공직이기보다 후회 없는 공직이길 소원한다."라고 한 말이 나의 뇌리를 떠나지 않는다. 나도 얼마 남지 않은 기간이지만 마지막까지 후회 없는 공직생활을 하기로 다짐하면서 은퇴를 앞둔 분들은 물론 같은 길을 걷고 있는 모든 공직자분들께 이 책을 강력하게 추천한다.

차례

추천의 글 · 6

공직자에게 공직생활 내비게이션이 되기를 소원하면서…….

— 김중태(前 통일부 기획조정실장)

모든 공직자가 읽어야 할 현대판 목민심서

— 남광희(환경부 중앙환경분쟁조정위원장)

머리말 · 20

성공하는 공직이기보다 후회 없는 공직이길 소원합니다

① 선·후배, 동료에게 더 다가갈 것을 · 27

② 공직, 원칙과 목표를 세울 것을 · 48

③ 나의 일, 공직을 좀 더 사랑할 것을 · 58

④ 승진에 너무 목매지 말 것을 · 68

⑤ 그 제도, 그 법만큼은 개선할 것을 • 76

⑥ 국민에게, 주민에게 더 친절하게 다가갈 것을 • 83

⑦ 멋진 후배 공직자를 양성하기 위해 더 노력할 것을 • 98

⑧ 더 당당하게 내 주장을 펼칠 것을 • 109

⑨ 전문분야 하나 정도는 만들 것을 • 116

⑩ 5년 전부터 퇴직준비를 할 것을 • 124

⑪ 남들이 기피하는 업무를 자진해서 해볼 것을 • 136

⑫ 현장을 더 챙겨 볼 것을 • 148

⑬ 국민에게 희망을 전파할 것을 • 158

⑭ 많은 것을 기록해 놓을 것을 • 172

- ⑮ 공직, 간절하고 절실한 스토리를 만들어 볼 것을 • 180
- ⑯ 관행慣行, 과감히 탈피할 것을 • 193
- ⑰ 전임자, 후임자에게 감사의 말을 전할 것을 • 204
- ⑱ 보고, 보고서에 너무 매달리지 말 것을 • 214
- ⑲ 중앙정부를, 지방정부를 이해하려고 노력할 것을 • 222
- ⑳ 공직생활, 절반쯤 왔을 때 나만의 시간을 가져 볼 것을 • 230
- ㉑ 나의 퇴임식을 내가 직접 멋지게 준비할 것을 • 242
- ㉒ 갈등을 회피하지 말고 정면으로 부딪혀 볼 것을 • 250
- ㉓ 국민의 세금, 예산을 아껴 쓸 것을 • 260
- ㉔ 민원서류, 하루라도 더 빨리 처리할 것을 • 268

㉕ 법 집행, 더 엄격하게 할 것을 • 276

㉖ 비판의 목소리에 귀 기울일 것을 • 282

㉗ 조금 더 경청하고 겸손할 것을 • 293

글을 마무리하면서 • 304

감사합니다 • 310

• 머리말

성공하는 공직이기보다 후회 없는 공직이길 소원합니다

"나는 후회한다. 고로 나는 존재한다."

'후회'와 관련된 책을 읽다가 이 문구를 보고 한참 웃었던 적이 있다. 즉, '존재하는 것은 어떤 식으로든 다 후회한다.'라는 뜻인데 고개가 절로 끄덕여졌기 때문이다.

나는 《탈무드》에 나오는 "반성하는 자가 서 있는 땅은 가장 훌륭한 성자가 서 있는 땅보다 훌륭하다."라는 말을 참 좋아한다. 이 글을 쓰면서 '후회後悔'의 사전적 의미를 찾아보니 '이전의 잘못을 뉘우침'으로 되어 있었다. 그렇다면 난 잘못한 것이 없는데 왜 그토록 후회를 했을까? 스스로에게 그런 질문을 하면서 나는 '잘못'이란 말은, 알고 있었음에도 무엇을 하였거나 또는 하지 않았음을 뜻하는 것으로 지극히 '자각'의 의미를 지니고 있음을 깨달았다.

지난해 따뜻했던 봄날, 지자체 공직자를 대상으로 기후변화 강의를 할 기회가 있었다. 강의를 시작하기에 앞서 "저도 지난해에는 여러분처럼 공직에 있었습니다. 이런 자리에서 뵈니 반갑습니다."라는 인사말로 강의를 시작하였다.

강의를 마치고 마지막 질의·응답 시간이었다. 누군가가 이런 질문을 던지셨다.

"공직에서 일찍 퇴직하셨는데, 후회하지 않으세요? 퇴직하고 가장 후회되는 것은 무엇인지요?"

사적인 자리에서도 이런 질문을 종종 받아봤지만 깊이 있게 고민하지 않았던 터라 그냥 웃어넘겼다. 그런데 공적인 자리에서 정식으로 질의를 받았으니 답을 해야만 했다.

"하고 싶은 일이 있었습니다. 그래서 조금 일찍 퇴직한 것을 크게 후회하지는 않습니다. 음, 그런데 이따금씩 후회가 되는 것도 있기는 합니다. ……, 음……, 음……"

끝내 대답을 못하고 그렇게 강의를 마쳤다. 그리고 사무실로 돌아와 책상에 앉아 후회되는 일들을 노트에 적어 보았다. 사람에 대한 후회, 일에 대한 후회, 시간에 대한 후회, 말에 대한 후회……. 노트에 한참이나 적다 눈물이 주룩주룩 흘렀다. 이렇게 아쉬운 것이 많았던가? 그렇게 안타까움이 컸던가?

나는 그 다음 날부터 퇴직한 선배님들을 찾았다. 그리고 여쭈어 보았다.

"공직생활, 후회가 되십니까? 그럼 그 후회는 어떤 것입니까?"

한 선배님은 한참이나 나를 또렷이 쳐다보시더니 입을 여셨다.

"그래, 이제야 내 마음속에 있는 것들, 좀 털어 놓아 보자. 그동안 누구에게도 하지 못했던 가슴 속에 있는 후회들을 네게 실컷 이야기해 보자. 잘 듣고, 잘 메모해서 많은 사람들에게 알려 주게나. 공직에서 퇴직하는 사람 중에 나처럼 후회하는 사람이 없었으면 하는 마음이네……."

내가 찾아뵌 그들은 대부분 공직생활을 30년 이상 하신 분들이다. 1980년대 산업화 시기에 공직에 입문하여 박봉을 경험하였고, 인생의 황금기를 공직에 계셨고, 나라가 힘들 때 국가를 위해서 열심히 일하셨고, 이제 편안히 노후를 즐기셔야 하는 나이임에도 불구하고 퇴직한 후 밀려오는 후회는 때론 자신을 순간순간 멈추게 한다고 하셨다.

우리는 얼마나 많은 후회를 하고 살고 있을까?

"그때 그곳에 가 볼 것을."

"아이들에게 사랑한다는 편지를 써 줄 것을."

"부모님과 산책을 해볼 것을."

"맛있는 것을 먹으러 가 볼 것을." 등등.

그리고 우리가 아는 가장 큰 후회 3가지.

"즐길 것을."

"참을 것을."

"베풀 것을."

　지난해 여름, 아들과 그간 미뤘던 대마도 여행을 다녀왔다. 늘 가야지, 가야지, 하다가 어느 날 무작정 예약했다. 아들이 입버릇처럼 대마도 여행을 가자고 하였는데 차일피일 미루다가 문득 생각나는 날 바로 예약한 것이다. 그리고 떠난 여행, 아들과 참으로 많은 이야기를 나누고 왔다. 여행을 다녀와 기행문을 작성하여 나의 스토리story 파일에 꽂아두었다. 아들도 기행문을 썼다고 한다. 이따금 아들의 환하게 웃는 사진을 펼쳐 보며 "그래, 그때 잘 갔다 왔지.", 그러면서 내년 여름에는 아들과 또 어디를 가볼지 생각해 본다.

　살아가면서 요즘처럼 '후회'라는 말이 가슴 깊이 와 닿은 적은 없었다. 지난해 퇴직하고 23년의 공직을 되짚어 자서전을 쓰면서 펑펑 울어 버렸다. 그건 '후회' 때문이었다. 사실 누구보다 즐겁고, 신나게 그리고 남들이 쉽게 할 수 없는 다양한 경험을 하였음에도 왜 그토록 눈물이 났을까? 아마 다시는 돌아갈 수 없고, 다시는 그 사람을 만날 수 없고, 다시는 그 제도를 바꿀 수 없고, 다시는 국민을 위해 일할 수 없기 때문일 것이다. 그리고 공직이라는 직업이 얼마나 근사하고 멋진 직업인지 자서전을 쓰면서 깨달은 것이었다. 뼈저리게 후회하며 울어본 사람들을 만나보면 그들에게는 공통점이 있었다. '모두 열심히 살아왔다는 것, 그리고 그 후회를 발판으로 다시 날고자 한다는 것'이었다. 아마 가슴 쓰린 후회가 그들을 그렇게 만들었으리라…….

후회스러워 엉엉 울던 날, 내 앞에서 후회로 그렇게 한숨 쉬던 선배 공직자를 뵀던 날, 난 펜을 들었다. 그리고 지금 현직에 계시는 공직자들에게 전하지 못하였던 많은 말들을 적어 내려갔다. 그리고 지금이라도 그들의 손을 꼭 잡고 전해 주고 싶은 말,

"성공하는 공직이기보다 후회 없는 공직이길 소원합니다."

1

선·후배, 동료에게 더 다가갈 것을

2014년 말, 공직에서 퇴직한 선배를 만나기로 한 약속장소로 나갔다. 안부전화를 자주 드리긴 했지만, 나도 퇴임하고 선배도 퇴임한 뒤에 만나는 것은 처음이었다. 퇴직한 뒤 후회하는 것들에 대하여 인터뷰도 할 겸, 선배님도 뵐 겸 전화를 드려 약속을 잡았다. 지자체 공무원으로 30년 이상을 재직하였고, 늘 공직자로서 사명감이 컸던 선배님이라 나눌 이야기가 많을 것 같았다. 약속시간에 정확하게 도착하신 선배님은 예전처럼 반갑게 나를 맞아 주셨다.

차를 마시면서 퇴임 후 일상을 주로 이야기하셨다. 퇴임한 뒤 후회되는 것은 없는지 여쭈려던 차에 선배님께서 먼저 후배 동료들에 대한 섭섭함을 말씀하셨다.

"도대체 전화가 한번 없어. 퇴임 전날까지 밥도 사 주고 그랬는데, 퇴임하고 석 달 동안 후임과장이 업무와 관련해서 걸어온 전화 말고는 직원들은 아예 연락이 없어. 심지어는 얼마 전 수당과 관련해서 알아볼 게 있어 내가 먼저 전화했다니까……. 좀 괘씸하다는 생각이 들어. 후배님도 알지만 내가 직원들에게 얼마나 잘해 주었는가? 편하게 해주려고 무진장 애쓰고, 핀잔보다는 칭찬하려고 참으로 노력하였는데……."

그러면서 후배 동료들에 대한 섭섭함을 30분가량이나 쏟아 내셨다. 난 아무 말 않고 듣고만 있었다. 사실 인터뷰도 해야 하는데, 그렇다고 선배님의 말씀을 중간에 자를 수도 없었다. 그래서 한참이나 듣고 있다가 끝나갈 무렵에야 이 말씀은 꼭 드려야지 싶었다.

"선배님, 많이 섭섭하시겠네요. 그런데 제가 말씀드려도 될까요? 혹시 선배님 현직에 계실 때 퇴직하신 선배님께 얼마나 자주 전화하셨어요?"

그 선배님은 한참이나 내 얼굴을 쳐다보시더니 아무 말도 없으셨다. 무언가에 한 대 얻어맞으신 기분인 것 같으셨다. 우리 두 사람은 한참동안 말없이 커피를 마셨다. 그리고 그 선배님은 그날 이후로 날 만나시면 후배 동료들에 대한 섭섭한 말씀은 일체 없으시다.

난 붙임성 있는 성격에다 워낙 편지 쓰는 것을 좋아하여 퇴직하신 선배님께 이따금씩 전화도 드리고, 편지나 연하장을 보내곤 하였다. 그냥 내가 좋아서 하는 일인데도 퇴직하신 선배님들은 참 좋아하셨다. 퇴직하신 분들의 소재지로 출장을 갔다가 전화를 드리면 선배님들은 총알처럼 나오셔서 맛난 점심에 커피까지 사 주시곤 하신다. 그때 나는 퇴직하신 선배님들의 이야기는 대체로 "이렇게 세상에서 잊히는 것 같네 그려. 그래도 후배님께서 이따금씩 연락도 주고 하니 감사하네. 현직에 있을 때, 선후배 동료들을 챙기지 못한 것이 못내 아쉬워……."

기업이나 공직자를 대상으로 강의를 하면서 난 세상의 제1법칙을 이야기해 주곤 한다.

"대접 받고 싶으면 대접해 주어라, 주고 또 주고 그리고 잊어라 give give forget!"

이 말에는 중요한 뜻이 담겨 있다. 단지 대접 받고 싶은 대상에게만 잘할 것이 아니라 나와 연결되어 있는 모든 사람들에게 마음을 주고, 그리고 잊어라. 잊고 살다가 언젠가는 그 연결고리 속에서 내가 주었던 마음이 다시 내게로 돌아온다는 뜻이리라.

20년 전인 1996년, 강원도 도로관리사업소에 근무할 때다. 그해 설날은 연휴 기간 내내 강원도 지역에 폭설이 내렸다. 업무 특성상 비상근무는 당연했다. 그 당시만 해도 제설장비가 그리 좋지 않아 폭설이 오면 산간오지 지역의 제설작업은 꽤나 힘들었던 기억이 난다. 연휴 첫날부터 전 직원은 비상근무였고, 나는 회계와 서무를 담당하였기에 제설작업 기사님들이 제대로 일할 수 있도록 지원하는 것은 당연한 것이었다. 강릉에 위치한 우리 사무실에서 제설작업을 해야 하는 곳까지는 멀고 그 범위도 광범위했다. 가깝게는 평창, 정선으로 한 시간 정도, 멀게는 인제, 양구까지 두 시간 이상 가야 하는 산간오지였다. 고속도로도 아니고 그것도 밤에 제설차를 먼 곳까지 끌고 가는 것은 여간 힘든 일이 아니었으리라…….

인제로 제설작업을 가시는 김 기사님께 빵과 장갑 등 비상물품을 전달해 드리면서, 나는 "조심해서 잘 다녀오세요. 항상 운전 조심하시구요."라며 환하게 웃어 보였다. 그러자 김 기사님은 비상물품을 받아들면서 "남형 씨, 나야 늙은 것이 상관없지만 젊은 사람이 설 명절에 집에도 못 가고, 어쩌나……." 하면서 내 손을 꼭 잡아 주셨다. 그런데 그 손이 얼마나 거칠고 무거웠던지 지금도 그 느낌이 내 손에 남아 있다. 나는 김 기사님의 제설차가 사무실을 돌아 나가는 것을 지켜보면서 한참이나 서서 배웅을 해드렸는데, 갑자기 눈물이 났다. '저렇게 거친 손으로 그 산간오지를 다니시면서 도로를 관리하시었구나. 한여름 땡볕 아래에 에어컨도 없는 차에서 땀을 뻘뻘 흘리며 일하셨구나……. 그리고 사무실로 돌아오실 때는 그 거친 손으로 아들 같은 나에게 아이스크림을 사 주셨구나.', 생각하니 눈물이 펑펑 흘렀다.

그 이후로 나는 우리 사무실의 덤프트럭 등 중장비 기사님들의 손을 이따금씩 훔쳐보며, 장갑도 좋은 것으로, 빵도 맛있는 것으로 사 드리려고 애썼다. 어쩌면 제설차를 운행한 그 기사분들이 바로 대한민국의 영웅이었다는 생각을 한참이나 했던 적이 있다. 그리고 내가 다른 곳으로 발령이 나 사무실을 떠나던 날, 기사님들이 돈을 모아 나에게 예쁜 티셔츠를 사 주셨다. 난 그 옷을 참으로 오래, 그리고 따뜻하게 입었었다.

마음을 주고받는 것은 기억의 언저리에 늘 남아 있다. 그리고 그곳을 지날 때, 그와 유사한 이름이나 명칭을 보았을 때 슬며시 미소 짓게 한다. 지금은 그 사무실이 다른 곳으로 이전하였지만, 그 사무실 앞을 지날 때면 굳은살이 너무도 많아 마치 돌 같았던 김 기사님의 손과 따뜻한 마음을 주셨던 기사님들의 얼굴이 떠오른다.

2011년 원주지방환경청에 근무할 때다. 민원이 많은 업무를 맡아 꽤나 힘들고 건강도 좋지 않았다. 민원이 많다 보니 늘 야근에 시달렸고, 수시로 자료 제출을 요구하는 터에 늘 긴장하고 지내던 시기였다. 또한 기관의 노동조합 대표로도 있었는데, 기관의 결원缺員이 심하여 타 기관에서 부족한 인원을 보충할 때 기관 간, 기관 내 갈등이 심하였다. 아마 공직에 있으면서 몸과 마음이 가장 무거웠던 시기로 기억한다.

늘 목은 부어 있어 말을 하기 힘들었고, 무엇보다 불면증이 심하여 참기 힘든 두통이 자주 찾아왔다. 그래서 그런지 우리 팀원들이 늘 힘든 내 모습을 보면서 눈치를 많이 살피는 것을 느꼈다. 그렇지만 팀원들의 마음까지 고려할 여력이 없었던 터라 못내 미안했지만 '어쩔 수 없다.'라고 생각한 것 같다. 짜증을 내지 않으려 노력했지만 늘 밝던 모습이 무뚝뚝하게 변해 버린 것만으로도 팀원들에게는 스트레스였을 것이다.

그러던 어느 날, 그간 노동조합 때문에, 아니 노동조합의 대표인 나 때문에 먼 곳에서 우리 기관으로 발령이 났고, 그것으로 인하여 너무 고충이 많았던 직원과 상담을 하게 되었다. 상담을 마친 뒤 사무실로 돌아온 나는 내 책상에서 심하게 울었다. 아마 그동안 힘들었던 기억과 그 직원에 대한 미안함이 한꺼번에 밀려왔던 것 같다. 우리 팀원들이 내가 우는 모습을 한참이나 지켜보다 자리를 피해 주었다.

난 그날 오후 조퇴하고서 병원에 갔다가 약을 먹고 집에서 쉬었다. 그런데도 계속하여 눈물이 났다. 상담했던 그 직원이 그동안 얼마나 힘들었을까?, 라는 생각이 자꾸 떠올랐다. 내 앞에서 잠깐 울다가, 끝내 환하게 웃어 주며 "처음에는 사무실이나 노조회장님이 밉기도 했어요. 그러나 생각해 보니 노조회장님은 우리 사무실을 위해서 하신 일이고, 또 어쩔 수 없었던 일이란 생각이 들었어요. 그러고 나니 마음이 조금 편해지더군요. 그간 회장님도 마음고생 많았다는 이야기를 들었어요. 그 비난과 불평을 들으면서 우리들 상처받지 않도록 무던히 애쓰신 것 알고 있습니다. 이제 훌훌 털고 일 열심히 일할 게요……."라고 말했다. 그 모습이 얼마나 애틋하고, 또 나는 얼마나 미안했는지……. 아마 그날 밤은 거의 잠을 이루지 못하고 밤을 새웠을 것이다.

다음 날 무거운 몸으로 출근했더니 책상 위에 예쁘게 포장된 선물상자가 있었다. 그 안에는 허브티가 있었고, 그리고 편지가 있었다.

"팀장님, 그간 너무 고생 많으셨어요. 늘 옆에 있으면서도 남의 일처럼 보듯 하였어요. 사실 우리 사무실 일이고 우리 팀 일인데……,

팀장님 요즘 불면증에, 두통 심하다는 이야기 들었어요. 허브티가 긴장해소와 숙면에 좋다고 합니다. 우리 믿고 며칠만 쉬었다 오세요. - 팀원 일동".

다시 눈물이 났지만 참았다. 그리고 그 다음 주에 나는 건강을 이유로 3일 동안 쉬었다. 몸도 마음도 많은 위로를 받았다. 우리 팀원들의 따뜻한 마음으로……. 그리고 다음 해 우리 팀원들이 모두 세종시로, 그리고 집 가까운 곳으로 발령이 났고, 나로 인해 힘들었던 그 직원은 가족 곁으로 발령 나서 가던 날, 난 또 울었다.

이 글을 통해 우리 팀원인 강 선생님, 박 선생님, 엄 선생님께 고맙고, 감사하다는 말을 전해 주고 싶다. 그리고 나로 인해 갓 돌이 지난 아기를 원주까지 데리고 와서 혼자 꿋꿋이 2년 이상을 잘 버텨 준 안 선생님께 넓은 마음으로 끝까지 나를 이해해 주어서 감사하다는 말을 꼭 전하고 싶다. 그리고 안 선생님뿐만 아니라 나 때문에 수도권에서 원주까지 와서 오랜 시간 같이 근무해 준, 많은 분들에게도 감사하다는 말씀을 전하고 싶다.

그해 마지막 날 12월 31일, 아침 일찍 출근하여 내 사무실 2층에서 1층의 현관문을 내려다보며 출근하는 직원들을 한참이나 보았다. 그리고 갑자기 "나는 우리 직원들에게 어떤 모습일까? 그들 모두에게 나는 편안한 동료일까 아니면 불편한 직원일까? 내가 상대를 불편해하면, 상대도 나를 불편해한다. 그런데 출근하는 직원들 중 불편한 동료가 적지 않음을 알고서 한참이나 멍하니 서 있었다. 퇴직하고서 생각해본다. 같이 근무했던 동료들에게 나는 어떤 사람이었는지…….

퇴직하기 전날, 인재개발원에서 근무하는 안 선생님께서 장문의 메일을 한 통 보내왔다. 일도 잘하고 사명감도 남달랐던 직원이었고, 두 번이나 같은 부서에서 근무했었다. 같이 근무하다 가정사로 인해 집이 있는 곳으로 발령 나는 바람에 오랫동안 같이 근무하지 못해서 늘 마음에 남아 있는 직원이었다.

"선배님, 그만두신다는 이야기를 듣고 너무 놀랐습니다. 꼭 다시 한 번 더 선배님하고 같이 근무하고 싶었습니다. 제가 발령 받고 사무실에 첫 출근하던 날 선배님께서 저에게 해주신 말씀 기억하세요? '집과 짐 정리는 잘했어요? 먼 곳에서 오느라고 힘들었죠? 우리 모두 어떤 분인가 보고 싶었어요.' 그리고 환하게 웃어 주시며 저에게 악수를 청하셨어요. 그때 제가 집안일 정리로 발령 날짜보다 조금 늦게 가는 바람에 부서 분위기가 좋지 않았다는 이야기를 들었어요. 그런데 선배님께서 그 분위기를 확 바꾸어 주셨어요. 난 그 말을 지금도 잊을 수가 없어요. '힘들었죠, 어떤 분인지 보고 싶었어요.'라는 그 말씀…….''

그 직원은 지금도 이따금씩 나에게 안부를 물어온다. 그리고 "선배님 덕분에 아이도 잘 크고, 공직생활 잘하고 있다."면서, "모두 선배님 덕분이에요."라고 한다.

나와 비슷한 시기에 명예퇴직한 선배님을 만났다. 성격도 좋으시고 소탈하신 분이라 공직에 있는 동안 늘 인기가 좋으셨다. 그런데 인터뷰 과정에서 가슴 아픈 이야기를 하셨다. 상사분과의 마음 아팠던 일이었다.

"15년 전 일이죠. 글쎄, 과장이 아무 이유 없이 나를 무시했던 것으로 기억합니다. 남형 씨도 알잖아요. 나는 공직에 있을 때 그저 일밖에 모르고 살았잖아요. 근무를 태만히 한 적도 없고, 그저 내 일을 열심히 하였죠. 그리고 그 부서에 있을 때 성과도 있었고요. 그런데 이따금씩 결재를 가면 과장이 나를 무시하더군요. 나는 도저히 이해가 되지 않았고, 그래서 나도 같이 삐딱하게 대하였죠. 그러다 보니 과장과의 관계가 회복되지 않더군요. 그리고 1년 정도 근무하다 내가 원해서 다른 부서로 옮기게 되었어요. 나는 그 부서를 떠날 때 과장에게 나를 무시한 이유에 대하여 따져 물었죠. 그 이유가 석연치 않았고, 그 과장에게 사과를 받아 내기는 하였지만 그 일은 나에게 트라우마로 남아 순간순간 나를 힘들게 했어요. 그때 처음으로 공직을 떠나야겠다는 생각을 해봤던 것 같아요. 그리고 나는 다짐했죠. '내가 과장이 되면 절대 저런 사람은 되지 않으리라, 별 이유 없이 누군가를 차별대우하거나, 무시하지 않으리라…….' 나의 인생철학 중에 하나인 '강자에게 강하고, 약자에게 약하고'도 아마 그때 생긴 것 같아요."

이런 이야기를 하면서 그 선배님은 퇴직한 지금까지도 그 과장을 미워하고 있었다. 그리고 선배님은 후배 공직자분들에게 이 말을 꼭 전해 달라고 하셨다. "누구에게 마음의 상처를 주지 마라. 마음의 상처는 쉽게 아물지 않는다. 그리고 그 상처로 인하여 또 누군가에게 상처를 줄 수 있다."라고. 또 선배님께서는 "지금도 너무 화가 나고 섭섭하여 아직도 그 과장에게 전화해서 또 따져 물어보고 싶다."라는 말씀도 덧붙이셨다. 나 또한 비슷한 사례가 있었기에 그 마음을 이해할 수 있을 것 같았다. 나도 이따금씩 나에게 상처를 준 그 상사와 비슷한 이름만 보아도 울화가 치밀 때가 있다. 자존심에 상처를 입은 것은 정말 오래간다. 우리가 잊지 말아야 할 사실이라 생각한다.

퇴직하고 나서 고마웠던 분들에게 감사의 편지를 보낸 적이 있다. 편지에 근무하는 동안 같이 일한 직원에게 나는 마음을 얼마나 주었는지? 또 그들에게 얼마나 사랑을 받았는지?, 써 내려갔다. 그러면서 행복했다.

중앙선거관리위원회 근무 때 내가 허리가 좋지 않으니 가까운 곳에 출장 다닐 때 사용하라며 자비를 들여 중고 오토바이를 구입해 주던 임 서기관님, 사무실 일로 힘들어할 때 힘내라며 늘 응원해 주시며 술 한잔으로 마음을 주셨던 김 과장님, 김 서기관님.

원주지방환경청 근무 시절 한겨울에 같이 야근하다가 새벽 4시에 걸어서 퇴근할 때 "팀장님 저 때문에 졸면서까지 사무실에서 같이 있어 주어서 감사해요. 팀장님께 늘 미안하고 죄송해요." 하면서 집 앞 편의점에서 따뜻한 커피를 건네주며 환하게 웃던 유 선생님, 같은 팀에 있으면서 늘 자신을 칭찬해 주었다며 책을 선물해 준 추 선생님, 퇴직하면 보고 싶을 거라며 눈물을 글썽인 전 팀장님, 휴직 중에도 자주 전화를 걸어와 1시간씩 살아가는 이야기를 하는 최 선생님, 승진 시험 전날, 자격증 시험 전날, 도서관까지 찾아와 엿을 전달해 주며 늘 내 편이라고 응원해 준 유 선생님, 홍 선생님, 퇴직하고 나서도 사무실 회식에 늘 나를 불러 주시고, 지금도 늘 응원해 주시며 맛있는 점심을 사 주시는 백 과장님, 최 과장님, 남 과장님, 김 과장님, 유 과장님, 김 과장님, 박 과장님, 그리고 이 선배님, 매일 아침 하루도 빠짐없이 아름다운 소식을 내게 보내 주시는 곽 선배님.

동계올림픽 조직위원회 황 사무관님, 김 사무관님, 지금도 남도南道를 갈 때마다 전화 드리면 맛난 선어회로 살아가는 이야기를 나누어 주시는 영산강유역환경청 김 과장님. 이따금씩 전화해 나를 응원해 주고 세상 돌아가는 이야기를 해주는 통일부 고 서기관님, 허 사무관님, 통일부에 같이 근무하다 이제는 보건복지부에 근무하는 서 서기관님. 중앙공무원노동조합 박 위원장님, 은 국장님……. 생각해 보니 수도 없이 많다. 퇴직 후 지금까지 내가 꿋꿋하게 버틸 수 있었던 것은 모두 '그분들의 따뜻한 마음 때문이었구나.' 하는 생각에 다시금 놀라곤 한다. 나 또한 퇴직한 뒤 잠깐의 우울증이 찾아왔었고, 그것을 이겨내는 것이 참으로 힘겨웠다. 그런데 옛날 동료들의 응원전화 한 통, 그리고 같이 나눈 커피 한잔이 얼마나 응원이 되어 주었는지 지금에서야 느낀다.

통일부에 근무할 때 나의 담당계장인 서 서기관(지금은 보건복지부에 계신다)님은 보고서를 올리면 늘 "벌써 작성했어요? 빠르네요."라는 말씀부터 해주셨다. 서 서기관님은 보고서에는 달인이라 내 보고서가 탐탁하지 않음에도 불구하고 "잘 작성하였네요. 그런데 이 부분은 이렇게 바꿉시다."라며 결재를 해주신다. 그리고 결재가 끝나면 "애썼어요."라는 말을 꼭 잊지 않으셨다. 나는 퇴직하고 나서 서 서기관님께 왜 단 한 번도 싫은 소리 없이 늘 칭찬만 해주셨는지 여쭈어 보았다. 그랬더니 "당연하죠, 남형 씨도 나에게 한 번도 싫은 이야기 안 하잖아요. 그리고 야근을 해도 나보다 더 많이 하고, 고민을 해도 나보다 더할 텐데 내가 보고서 쓴 것 가지고 투덜투덜 대면 안 되지요."라고 하셨다.

환경부 지방환경관서에 근무할 때 박 청장님은 내가 인사말씀과 기고문을 작성해 드리면 "아주 베리 굿."이라며 침이 마를 때까지 칭찬을 해주셨다. 그리고 그 인사말씀과 기고문을 출력하여 집에 가보(家寶)처럼 두신다고 하신다. 그 인사말씀과 기고문은 내가 작성한 것이 아니다. 청장님이 뼈대인 방향을 잡아 주시고 난 거기다가 단지 살을 붙인 것이다. 그런데도 다른 사람들에게는 내가 다 작성한 것처럼 칭찬해 주신다. 뿐만 아니라, 인사말씀이나 기고문 결재 시에는 작성하느라 고생했다며 꼭 커피 한잔을 내주시면서 살아가는 이야기도 해주시고, 선배 공무원으로서 나에게 도움이 되는 말씀도 많이 해주셨다. 그리고 주요 인사를 만나러 가는 자리에 수행을 가면 가급적 청장님 바로 옆자리에 나를 앉도록 배려해 주셨다. 대화를 나누면서 나에게도 의견을 자주 여쭈어 보시며, 우리 담당자인데, 정말 일을 열심히 한다고 칭찬해 주셨다. 한번은 식사를 마치고 나오는데 그 주요인사께서 나에게 이렇게 말해 주셨다. "아주 멋지고 좋은 청장님을 모시고 있네요. 저렇게 아래 직원을 존중해 주시니, 존경스럽기도 하고, 부럽습니다." 돌이켜 생각해 보니 "아! 나를 참으로 배려해 주셨구나. 그래서 더욱 신나게 일했구나." 하는 생각이 들어, 한참이나 박 청장님을 그리워한 적이 있다. 물론 지금도 이따금씩 연락드리지만 말이다.

퇴직한 선배 공직자를 대상으로 설문조사를 한 결과, 퇴직 후 후회되는 것 중에 동료들에게 다가가지 못한 것, 선후배 직원들의 마음을 헤아려 주지 못한 것에 대한 후회가 가장 많았다. 그러면서 특히 후배 동료, 부하 직원에게 막 대했던 것에 대한 아쉬움이 많았다.

"과장으로 있으면서 부하 직원에게 일에 대해 사적인 감정으로 화를 냈던 적이 있었어요. 그리고 나서 회식자리에서 곤욕을 치른 적이 있었죠. 그 직원이 술 먹고 비아냥거리더니, 나중에는 나에게 화를 막 내잖아요. 물론 내가 자리를 피했지만, 나중에 사무실에 소문이 파다하게 퍼져 나도 괴롭고, 그 직원도 힘들었을 거예요. 나중에 서로에 대한 악감정은 잘 풀었지만 지금도 그때만 생각하면 그 직원에게는 미안하고, 나에게는 부끄럽더군요. 내가 리더십을 발휘하지 못하였어요." 그리고 이 말씀도 덧붙여 주셨다. "돌이켜 보면, 내가 젊었을 때 팔로워십Followership이 부족하였던 것 같아요. 원래 남을 잘 따르는 사람이 좋은 지도자가 될 수 있다고 하잖아요. 자업자득

이죠……."

그 선배님께서는 "남형 씨, 왜 자꾸 핸드폰을 쳐다보는지 모르겠어요. 아직도 후배 공직자들의 전화가 올까 하고 기다리는 것 같아요. 그런데 시간이 지날수록, 아! 내가 너무 무심했구나, 이것이 세상 사구나, 모두 나의 잘못이구나 생각하니 마음이 편안해지더군요, 그리고 그런 것들이 같이 근무할 때 나의 점수요, 평가라고 생각해요." 하며, 쓴웃음을 지으셨다.

일을 하다 보면 본의 아니게 동료들의 마음을 아프게 할 수 있다. 조직이고 일이기 때문에 어쩔 수 없는 경우가 있다. 그러나 일은 일로 끝내야 한다. 일에 사적인 감정을 담아내면 반드시 역효과가 난다. 또한 업무성과를 내는 데 질책보다는 칭찬이 더 좋은 방법인 것은 두말할 필요가 없을 것이다.

퇴직하신 한 선배님께서 '동료는 우선 따뜻한 마음으로 다가가는 것이 먼저'라고 하셨다. "동료와 멀어지는 공직자가 어떻게 국민들의 마음을 잘 헤아릴 수 있겠느냐?"며, 국민에게 다가가려면 먼저 옆에 있는 동료에게 다가가라고 하였다.

퇴직하면 직장과 관계되는 인맥은 5% 정도만 남는다고 한다. 오늘 나의 옆 동료와 따뜻한 커피 한잔을 마시며 서로의 일상을 이야기해 보아라. 훌륭한 일터에는 신뢰와 사랑이 있으며, 그 첫 번째는 동료이다.

예쁜 유리 씨!!!

언제나 씩씩한 유리 씨…

총량과와 평가과에서 2번이나 인연이 되어 준 유리 씨……, 우리 청에서 저랑 가장 오래 근무한, 그래서 더 정이 가는, 그리고 이제 더 좋은 곳으로 훌쩍 떠나는 유리 씨에게 감사하다는 말씀을 드립니다.

100년을 살지 못하는 우리는 얼마나 많은 사람과 만나고 또 헤어질까요? 길지 않은 우리네 삶에, 얽히고설킨 세상사의 틈새에서 서로 만날 수 있다는 것, 그것은 확실하게 대단한 "인연"이 아닐는지요?

같이 하는 동안 보여 준 그 미소와 넉넉한 마음은 저에게 분명 많은 힘이 되어 주었습니다.

사무실 일로 힘들어할 때 늘 옆에서 많은 위로를 주었습니다.
숙취로 힘들어할 때 따뜻한 차 한잔으로 마음을 주었습니다. 출장 다니면서 나누었던 그 많은 대화 속의 정겨움은 잊을 수 없겠지요……

늘 저를 가치 있게 만들어 주신 유리씨…… 진심으로 감사합니다.
앞으로 더 멋지고 많은 일들 만들어 가시길 진심으로 기원합니다. 유리 씨가 곁에 있어 정말 행복했었습니다.

김남형 드림

1. 선·후배, 동료에게 더 다가갈 것을

예쁜 지혜 씨…
가을이에요!!!

사무실 옆 교육청을 자주 갑니다. 그곳의 은행나무는 늘 따뜻하고 정겨워
한참을 서 있곤 합니다. 떨어지는 은행잎은 쓸쓸하다는 생각부터 자유롭다는
생각까지, 마음속에 있는 내 생각과 잘 어울려 노닙니다.

'지금 이 순간을 사랑하라, 지금 곁에 있는 사람을 사랑하라, 지금 하고 있는
일을 사랑하라'라는 생각으로 늘 살지만 하루를 온전히 지키지 못합니다. 그건
아직도 내가 많이 어리다는 뜻이겠지요. 무엇을 하고 있는지? 무슨 생각을 하고
있는지? 무슨 일로 힘들어하는지? 때로 궁금하기도 하지만
책상 앞 파티션 하나는 때로는 분단의 장벽처럼 마음과 마음을 가두고,
생각과 생각을 차단하는 분계선 같다는 생각을 해보곤 합니다.

업무로 만나 업무로 이야기를 나누지만 때로 '15살의 나이 차는
어쩔 수 없구나' 하는 생각에, 참으로 예민한 내 성격이 나도 부담이 되는데
같이 근무하는 분들은 어떨까 하는 생각에, 요즘 들어 사무실일로, 집안일로
스트레스가 한참인데 그런 나로 인해 또 누군가가 스트레스를 받는다는 생각에,
요즘은 점점 벽을 치고, 문을 닫고 사는 것 같아 못내 아쉽고 서운합니다.

가을이에요……. 가을은 돌아볼 수 있어 좋고, 생각할 수 있어 좋고,
가득 채우지 않아도 비어 있는 느낌이 없어 좋고, 누구에게나 편지를 쓸 수 있어
좋고, 그래서 내 마음을 누군가에게 털어놓아도 부끄럽지 않아 좋습니다.
그래서 가을만큼은 많은 것을 내려놓으려고 합니다.

늘 미안하고 감사하고 고맙습니다. 나이 많은 팀장 만나 누구처럼 일상 속의 대화도 어색하고, 마음속의 불평도, 불만도 입속에서 맴돌 수밖에 없게 만드는 것, 그런 불편함은 모두 너그럽지 못한 나의 작은 마음 때문이라는 생각에 이 가을에는 여유 있고 넓어지려 합니다. 그래서 가을의 한가운데로 가 보려 합니다.

가을을 가득 느끼는 날 사무실 옆 짝이……

1. 선·후배, 동료에게 더 다가갈 것을

안 선생님.

어느새 여름이 오려고 합니다. 봄이 가기 전에, 여름이 오기 전에 같이 소주 한잔하면서 이런저런 이야기를 나눈다 하면서도 늘 마음뿐입니다. 업무는 재미있으신지요? 혹 같이 근무하는 직원분들은 모두 잘해 주시는지요? 늘 열심히 해주시고, 또 직원들과도 너무 사이좋게 지낸다는 말씀들을 들을 때마다 저 또한 기분이 좋아짐을 느끼곤 합니다. 모두 모두 참으로 감사한 일들입니다.

아시다시피 안 선생님이 우리 청으로 오신 데에는 참으로 많은 사연이 있었습니다. 그 사연의 중심엔 노조지회장으로 악역을 맡았던 제가 있었고요. 그래서 뵈올 때마다 늘 미안하고 죄송한 마음은 어쩔 수가 없습니다. 제가 2008년도 우리 청에 처음 전입 왔을 때 우리 청의 60% 이상이 수도권 분이었습니다. 특히 발령 받은 지 3~4년 도신 젊은 신규자분들이 많으셨지요.

그때는 여러모로 청이 꽤나 힘들 때였습니다. 그러다 보니 연고지가 수도권인 분들은 다들 집 가까이 가길 원하였지요. 그래서 그분들이 한 분 두 분, 연고지로 가시고 그만큼의 직원이 오지 않아 결원율이 30%까지 된 것입니다.

저는 안 선생님이 우리 청으로 오실 때 그런 마음이 들었습니다. 우리 청에서 수도권으로 가고 싶어 하는 그 간절한 마음이나, 연고지, 가족을 두고 원주청으로 와야 하는 그 안타까운 마음은 같을 거라고…… 그래서 더욱 안 선생님께 감사하고 미안하고 고마웠습니다.

최대한 빠른 시일 내에 이 어려움들이 해소되고 안 선생님께서도 연고지로 다시 가셔야겠지요. 저 또한 그럴 수 있도록 노력하겠습니다.

계시는 동안만이라도 늘 즐겁고 행복하셨으면 합니다. 그래야 제가 조금은 덜 죄송하고 미안할 것 같습니다.

그리고 계시는 동안 우리 청의 주인이 되어 주셨으면 합니다. 정말 "객이 아닌 주인처럼 잘 지내다 가셨다."는 말씀 들을 수 있도록, 그래서 "원주청이 소문보다 훨씬 좋은 곳이더라."는 말씀하실 수 있도록……

관람객은 영화를 본 후 나가면 그만이지만 영화관 주인은 휴지를 줍고 영화관을 청소하여야 합니다. 그래야 다음 손님을 맞을 수 있으니까요.

이제 우리 주인 된 마음으로 같이 나누고, 양보하고, 그래서 정말 사랑스러운 원주청을 만들어가 주시면 고맙겠습니다. 다시 한 번 정말 감사하고 미안하고 고맙습니다.

노조회장 김남형 드림

1. 선·후배, 동료에게 더 다가갈 것을

만남

작자 미상

길을 걷습니다.
나 자신도 알지 못하는 길을……
그 길에서 만나고 이야기하고
그리고 헤어집니다.

만남 속에서
때로는 속울음을
때로는 행복을
때로는 슬픔을
나누어 갖습니다.

인생의 영겁 속에서
우리는 원하든 원하지 않든
만남을 가집니다.

서로가 서로에게
행복과 기쁨을
나누어 주기를

바라지만……

욕심내지 말고
고통을 행복을
나누어 가지라고
합니다.

나를 만나는
모든 사람들이
좋은 만남이기를
욕심내어 봅니다.

오늘도
주어진 길을 가렵니다.

2

공직,
원칙과 목표를 세울 것을

원칙 2가지 : ① 국민을 사랑한다. ② 동료를 사랑한다.

목표 5가지 : ① 내 업무에는 박사(博士)가 된다. ② 대안과 방법을 찾는다. ③ 20년 이상은 근무한다. ④ 중앙부처에 근무해본다. ⑤ 사무관(5급)까지 한다.

1998년 1월 1일 새해 첫날, 내 일기장에 적어 둔 원칙과 목표이며, 퇴직할 때까지 늘 내 업무수첩의 첫 장에 기록되어 있었다. 특히 2가지의 원칙을 지키려고 많이 노력하였다.

공직자는 늘 갈등의 중심에 서 있다. 갈등과 논쟁이 많은 우리 사회에서 통합과 조정은 당연히 국가의 몫이며, 그래서 공직자는 '갈등 해결'이란 숙제를 늘 머리 위에 이고 산다. 1991년 내가 처음 공직에 입문할 때보다 공직자가 해결해야 할 사회적 갈등은 무척 많이 늘어났다. 그리고 그러한 갈등 해결에 있어 기준이 되는 것은 당연히 법령이다. 하지만 공직자 개개인이 가지는 국가관, 가치관, 소명, 그리고 원칙도 중요할 때가 있다.

'91년 첫 발령지인 노암동사무소에 근무할 때다. 그때는 지금처럼 현수막 지정게시대가 없어 도로를 가로지르는 현수막이 더러 있었다. 그런데 강풍 등으로 그러한 현수막이 훼손될 경우 안전사고도 발생하기 때문에 주기적으로 도로횡단 현수막을 강제로 철거하던 시절이었다. 아마 시청에서 도로횡단 현수막의 일제 철거 지시가 내려진 모양이었고, 우리 동사무소 광고담당자 엄 주사님은 어느 날 나에게 "남형 씨, 내일 시간 좀 내주세요. 현수막 철거 좀 같이 갑시다."라고 말씀하였다. 나에게는 14년 선배 공직자로서 늘 사명감이 남달랐던 분이셨다. 그리고 후배 공직자를 참으로 아껴 주시는 분이기도 했다.

도로횡단 불법 현수막 철거는 힘든 일이다. 별도의 장비가 있는 것도 아니고, 긴 장대에 낫을 묶어 현수막을 연결하는 줄을 강제로 끊어내는 작업으로 차량이 많이 다니는 도로는 안전사고의 위험이 항상 도사리고 있었다. 철거 당일에 바람이 많이 불었다. 위험할 거라는 생각이 들었지만 그래도 약속을 했기에 선배님을 따라나섰고, 우린 오토바이를 타고 지역 내 불법 현수막을 철거하기 시작하였다. 대부분이 상업을 목적으로 게시한 현수막이라 상인들의 반발도 있곤 하였다. 그래도 엄 주사님은 불법이란 말씀과 함께 바로 철거를 하셨다. 나는 때로는 "서민들이 장사하는 것인데, 좀 너그럽게 생각하면 어떨까."라는 생각을 하기도 했다.

몇 개의 현수막을 철거하고 돌아오는 길에 사무실 인근의 마지막 현수막을 철거하다 그만 사고가 났다. 장대가 바람에 쓰러졌고, 장대에 매달린 낫에 엄 주사님께서 손을 다치고 말았다. 피가 많이 흘렀다. 나는 얼른 주변의 약국으로 달려가 붕대와 지혈제를 사서 응급처치를 하였다. 문득 우리의 모습이 참 안쓰럽다는 생각이 들었다. 사무실로 돌아와 철거한 현수막을 정리하고 있는데, 엄 주사님께서 음료수를 건네며 "고생했어요."라며 환하게 웃어 주셨다. 그래서 나는 "엄 주사님, 조금 융통성 있게 하면 어떨까요. 장사하시는 분들 생각도 좀 해주시면 좋을 것 같아요."라고 말을 건넸다.

그러자 주사님은 환하게 웃으며 "난들 현수막 철거하면서 마음이 편할 것 같나요. 어쩌면 상인보다 내 마음이 더 아플 겁니다. 그러나 불법은 불법이잖아요. 적법하게 장사하시는 분들과 형평성도 맞지 않고, 불법을 보고 그냥 있으면 그건 내 원칙과도 맞지 않습니다. 오늘 고생하셨어요."라며 붕대 감은 손을 흔들어 감사의 표시를 해주셨다. 난 공직에 있는 동안 "불법은 불법이잖아요. 그리고 내 원칙과도 맞지 않습니다."라는 그분의 마지막 말씀을 항상 가슴속에 품고 살았다. 그분은 늘 공직자로서의 법과 자기만의 원칙이 있었으며, 그 원칙을 지키려 애쓰는 모습을 자주 보았다. 그때는 몰랐는데 세월이 흐르면서 원칙을 세우기도 어렵지만 그것을 지켜내는 것은 더 어렵다는 생각을 공직생활 내내 하였다.

　2001년부터 2005년까지 선거관리위원회에 근무하면서 원칙과 관련하여 나에게 많은 영향을 주신 분이 몇 분 있었다. 2001년, 2002년 그때는 공명선거가 어느 정도 정착이 되어 가고 있었지만 여전히 금품살포, 명예훼손 등 불·탈법 선거운동이 더러 남아 있었다. 선거기간이 가까워지면 불법선거운동 단속과 선거관리, 그리고 투표참여 홍보 등 중요한 세 가지 정도의 업무로 나누어진다. 그런데 단속업무는 늘 부담스러운 업무다. 특히 후보자가 많은 지방선거의 경우는 더욱 그러하다.

　내가 근무했던 동해시, 강릉시, 강원도 선거관리위원회에는 공명선거에 대한 남다른 사명감과 원칙을 가진 동료들이 있었다. 불법선거 제보로 인한 선거관리위원회 조사에 불응한 사람의 사무실 앞에서 밤새 8시간을 기다려 조사하신 이 계장님, 추석연휴 내내 하루도 쉬지 않고 지역 내 체육행사의 불법선거 행위를 단속하여 사법기관에 고발하고 과태료를 부과하신 하 계장님, 선거운동 기간 3주 내내 아예 집에 들어가지 않고 불법선거를 감시하신 이 계장님도 있었다. 선거담당 공안검사께서 "계장님 같은 분들이 우리 같은 검사를 해야 합니다. 정말 대단하십니다."라며 그분들의 사명감과 원칙을 응원하는 경우도 본 적이 있다.

　확실히 공명선거 확립에는 선거관리위원회 담당공무원의 사명감이 있었다. 그리고 그분들에게는 원칙이 있었다. 적법하게 돈 안

드는 선거는 적극 권장하고, 불법선거는 그 어떤 타협이나 협상이 없었다. 그분들은 늘 나에게 이런 말씀을 해주셨다. "남형 씨, 우리가 단속 안 하면 누가 하겠어요. 난 불법선거는 이 땅에서 사라져야 하고 금품을 살포한 사람은 반드시 잡아내서 처벌을 받게 해야 한다는 나만의 원칙을 공직 그만 둘 때까지 지키고 싶습니다." 그렇게 말하며 환하게 웃어 주던 얼굴이 아직도 또렷이 기억난다. 난 이따금씩 그 원칙을 지금도 지키며 선거관리위원회에서 공직생활을 계속하고 계신 그분들을 볼 때마다 우리의 깨끗한 선거문화에 기대가 크다.

동사무소에서 근무할 때 책상 앞에 이렇게 적어 놓으신 분이 계셨다.

'주민을 편안하게 하는 일이면 무조건한다. 주민이 웃는 일이면 무조건한다.'

매일 아침 일찍 지역 일대를 한번 돌아보고 출근하는 고 동장님이었다. 그분의 공직 목표는 마을 주민이 웃는 모습을 보는 것이다. 아침 일찍 마을을 돌아보시는 동장님을 만난 주민들은 그러셨다.

"우리 편안하고, 그리고 매일 웃어요."

사람들이 "공직자들에게는 열정이 안 보여."라고 말하는 것을 들어본 적이 있다. 나 또한 공직에 있으면서 얼마나 열정이 있었는지 되돌아보았다. 나도 국민에게 열정이 없어 보였을 것이다. 열정이란 어떻게 생기는 건가? 또 그 열정은 어디에서 오는 것인가? 바로 목표에서 온다. 고 동장님은 분명 열정이 있으셨다. 주민들이 편안하고, 주민들이 환히 웃는 모습을 보는 것이 목표였기 때문에, 그러한 목표가 있기 때문에 열정이 있으셨다.

퇴직한 선배 중에 이런 말씀을 하신 분이 계셨다.
"나의 원칙은 '중용中庸'이었죠. 그리고 목표는 '하루에 좋은 일 하나 하기'였어요. 나도 남형 씨처럼 그것을 출력하여 나의 업무수첩에 붙여 놓고 아침에 출근하면 꼭, 먼저 보고 일을 시작하였어요. 퇴직하기 15년 전부터 그랬어요. 너무 좋더군요. 일을 하다가 화가 나거나, 스트레스를 받으면 수첩을 펼쳐 보고, 그리고 위안을 받았죠. '그래, 그 직원도, 그 민원인도 얼마나 힘이 들면 그랬을까?' 하고, 그냥 내가 먼저 이해하려고 애썼어요. 그러다 보니 퇴직할 때쯤 정말 평온이 찾아오더군요. 퇴직할 때 내 별명이 '스마일 J사무관', '옆집 아저씨'였죠. 그렇게 되니 하루에 좋은 일 하나 하기는 참 쉽더군요. 내가 편안해 보여서 그런지 민원인도 좋아하고, 또 직원들이 자주 찾아와 이런저런 이야기 나누면서 살아가는 넋두리도 들어 주고 이따금씩 인생 상담도 해주었죠. 퇴직하고 나니까 공직에 있던 그 시절이 그리워요. 늘 내가 베풀고 살았다고 생각하니까 몸도, 마음도 가벼웠죠. 그러고 보면 공직이란 자리는 저랑 참 잘 어울렸어요……."

강의를 준비하다 보면 세상에 감동을 준 사연들을 찾아보게 된다. 그런데 감동을 준 사연 속의 주인공 중에 공직자가 의외로 많다. 출근길에 교통사고를 당한 여성을 구하려다 사고를 당하여 목숨을 잃은 고故 정연승 상사님, 메르스사태 때 자신보다 환자를 더 먼저 생각한 국립중앙의료원 감염병동 정은숙 수간호사님, 도로에서 주운 어느 어르신의 전세금 6천만 원을 지체 없이 경찰서에 신고하고 사례금도 받지 않은 수원시시설관리공단 이상희 선생님, 거리를 청소하면서 떨어진 동전 260만 원을 모아 불우이웃에게 기부한 서울 중구청 환경미화원분들, 훈련병이 잘못 투척한 수류탄의 폭발 위험 속에서 훈련병들을 완벽하게 구해낸 김현수 상사님……. 사연 속의 주인공들은 평소 엄청난 직업정신과 사명감으로 무장한 사람들이다. 그리고 국가와 국민을 사랑하는 원칙을 가지고 있는 분들이었다. 난 이따금씩 이러한 감동의 스토리를 스크랩하면서 공직자에게 있어 원칙과 목표는 나침반과 같은 것이라 생각했다.

그대, 공직에서 성취하고 싶은 목표는 무엇인가? 그리고 우리 국민이 공직자에게 원하는 것은 또 무엇인가? 국민이 공직자에게 바라는 그것을 목표로 삼아 열정을 불태워 보지 않겠는가?

퇴직하신 선배님들의 인터뷰에서 현직에 근무할 때 '원칙과 목표'가 있던 분들은 확실히 만족도가 높았다. 원칙이 있는 공직자는 흔들리지 않았다. '원칙과 목표'는 복잡한 일들도 쉽고 단순하게 만들어 준다. 그리고 자신이 만족할 만한 성과를 낼 수 있도록 도와주며, 시간 관리가 쉬워진다. '원칙과 목표'의 대상이 국민이고, 주민이라면 더더욱 그렇다. 공직자 그대, 지금 힘들고 어려운가. '원칙과 목표'를 세워 보아라. 그리고 긴 호흡으로 가 보아라.

인생은 달리기

소천

인생은 달리기!
하지만 나는 걷고 싶다.

그런데 너도 나도 달리니
달리지 않으면 바보가 된다.

그렇다고 '마냥 내 길만 가리라'며
다들 달리는데 혼자 걸으면 참 이상하지 않을까?

그럼 어떻게 해야 알차고 현명하게 사나?
상념에 젖어 있는데

한 아이가 말한다
"걷다가 뛰다가 하면 되잖아요!"

3

나의 일,
공직을 좀 더 사랑할 것을

1998년 인구 5,000명 정도 되는 해안에 위치한 농·어촌 마을의 동사무소에 근무할 때 우리 사무실에 이 주사님이라는 아주 멋진 분이 계셨다.

"난 세상에서 공무원이 가장 좋네, 마을 주민이 죄다 나를 좋아하잖는가? 이것처럼 행복한 일이 어디 있겠는가?" 하며 환하게 웃던 분이시다.

맞다. 그분은 그 지역에서는 가수 임창정이요, 배우 유동근이었다(1998년에 임창정 가수와 〈용의 눈물〉 유동근 배우께서 꽤 유명하였던 것 같다). 마을 주민들은 동사무소에 들르면 지역의 일을 모두 이 주사님과 상담한다. 심지어 담당이 아닌 것을 알고 있지만 그분과 상담하고 싶어 한다. 처음에는 이해가 되지 않았다. 그리고 '그냥 업무별로 담당자가 있는데, 담당자에게 보내면 될 것인데 너무 오버 하는 것이 아닌가.'라는 생각을 한 적도 있다.

그런데 몇 개월이 지난 뒤 내 생각이 짧았음을 인정하고, 그런 것들이 이해가 되었다. 그분은 주민들이 찾아오면 참으로 반갑게 맞아 주신다. 그리고 커피나, 차를 꼭 내오신다. 그리고 30분이든 1시간이든 그 주민의 이야기를 끝까지 들어 주신다. 중간에 말을 자르는 경우를 보지 못했다. 민원인의 이야기를 다 듣고 나서 절대로 답을 주시지 않는다. 그냥 듣고 나서 "저희가 생각해 보고, 방법도 찾아보고 연락을 드리겠습니다."라고 웃으면서 민원인을 돌려보내신다. 어떤 민원들은 아예 답이 없는 것도 있었다.

민원인이 돌아가면 그 일들에 대하여 법과 제도를 확인하고, 또 그 민원의 발생 원인을 마을대표인 통장 등에게 문의하는 등 다양하게 방법을 찾아보신다. 그렇게 해서 해답을 찾으시면 꼭 직접 그분을 찾아가신다. 즉, 현장에 가서 답을 주시는 것이었다. 그리고 대부분 민원을 해결하고 오신다. 민원을 해결하신 날 중 어떤 날은 얼굴이 홍안紅顔이 되어 오신다. 아마 민원 해결을 하시고 그분들과 막걸리 한잔을 걸친 날이었다. 그리고 환하게 웃으면서 남은 안주를 내게 건네곤 하셨다. 난 그럴 때마다 "참 멋지다."라는 생각을 하였다.

알다시피 지역의 민원들은 대부분 이웃이나 또는 주변 사람과의 작은 갈등에서 비롯되는 경우가 많다. 그 동사무소에서 내가 맡았던 일이 건축과 광고물, 그리고 환경이었는데 민원이 꽤나 있었다. 사실 대부분의 민원은 이웃과의 작은 이해관계에서 비롯되었다. 건축부문업무는 특히 그러하였다. 현장에서 갈등을 중재하느라 애를 먹었던 경우가 한두 번이 아니었다.

나는 한참이나 지나 이 주사님의 민원 해결방안의 첫 번째 해답은 바로 '경청'임을 알았다. 그리고 두 번째가 '나눔'이었고, 마지막이 '사랑'이었음을 알게 되었다. 그분이 민원인과 1시간 동안 이야기 나누면서 짜증을 내거나 본인 이야기를 강하게 얘기하는 것을 본 적이 없다. 그냥 묵묵히 들어만 주시는 것이다. 민원인의 속 이야기까지 다 끄집어내어 듣고 그리고 웃으며 돌려보내신다.

그분께서는 이따금씩 나에게 말씀하셨다.

"나도 남형 씨, 자네 나이 때는 잘 듣지 않았지. 그냥 내 이야기만 하고 말았어. 그러다 어느 날 어떤 민원인이 나에게 '자네는 공무원의 기본이 안 되어 있어. 도대체 주민들의 이야기를 듣지 않으려고 하잖아.'라고 하시더군. 그 말이 지금도 내 가슴에 멍울로 남아 있다네."

그분은 우리 사무실을 찾아오는 민원의 절반은 '경청', 그것으로 해결할 수 있다고 하셨다. 그리고 꼭 현장에서 민원인을 만나 방안을 전달하는 것은 바로 '나눔'이었다. "내가 해결방안을 가지고 여러분들을 찾아뵈올 테니 여러분도, 조금씩 양보해 주세요."라는 나눔이었다. 즉, 모두가 조금씩, 한발씩 물러나자는 것이었다. 그렇게 문제를 해결하고 나서 그들과 막걸리를 한잔하면서 그들을 아끼는, 지역과 지역주민을 '사랑'하는 마음을 그들에게 심어 주고 오시는 것이다.

재미있는 일화가 있다. 그분께서 동사무소에서 본청(시청)으로 발령이 났다. 그런데 그 지역주민들이 다시 그 동사무소로 발령 내 달라는 탄원을 하여 몇 개월이 지나 다시 그 동사무소로 발령이 나 돌아오셨다. 그리고 그분께서는 다시는 그 동사무소를 떠나지 않은 것으로 알고 있다. 몇 년이 지난 뒤에 나는 그분의 자제분 결혼식에 다녀왔는데, 그냥 한마디로 마을잔치였다. 그분은 지금 그 동사무소에서 공직생활을 마감하고 그 지역에서 거주하는 것으로 알고 있다. 이 주사님은 나의 공직생활 23년 동안 가장 공직을 사랑하고, 공직에 대한 자부심으로 생활하셨으며, 그리고 주민을 사랑하는 분으로 나의 기억 속 언저리에 항상 남아 있다.

1991년에 공직으로 처음 입문하면서 발령 받은 동사무소는 인구가 3만 명 정도 되며 면적도 넓었고, 저소득층인 생활보호대상자가 꽤나 많은 지역의 동사무소였다. 그리고 사무실은 늘 번잡하고 소란스러웠다. 그 시절엔 생활보호대상자에게 매달 쌀을 지급하던 시절이라 대상자들이 동사무소에서 쌀을 수급해 가면서 직원들과 언쟁도 하고 또 살아가는 이야기도 하는 삶의 현장 그 자체였다. 동사무소의 사회복지 담당자는 김 주사님이었는데, 지금 생각해 보면 여걸이면서 국가와 주민을 사랑한 참다운 공직자였다. 매일 찾아오는 생활보호대상자들에게 늘 따뜻하면서도, 항상 꿋꿋이 살아가도록 가슴 아픈 충고도 많이 해주셨다.

늦가을로 기억한다. 나른한 오후에 졸음이 밀려오는데 사무실

앞이 갑자기 시끄러웠다. 이따금씩 술을 드시고 동사무소에서 소란을 부리는 생활보호대상자 남자분이 또 오셔서 야단법석을 피우신다. 지급하는 쌀이 부족하고, 집에 계신 부모님이 아프신데 어떻게 하냐고 하시면서 모두 국가 잘못이라고 또 날뛰시는 것이었다. 나도 몇 번 그 사람의 행동을 저지하다가 팔에 상처를 입은 적도 있었다. 동사무소에서 내가 제일 젊었기에 그날도 나는 그 사람과 실랑이를 벌였다. 내가 어려 보이는지 그 사람은 "동장 어디 갔어, 시장 나오라고 해!"라며 크게 소리쳤다.

그렇게 내가 그분이랑 실랑이를 벌이고 있던 때 담당자인 김 주사님이 출장을 갔다가 돌아왔다. 그리고 팔을 걷어부치고 나오시더니 "이거 보세요, 다시는 술 드시고 동사무소 오지 않기로 하셨죠? 그리고 오시기 전에 반드시 저에게 전화하고 온다고 하셨죠? 소란도 피우지 않기로 하셨죠?" 하시면서 그분을 향해 엄청난 꾸중을 아주 큰 목소리로 막 퍼부으셨다.

그리고 얼마 지나지 않아 소리치던 그 사람은 엉엉 울기 시작했다. "죄송해요. 죄송해요, 김 주사님. 너무 사는 게 힘들어서요." 그러면 김 주사님은 사무실 앞 슈퍼에서 음료수를 사드리며 또 늘 하던 약속을 하고 그 사람을 보내신다. 난 늘 그 모습을 한참이나 지켜보곤 했다. 난 알고 있었다. 김 주사님이 그분을 얼마나 긍휼히 생각하는지, 또 얼마나 도와주고 싶어 하는지……. 김 주사님의 치마와 바지는 늘 하얀 분 자국이 있었다. 생활보호대상자들에게 쌀을 나누어 드리면서 묻은 쌀겨 가루이다. 이따금씩 김 주사님은 나에게 말씀하곤 하셨다. "남형 씨, 우리가, 공직자가 왜 있을까 생각해 본 적이 있어요? 나는 바로 아까 우리 사무실에 와서 그렇게 펑펑 우는 사람들이 있기 때문이 아닐까 합니다. 그렇게 생각하면 우리가 하는 일이, 내가 하는 일이 참으로 소중한 것이 아닐까요." 공직에 있으면서 늘 김 주사님을 닮고 싶었다. 그분은 지금 강릉시 생활보장과장으로 일하고 계신다.

유 부군수님이라고 계신다. 공직에 있을 때 내가 참으로 좋아하고 존경하고, 그리고 닮고 싶어 한 공직 선배님이시다. 지금은 퇴직하시고 또 무언가를 재미있게 열심히 하고 계신다. 현직에 있을 때 이따금씩 찾아뵈면 늘 국가와 주민들을 위한 말씀을 아끼지 않으셨다. 그리고 지역 발전에 도움 되는 일이면 두 팔을 걷어부치고 나서셨다. 지금도 부군수 시절 의정연수원 유치와 통일마라톤 대회 개최와 관련하여 보여 주신 그 열정은 항상 나의 뇌리에 선명하게 남아 있다. 유 부군수님을 인터뷰하면서 참으로 공직을 사랑한 분이라는 생각을 했다.

"남형 씨, 지역에 도움이 되는 일이라면 미친 듯이 해보았어요. 지방세 수입을 올리려고 대법원 소송까지 했던 일, 철원 월정리역 일원의 평화프라자 건립을 위하여 지역주민들과 수도 없이 만나고 그리고 그들과 소통하던 일, 설악산과 치악산의 국립공원 지정 해제를 위하여 환경부와 지역주민들을 밤낮으로 괴롭혔던 일, 그 모든 일들이 꿈만 같습니다. 돌이켜 보면 나의 일, '공직'을 참으로 사랑한 것 같네요. 공무원으로 살았던 지난 일들이 참으로 자랑스러워요. 내 인생 1막 '공직'은 멋진 한판이었어요."라며 웃어 주신다.

퇴직하신 분들의 인터뷰와 설문에서 '나의 일, 공직'을 좀 더 사랑하지 못한 것을 후회하는 분들이 참으로 많았다. "이따금씩 후배 공직자 중 정말 공직을 자랑스러워하는 분들이 있더라고. 그냥 보기만 해도 흐뭇하지. 왜냐하면 나는 그 정도는 아니었으니까."라고 이야기하시는 선배님들도 있으셨는데, 그 말씀을 들으며 나도 고개 끄덕이곤 했다. 그리고 선배님들은 이 말씀도 잊지 않으셨다.

"주민들은 사명감이 있는 공직자를 좋아해. 나도 후회하는 것인데, 자기 일을 사랑하는 것은 일의 처음이자 마지막이지……."

공직에 있으면서 나는 가끔씩 동료들과 호프집에서 맥주 한잔에 사무실 이야기를 나누곤 하였다. 그때 옆 테이블 사람들이 의식되어 청장, 시장, 장관을 '사장'이라고 말한 적이 더러 있다. 또 공직이란 신분이 굳이 알려지는 것이 싫을 때도 있었다. 그만큼 공직에 대한 자긍심과 당당함이 부족하였다는 반증이다.

공직은 분명 매력 있는 직업이다. 공직자는 국민에 대한 따뜻한 마음과 공직자로서의 사명감만 있으면 절반은 성공한 것이라는 이야기를 듣곤 한다. 다시 한 번 현직에 계신 공직자분들께 부탁한다.

"공직을 사랑하는 것은 바로 국가와 국민을 사랑하는 것이라고……."

나의 공직생활을 되돌아보니 나의 일을 좋아는 하였지만 사랑하지는 않았고, 그리고 공직이란 직업을 좋아는 하였지만 크게 자긍심을 가지지도 않았던 것 같다. 그런 것들이 지금에서야 나를 더욱 뼈저리게 후회하게 만든다.

그 누가 말하지 않았던가?
"행복이란 자신이 좋아하는 일을 하는 것보다 자신이 하는 일을 좋아하는 것이다."라고…….

톨스토이는 "이 세상에서 가장 중요한 사람은 지금 바로 옆에 있는 사람이고, 이 세상에서 가장 중요한 일은 지금 하고 있는 일이며, 이 세상에서 가장 중요한 시간은 지금 이 순간"이라고 말했다.

"공직자 여러분 지금 하고 있는 일들을 사랑하세요. 그것이 퇴직한 뒤에 후회를 줄이는 가장 좋은 방법입니다."

천직이란 자신과 가치관을 공유하는 환경에서 열정을 바칠 수 있는 대상을 위해 자신의 재능을 공짜로 나눠 주고 싶은 내적인 충동이다. - 리처드 J. 피터

성공했다면, 누가 뭐래도 그 일을 사랑하는 것이다.

- 스티브 잡스

약해지지 마

시바타 도요

있잖아, 불행하다고 한숨짓지 마
햇살과 산들바람은 한쪽 편만 들지 않아
꿈은 평등하게 꿀 수 있는 거야
나도 괴로운 일 많았지만 살아 있어 좋았어
너도 약해지지 마

승진에 너무 목매지 말 것을

조직사회에서 승진이란 아주 중요하다. 특히, 공직은 더 하다. 개인적으로 보면 봉급과 연금이 올라가고 책임과 권한이 더 커진다. 공직에 있는 동안 승진으로 인하여 상처 입고, 동료와 다투고, 상사와 불편한 관계로 지내며, 심지어는 승진에 탈락하여 공직을 그만두는 경우도 보았다.

퇴직한 공직자와 인터뷰 및 설문을 하는 동안 승진에 대한 이야기가 참으로 많았다. 이상한 것은 내가 생각한 방향과는 조금은 달랐다는 점이다. 나는 "왜 거기까지밖에 승진하지 못했을까?"라는 후회였을 줄 알았다. 그런데 그것보다 "너무 승진밖에 모르고 살았네. 더 중요한 것이 많았는데 승진에 목매고 살다 보니 다른 것이 잘 안 보였던 경우가 많아서. 이제 와 후회하네."라는 이야기들이 많았다.

그렇다고 승진에 욕심을 내신 선배님들이 모두 본인의 생각만큼 승진한 경우도 아니었다. 그들이 후회하는 것은 승진 욕심으로 동료들을 마음 아프게 한 것, 그리고 승진으로 인하여 다른 중요한 일들을 챙기지 못한 것에 대한 것이었다.

2014년에 지자체에서 5급으로 근무하다 나보다 조금 먼저 정년퇴직한 선배님을 인터뷰할 기회가 있었다. 선배님께서는 후회를 이야기하실 때 승진에 대해 가장 먼저 이야기하셨다. "남형 씨, 내가 참 승진밖에 모르고 살았어요. 그만두고 나니까 승진밖에 몰랐던 내 자신이 많이 후회되더군요. 남형 씨도 알잖아요. 우리나라 공직사회, 일만 잘한다고 승진하는 것 아니잖아요. 승진 때문에 동료들의 마음을 아프게 한 적도 있고, 보고서를 위한 보고서 만들어 윗사람에게 잘 보이려고 하다 보니 현장을 챙기지 못할 때도 있었어요. 지나고 나니까 참 후회되네요." 그러시면서 한숨을 푹 내쉬었다.

"얼마 전 시청에 볼일이 있어 갔다가 직원들을 만났는데, 퇴직하고 나니까 내가 현직에 있을 때 어떤 사람이었는지 후배들을 통해 바로 알게 되었어요. 나중에 들었는데 특히, 승진밖에 몰랐던 사람이라고 얘기 들으니까 제 자신이 조금 초라해지더군요. 그리고 공직생활을 한번 뒤돌아보았어요. 그런데 정말 그랬더군요. 승진심사를 앞에 두고 항상 좋은 모습을 보여 주지 못하였어요. 그렇다고 그때마다 승진한 것도 아니고, 그렇다고 3급, 4급까지 승진한 것도 아니고, 어쩌면 남들보다 6개월, 1년 빨리 승진하기 위해 마치 전쟁을 치르는 것 같았어요. 그때 나랑 경쟁했던 동료들도 모두 5급 퇴직했는데, 조금 더 빨리 승진하려고 못난 짓을 한 것 같아요. 결국은 끝이 같을 줄도 모르고……."

그 선배님은 후회어린 심정으로 말을 이어갔다.

"사실 내가 6급 승진할 때 본인의 승진을 동료에게 양보하는 사람을 본 적이 있었어요. 퇴직을 얼마 앞둔 동료에게 자기 대신 나이 드신 그 동료를 승진시켜 달라고 하였더군요. 그러면서 '저는 아직 젊으니까 다음에 해도 됩니다.' 이렇게 말했다고 하더군요. 저도 나중에 들었는데 참 대단한 결정이고, 대단한 양보였다며, 많은 직원들이 양보한 직원에게 응원을 보내 주었죠. …… 너무 승진만 생각하고 앞만 보고 달려왔어요. 그래서 그런지 퇴직하고 선배, 후배 동료들로부터 전화 한 통 없더군요. 내가 너무 욕심 많고, 야박한 사람으로 보였나 봐요. 지금에야 승진밖에 몰랐던 지난날을 후회합니다."

어떤 기관에서 승진을 몇 개월 앞두고 암 판정을 받은 직원이 있었다. 다행히 초기라 휴직을 하고 당장 수술을 받도록 의사가 권하였는데, 승진심사 전에 휴직을 할 경우 승진대상에서 제외되고, 다음 승진에서 순위가 뒤로 밀려날 것이 우려되어 1개월 후 승진심사를 마친 뒤에 휴직하고 수술을 받았다는 이야기도 들었다. 아마 그 사람은 그동안 승진을 위해 노력한 결과들이 한순간에 사라지는 아쉬움과 본인의 건강 사이에서 참으로 고민이 많았을 것이다. 아마 나 또한 그 입장이 되면 어떤 결정을 하였을까 생각해 본 적이 있다.

그만큼 공직사회에서 승진은 중요한 것이다.

나의 공직생활을 되돌아본다. 나 또한 승진에 너무 집착하지 않았는지? 승진 때문에 누구에게 마음의 상처를 주지 않았는지? 또 승진 때문에 정말 중요한 것을 놓친 적은 없는지? 곰곰이 생각해 보았다. 그나마 다행히도 기억나는 것은 없었다. 그리고 남들보다 빨리 승진한 적도, 승진 때문에 스트레스 받은 적도 없었던 것 같다. 그냥 남들 승진할 때 승진하였다.

퇴직하신 한 선배님께서는 지금처럼 1급에서 9급까지의 계급선상의 공직구조는 폐단이 많다고 하시면서 이제는 구조를 바꾸어 볼 필요가 있다고 하셨다. 계층구조를 축소하고(예를 들어 고위공무원, 중견공무원, 실무공무원으로 3단계로 구분) 보다 전문인력을 확보하는 방안을 마련해야 공직사회도 지속가능해지지 않을까 하셨다. 사실 나도 공직에 있으면서 우리나라의 공직사회가 사람 중심이 아닌 일 중심의 시스템으로 전환할 필요가 있다고 생각을 해본 적이 있다. 그리고 공직사회에서의 승진을 보면 사업부서보다 정책부서가 더 많이 승진을 한다. 물론 부처마다 조금씩 차이가 있겠지만 거의 비슷한 것으로 알고 있다.

또한, 지방에 근무할 경우 승진에서 뒤처지거나, 심지어 5급 승진은 본부(청)에 근무하지 않으면 힘들다 보니 어쩔 수 없이 본부(청)가 있는 세종시 등으로 간다. 공직자 개개인에게는 금전적으로, 가정적으로 어려워지고, 조직 차원에서는 소속^(지방)기관의 인력부족 현상을 초래하는 경우가 생기고 있다. 사업부서도, 지방의 현장기관도 국민들과 수시로 접촉하며 많은 어려움을 겪고 있는 것이 사실이다. 인사^{人事}라는 것이 모든 사람들을 만족시킬 수는 없다는 것을 알고 있다. 그러나 인사로 인하여 대국민 서비스가 저하되거나, 또 공직자의 인권이나 행복추구권을 과도하게 침해해서도 안 된다고 본다. 공직자가 행복해야 한다. 그래야 국민서비스가 높아질 것 아닌가? 앞으로 이러한 부분도 개선이 필요하리라 본다.

승진이란 것이 무엇인가? 10명 승진한다면 10위 안에 들어야 하는 것이고 11위 밖이면 승진이 안 되는 것이다. 승진을 못했다면 단지 10위 안에 못 들어간 것뿐이다. 그 이상도 그 이하도 아니다. 지자체에 근무할 때 승진에 별로 관심이 없는 공직자가 있었다. 그분이 이렇게 말씀한 적이 있다.

"승진하면 좋지, 그런데 그것이 억지로 되는 것이 아니잖아요. 또 기다리다 보면 될 거구요. 난 승진에 대한 고민 없이 편안하게 살래요. 내가 평온해야 주민들도 편안하게 맞이할 수 있잖아요."

곰곰이 생각해 보면 '승진', 생각보다 그리 중요하지 않을 수도 있다.

퇴직한 선배들을 만나면서 승진보다 더 중요한 것이 많았음을 뒤에야 깨닫고 후회하는 것을 많이 보았다. 퇴직한 선배들께서는 이런 말씀을 내게 해주셨다.

"직급, 직위는 공직에서 떠나면 자동으로 없어진다. 승진에 올인하면 주위에 아무것도 보이지 않는다. 승진이 전부인 것처럼 느껴질 때 한 템포 늦추어라. 그리고 남보다 빨리도 말고, 늦지도 말고, 승진한 동료는 축하해 주고, 탈락한 직원은 위로해 주어라. 그리고 지금 **빠른** 것이 영원히 **빠른** 것이 아님을 명심하여라. 퇴직하고 나면 현직에 있을 때의 직위는 그리 중요하지 않다. 그리고 승진만큼 중요한 것은 국민에게 인정받는 것이다."

직장인의 기도문

매일 아침 기대와 설레임을 안고 시작하게 하여 주옵소서.

항상 미소를 잃지 않고

나로 인하여 남들이 얼굴 찡그리지 않게 하여 주옵소서.

상사와 선배를 존경하고 아울러 동료와 후배를 사랑할 수 있게 하시고

아부와 질시를, 교만과 비굴함을 멀리하게 하여 주옵소서.

하루에 한 번쯤은 하늘을 쳐다보고

넓은 바다를 상상할 수 있는 마음의 여유를 주시고

일주일에 몇 시간은 한 권의 책과 친구와 가족과 더불어 보낼 수 있는

오붓한 시간을 갖게 하여 주옵소서.

한 가지 이상의 취미를 갖게 하시어

한 달에 하루쯤은 지나온 나날들을 반성하고

미래와 인생을 설계할 수 있는 시인인 동시에 철학자가 되게 하여 주옵소서.

작은 일에도 감동할 수 있는 순수함과

큰일에도 두려워하지 않는 대범함을 지니게 하시고

적극적이고 치밀하면서도 다정다감한 사람이 되게 하여 주옵소서.

자기의 실수를 솔직히 시인할 수 있는 용기와

남의 허물을 따뜻이 감싸줄 수 있는 포용력과

고난을 끈기 있게 참을 수 있는 인내를 더욱 길러 주옵소서.

직장인 홍역의 날들을 무사히 넘기게 해주시고

남보다 한발 앞서감이 영원히 앞서감이 아님을 인식하게 하시고

또한, 한걸음 뒤처짐이 영원히 뒤처짐이 아님을 알게 하여 주옵소서.

자기반성을 위한 노력을 게을리하지 않게 하시고

늘 창의력과 상상력이 풍부한 사람이 되게 하시고

매사에 충실하여 무사안일에 빠지지 않게 해주시고

매일 보람과 즐거움으로 충만한 하루를 마감할 수 있게 하여 주옵소서.

그리하여 이 직장을 그만두는 날

또한 생을 마감하는 날에

과거는 전부 아름다웠던 것처럼

내가 거기서 만나고 헤어지고 혹은 다투고

이야기 나눈 모든 사람들이 살며시 미소 짓게 하여 주옵소서.

5

그 제도,
그 법만큼은 개선할 것을

20년 전인 1996년, 강원도청에 근무할 때의 일이다. 현장에서 지방도를 유지보수 관리하는 수로원이라는 직원들이 계셨다. 그때는 기타직(지금의 무기계약직)으로 근무를 하였는데 대부분 지방도가 위치한 그 지역에서 일을 하시기 때문에 10년 이상의 장기근무자가 꽤나 많으셨다. 인제에서 15년 정도 수로원 일을 하시다가 퇴직하는 분이 있었는데, 퇴직금을 규정대로 산정하여 드렸는데도 불구하고 퇴직금액이 적다고 하시며 연락을 하셨다. 아마 본인께서 누군가에게 알아보았는데 상대적으로 적다며 확인을 요청하신 것 같았다. 나는 규정을 다시 한 번 확인하여 보았으나 규정대로 지급하였다고 말씀드렸더니, 그러면 규정을 한 번 더 검토해 달라는 요청을 하셨다. 그래서 노동부를 찾아갔다.

그런데 근로감독관께서 퇴직금 지급 규정에 최근의 방향을 일부 반영하지 못한 것이 있다며, 수정을 하면 좋겠다는 말씀을 하셨다. 만약 수정을 한다면 퇴직금 소급의 문제가 생기는데 이것에 대하여 여쭈었더니, 방향이 최근에 바뀌어서 소급해 주면 좋지만, 예산 편성 부분은 해당기관 소관이라 뭐라고 말할 수가 없다고 하셨다. 나는 사무실로 돌아와 퇴직금 부서 담당자와 상의를 하였는데, 우선 관련 규정과 지침을 개정해야 하는 일이라며 난감해하셨다. 그래서 "제가 노동부에 질의하여 답변을 얻고, 타 사례까지 확인하여 개정을 요청하도록 하겠습니다."라고 말씀을 드리고 노동부를 찾아가 사례를 확인하고, 다른 기관의 지급 사례 등도 구하고, 전문가의 질의답변까지 확보하였다.

3개월 정도의 노력으로 모든 서류를 갖춘 다음, 퇴직금 부서 담당자와 협의하여 규정을 개정하고, 그해 퇴직한 분들의 퇴직금을 소급하여 지급해 드렸다. 퇴직한 분들께서 감사하다는 연락을 많이 주셨고, 본인께서 재배한 감자며 고구마 등 농작물을 잔뜩 보내오셨다. 참 흐뭇했던 기억이다. 그리고 공직에서 처음으로 "제도개선이 이렇게 중요하구나!" 하는 생각을 했었다.

환경부 지방환경관서에 근무하면서 민원인과 사업자에게 불편한 제도는 개선하려고 많은 애를 써 보았다. 현장의 상황을 고려하여 수정요청을 건의한 관련 규정이 개정되어 성과도 있었고, 보람도 있었다. 사실 제도를 개선하려면 많은 노력이 필요하다. 그리고 집

요함과 인내심 등 끈질긴 면도 있어야 한다. 그리고 그 업무에 대한 애착이 없으면 불가능하다. 나 또한 바꾸고 싶었던 제도가 있었음에도 중간에 지쳐 버려 포기한 적이 몇 번 있었다.

지방자치단체에서 '제도개선' 하면 자주 이야기 나오는 사례가 해운대구청 공무원들이다. 지역주민들의 불편한 점을 파악하여 환경부 공무원을 찾아다니며 참으로 끈질기게 노력하여 관련 법령을 개선한 사례를 보면서 저절로 감탄을 한 적이 있다. 정화조와 관련하여 관련 법령을 개정한 것인데 해운대구청 직원들의 눈물어린 노력들이었다.

물론 지자체 공무원들의 요구를 관련 법령의 개정으로 화답한 환경부 공무원의 노력도 적지 않다. 그 당시 관련 법령 개정으로 혜택을 보았던 주민의 인터뷰 내용이다.

"주민을 위해 앞장서 뛴 해운대구청 공무원 덕에 장사를 하게 돼 기쁘다."

"앞으로 열심히 일해 이런 공무원들의 노력이 헛되지 않게 하겠다."

그리고 "신념을 갖고 팀원들과 함께 환경부를 설득해 좋은 결과를 낳아 보람을 느낀다. 전국적으로 많은 사람이 혜택을 볼 수 있을 것"이라던 제도개선의 주역인 해운대구청 J팀장의 인터뷰가 기억에 남는다. 해운대구청은 그것 말고도 제도개선에 대하여 많은 좋은 사례를 남긴 것으로 알고 있다. 제도개선은 한두 사람이 하지만, 그 혜택은 국민에게 돌아간다는 점에서 공직사회에서 아주 중요하다.

다음은 앞에서 소개한 유 부군수님의 도립의료원 운영개선과 관련하여 제도를 개선한 사례이다.

"의료지원 팀장으로 발령이 났어요. 강원도의 도립의료원 5개소의 경영개선을 위한 제도를 마련하는 자리였죠. 과장급으로 알고 있는데, 사무실도 직원도 없이 우선 혼자만 발령이 났어요. 그래서 일의 중요도를 살펴 우선적으로 먼저 해야 할 일을 찾았죠. 가장 중요한 것은 의료원 관계자를 만나는 것이더군요. 제일 먼저 의료원에 근무하다 퇴직한 관계자를 찾아가 문제점을 알아보았어요. 많은 것을 알게 되었죠. 그리고 현직에 계신 관계자분들을 한 분 한 분 만났죠. 처음에는 마음의 문을 열지 않으시더군요. 그래도 계속 찾아뵈었어요. 사무실이 정식으로 오픈된 후로도 5개 의료원의 원무과장, 총무과장, 간호과장, 노조위원장과 끊임없는 소통을 시도하며 의료원의 개선방안을 하나씩 하나씩 찾아 나갔죠.

지금도 잊을 수 없었던 일은 5개 의료원의 원무과장, 총무과장, 간호과장, 노조위원장과의 밤샘 토론이었어요. 지칠 대로 지쳤는데도 불구하고 저녁도 먹지 않고 계속 토론하다 새벽에야 막걸리 한 잔에 시장기를 해결했어요. 의회를 설득하는 것도 쉽지 않았는데, 끈질기게 찾아다니면서 설득을 했죠. 또 지역주민의 건강과 관련되는 일이라며 도와주시는 일부 의원분들도 있었죠.

우리나라 최고 병원인 ○○병원과 5개 도립의료원의 의료협약 체결과 그해 수해가 크게 난 평창지역에 ○○병원의 의료진 지원과 응급환자의 헬기수송 등은 또 다른 성과였어요. 그리고 도립의료원,

지자체, 의회 등 서로가 조금씩 양보를 하여 경영개선에 대해 전부는 아니지만 일부는 해결을 했어요. 그리고 나중에 운영이 잘되는 의료원도 있었죠. 그걸 보면서 이따금씩 뿌듯하였답니다. 참으로 끈질기게 추진했어요. 그때 의료원 관계자분들이 저의 지치지 않는 추진력에 놀라면서 하나씩 해결이 될 때마다 감사하다는 인사를 했었죠. 그리고 해결이 어느 정도 되어갈 무렵 부군수로 발령이 났어요. 공직 생활하면서 잊을 수 없었던 일입니다. 작은 분야의 제도개선은 해보았지만 의료법인의 경영개선이라는 큰 임무를 담당하면서, 또 그것을 이뤄 나가면서 내가 많이 성장했다는 생각을 했습니다."

지자체에 근무하면서 현장에서 다소 적용하기 어려운 제도가 더러 있었다. 그런데 그것을 개선하기보다 적응하는 것에 더 익숙해져 있었다. 이따금씩 나는 볼멘소리를 하곤 했다. "중앙정부에서 근무하는 사람들은 현장의 사정도 모르고, 우리에게 의견을 물어보지도 않고 제도를 만들어서 비효율적으로 일하게 만들고 그러네. 이렇게 소통이 부족하면 현장에서 일하는 사람만 힘들지……." 하지만 나중에 자세히 찾아보면 제도를 만들 때 나에게 의견을 물어보았고, 개선에 대한 의견수렴도 한두 차례 이미 있었다. 단지, 그때 나는 아무 관심 없다가 현장에서 불편해지니까 그때서야 후회하는 것이다.

제도라는 것이 만들기도 어렵지만 한 번 만들면 바꾸거나 없애기는 더 어렵다. 그렇기에 만들 때 제대로 만들어야 한다. 그냥 시간에 쫓겨 땜질식으로 만들 경우 그 피해는 고스란히 국민에게 돌아간다.

퇴직한 지자체 선배들께서는 "법령 개정, 제도개선은 늘 남의 일이고, 중앙부처 직원들 몫이라 생각하였는데, 막상 퇴직하고 내가 그 제도로 인하여 불편해 보니까, 그때 그냥 지나쳤던 것이 후회가 된다네. 이제라도 현직에 있는 후배 공무원들에게 불편한 제도에 대해 개선을 건의해 볼까 생각하다가, 나도 현직에 있을 때는 안 하다가 그만두고 나서 이야기하는 것도 안 맞는 것 같고……."라고 말씀하시곤 하셨다.

공직자들이여, 각종 제도들이 현장에서 살아 숨 쉬는지 파악하라. 그리고 현실과 현장과 맞지 않는 제도가 있다면 과감히 개선해야 한다. 왜냐하면 그로 인한 피해를 입는 사람은 국민이기 때문이다. 현장 공무원의 존재 이유 중에 하나는 제도의 모니터링이다. 또한 법과 제도를 개선하는 것은 공직자가 해야 할 핵심적인 업무다. 무엇보다 끈기와 추진력이 필요하다. 법령 하나, 제도 하나 개정하여 본 사람은 안다. 그것이 얼마만큼 힘든 일인지. 그러나 그 혜택은 고스란히 국민에게 돌아간다. 바로 그대가 바꿀 적임자다.

개선된다는 것은 변화된다는 것이며, 완전하다는 것은 자주 변화되는 것이다 - 윈스턴 처칠

내가 본 대한민국 공직자!!

- 가장 보편적이고,
- 가장 마음이 따뜻하고,
- 사회적 약자에 손을 내 밀고,
- 인내할 줄 알고, 배려할 줄 알고,
- 주말 산불근무, 축제근무에도 불평 없이,
- 누가 뭐라고 해도, 묵묵히 자기 길을 걸어가는,
- 여러분이 바로 대한민국과 인제군의 주인입니다.

인제군 공무원이라면 이 정도는!!

▷ 인제의 인물, 인제의 역사, 인제의 현재!!
▷ 다른 지역에 비해 인제의 강점, 약점!!
▷ 인제가 나아가야 할 방향, 더 나은 미래를 위해!!
▷ 지속가능한 인제가 되기 위해 공직자가 준비할 것!!
▷ 앞으로 지속가능한 삶을 위해 무엇을 준비할지!!
▷ 주민들에게 인제를 더 알고, 사랑하게 하는 방법!!
▷ ……

6

국민에게, 주민에게
더 친절하게 다가갈 것을

내가 퇴직하고 나서 겪은 일을 소개해 볼까 한다. 충주시청 관광과에 한옥체험업 등록·신청을 하면서 경험한 일이다. 에너지 자립형 한옥마을 펜션을 운영하기 위하여 충주시청 관광과에 전화를 하니 담당자인 민 선생님은 아주 친절하게 설명해 주시면서, 편한 일자에 방문해 달라고 요청하셨다. 그리고 2일이 지난 뒤에 방문했더니 민박과 숙박업, 한옥체험업에 대하여 상세하게 설명해 주셨고, 어떤 분야로 등록을 할 건지, 또한 농어촌민박업과 일반숙박업은 어느 과 누가 담당이며 오늘 직접 방문해서 문의해 보고, 최종 결정하여 다시 방문해 주시면 된다고 말씀하셨다. 그리고 따뜻한 차를 내주시며 환하게 웃어 주셨다.

다른 부서에도 확인한 결과 한옥체험업이 가장 적합한 것 같아 그것으로 결정하고 다시 민 선생님께 전화를 드려 협조를 구하였더니 필요한 서류를 안내해 주시며 재방문일자를 잡았다. 전화를 받으면서 상대편이 환하게 웃어 주는 느낌을 받아 본 적이 있는가? 그것도 형식적인 미소가 아닌 정말 친절한 말과 미소…….

두 번째 방문 때는 관련 법령과 자료를 미리 출력해서 관련 부분에 내가 쉽게 찾을 수 있도록 표시까지 해 놓으셨고, 필요한 서류와 향후 등록 일정까지 정리해 주셨다. 그날도 역시 따뜻한 차를 내주셨다. 그리고 주의사항 등을 꼼꼼하게 챙겨 주어 민원을 쉽게 해결할 수 있었다. 돌아오면서 "참 친절한 공직자이다."라는 생각을 하였다.

그러면서 나의 공직생활을 되돌아보았다. 나 또한 사업부서에서 인허가업무를 담당한 적이 많았다. 슬프게도 나를 만나고 간 민원인 중에 내가 충주시청을 다녀왔을 때처럼 그렇게 흡족하게 처리해 드린 기억이 없다. 따뜻한 커피는 내 드렸지만, 전화할 때 웃지도 않았고, 사전에 관련 법령을 일목요연하게 준비하여 드리지도 않았다. 그날 오후는 멍하니 예전의 공직으로 돌아가 소용없는 후회를 하였다.

"날 만나러 온 사람에게 난 왜 감동을 전해 주지 못했을까?"

그리고 그 후회의 마음으로 충주시청 홈페이지 '칭찬합시다'에 그때의 감사한 기억을 올려놓았다.

기후변화센터에서 유치원 어린이를 대상으로 생태체험을 하는 프로그램을 협의하고자 산림청 산하 백운산 자연휴양림 관리사무소를 찾은 적이 있다. 사전에 방문을 하고자 전화를 드렸더니 담당자가 백운산 둘레길 현장점검으로 출장중이며, 2시간 정도 뒤에 사무실로 돌아오니 메모를 남겨 달라고 하셨다. 그래서 메모를 남겨 드렸는데, 금방 전화가 왔다. 아마, 전화를 받으신 사무실 직원께서 출장중이신 담당직원분께 연락을 하신 모양이었다. 그래서 사업의 취지를 설명해 드리고 다음 날 오후 3시에 휴양림 관리사무소에 방문하기로 약속을 하였다.

그리고 다음 날 나는 정확하게 오후 3시에 사무실에 도착하였는데, 통화했던 담당자분께서 현관까지 나와 계신 것이 아닌가! 환하게 웃어 주시며. "방문해 주셔서 감사합니다."라며 사무실로 안내해 주셨다. 협의하는 동안 정말 친절하게 가능한 것과 어려운 것에 대하여 설명하여 주시고, 어려운 부분도 해결방안이 있는지 찾아보고 연락을 주신다고 하셨으며, 업무협의를 잘 마무리하였다. 사무실로 돌아오는 내내 기분이 좋았다. 그리고 그날 저녁에 친구들과 당구도 치고, 강의자료도 만들었는데 모든 것이 술술 잘 되는 것이 아닌가! 난 그 이유가 그날 뵈었던 백운산 휴양림 담당자분의 친절 때문인 듯싶어 일기장에 감사의 마음을 한참이나 적었다.

"김 주임님, 공직자의 친절이 사람을 얼마나 평온하게 하는지 알게 해주셨습니다. 백운산 자연휴양림이 김 주임님으로 인하여 더 아름다워 보였습니다. ……감사합니다."

퇴직하고 면사무소를 찾는 일이 더러 있었다. 인감과 주민등록

등·초본 발급 등을 위해 원주시 흥업면과 판부면을 자주 찾는데 늘 환하게 웃어 주며, 친절하게 민원을 처리해 주는 직원들이 계신다. 그곳의 직원들은 내가 사무실에 들어갈 때부터 웃어 주신다. 그리고 내 차례가 되면 아주 평온한 모습으로 살아가는 이야기도 하면서 민원을 처리해 주신다. 친절이라는 것은 특별한 것이 아닌 것 같다. 그냥 편안하게 "내가 대접 받았구나"라고 생각되면 그게 친절인 것이다. 찾아뵐 때마다 짧은 시간이지만 늘 평온한 모습으로 나에게 마음을 내주시는 흥업면의 민원계 이 계장님께 이 글을 통해 감사의 마음을 전한다.

다음 이야기는 내가 공무원으로 재직하는 동안 경험한 것들 중 가장 잊을 수 없는 기억이자 풍경에 대한 것이다.

1999년 강동면사무소에 근무할 때다. 그때는 산불이 나면 지역주민도 참여하여 같이 산불을 끄곤 하였다. 지금 생각해 보면 재난재해에 민관이 합동으로 대처하는 것은 참 좋은 일이 아닌가 싶다. 급하게 산불신고가 접수되고, 우리는 등짐펌프(소화기)를 트럭에 싣고 산불지역으로 향하였다. 봄철이고 가뭄이 심했으며 바람도 강했다. 산불진화 장비를 가지고 산으로 들어가는데 마을 이장님과 주민들이 마을 입구에 나와 계셔서 함께 산불지역으로 서둘러 갔다. 우린 합심하여 열심히 산불진화를 하였다. 바람이 심하게 불어 쉽지 않았지만 그래도 서로를 응원해 가며 불길을 어느 정도 잡을 수 있었다.

나는 우리 면사무소 최 계장님, 그리고 주민 J씨와 같이 진화작업을 하고 있었는데, 진화가 거의 끝나갈 무렵, 갑자기 최 계장님께서 그분에게 "이봐, 세금 좀 내, 지난해 4/4분기 자동차세가 체납되었던데……."라고 말씀하셨다. 산불을 끄다가 갑자기 무슨 세금 이야기인가 싶어 귀를 쫑긋 세워서 두 분의 얘기를 들어 보았다. 원래 그 두 분은 우리 면사무소에서 인정하는 친분이 두터운 사이였다.

"오늘 아침에 세무계장이 체납자 명단을 내게 보여 주면서 자네 이야기를 하더라고. 그렇지 않아도 집으로 전화해서 알려 주려고 했는데……."

"아, 맞다, 내가 고지서를 잃어버려서 납부를 못했다. 어떡하지……?"

그러자 최 계장님께서 "내일 오전 11시까지 8만 원 가지고 사무실로 와. 납부하고 나랑 점심 먹지 뭐, 점심은 내가 살게……."

산불을 끄면서 세금 이야기를 하는 것은 처음 보는 터라 한참이나 웃었다. 산불은 모두 진화되었고, 그 주민은 다음 날 오전 11시에 정확하게 사무실을 방문하여 체납 세금을 납부하고 최 계장님과 커피를 마신 뒤에 함께 다정하게 점심을 드시러 갔다. 나는 그 광경을 보면서, '아! 현장공무원은 저런 것이구나.'라고 느꼈다. 공직생활 하는 동안 나에게 가장 아름다운 모습으로 기억된 하루다. 주민과 산불을 같이 끄고, 세금 체납을 알려 주고, 또 그것을 납부할 수 있도록 도와주고……, 주민과 가장 가까운 곳에서 그들과 함께 호흡하며 그들의 아픔과 기쁨을 같이 나눌 수 있는 공직자……. 나도 공직생활동안 지역주민과 그런 기억이 있었는지 되돌아보았지만 아쉽게도 없었다.

1994년 내가 근무한 장현동사무소는 도시에서 떨어져 있고 마을 주민들이 대부분이 농업에 종사하는 작은 지역이었다. 내가 처음 발령 받았을 때 사회복지 담당공무원(사회복지사)이 잠깐 공석이라 담당자가 올 때까지 내가 임시로 그 업무를 담당했었다. 앞에서 설명한 것처럼 그 당시에는 저소득층에게 쌀을 지급하던 시기다. 대부분은 쌀을 받으러 동사무소로 오시지만, 거동이 불편한 분들은 담당자가 직접 가져다 드리기도 하였다. 산 중턱에 거주하시는 어르신들, 차량 진입이 불가능한 지역에 사시는 분들은 어쩔 수 없이 쌀을 가져다 드렸다. 그런 분들 중에 특히 기억에 남는 가족이 있다.

마을의 저수지 주변에 거동이 불편하신 내외분과 할머니 그리고 아이들 4명을 포함해 전부 7명의 가족이 살고 계셨는데, 가족 수가 많아서 한 달에 지급되는 쌀이 꽤 되어서 나는 늘 오토바이를 타고 배달해 드렸다. 양이 많아 두 번 정도 나눠서 갖다 드렸는데, 그때마다 늘 고마워하시던 내외분이 지금도 눈에 선하다. 사고로 갑자기 거동이 불편해졌지만 성품이 참으로 아름다운 분들이셨다. 아이들이 아직 어렸는데, 내가 가면 참 좋아했다. 큰딸이 중학생이었는데 동생도 잘 돌봐 주고, 공부도 잘하는 효녀였다. 나는 방문할 때마다 과자를 사 가서 아이들과 이야기도 나누고 함께 놀다 오곤 하였다.

그러다가 얼마 뒤 사회복지 담당공무원으로 서 주사님이 신규로 발령 받아 오셔서 내가 업무를 인계해 드렸다. 하지만 여직원분이라 오토바이 운전이 불편하여 쌀 지급만큼은 계속해서 내가 대신

했다.

그러던 어느 날, 쌀을 지급하러 나가는데 서 주사님께서 같이 가자며 오토바이에 탔다.

"그분들 사는 모습 한번 보고 싶어서……."

팔을 걷어부치고 적극적으로 나서는 모습이 보기 좋았다. 우리는 제일 먼저 산 중턱에 거주하시는 어르신 내외분에게 갔다. 평소에도 차분하고 정이 많은 서 주사님은 할머니, 할아버지와 마루턱에 앉아 정겨운 이야기를 한참이나 나누었다. 다음으로 저수지 주변의 거동이 불편한 내외분네로 갔다. 우리가 도착하자 내외분은 불편한 몸인데도 불구하고 역시나 아주 반갑게 맞아 주셨다. 인사를 나누고 내가 쌀을 집 안에 넣어 드리고 있는데 서 주사님께서 갑자기 방 청소를 시작하셨고, 이어 집 안 구석구석을 깨끗하게 청소하는 것이 아닌가! 아마 그분들은 거동이 불편하셔서 집안 청소도 마음껏 하지 못하셨을 것이다. 나도 서 주사님과 함께 집주변 청소를 했다. 그러면서 마음속으로 '서 주사님, 정말 멋진 분이구나.'라는 생각을 하였다.

돌아오는 길에 서 주사님께서 말씀하셨다.

"남형 씨, 다음에 쌀 가져다 드릴 때도 꼭 저랑 같이 가요. 한 달에 한 번 정도 찾아뵙고, 이야기도 나누고 우리가 해드릴 것이 있으면 도와드리는 것도 좋을 것 같아요. 우린 건강하잖아요. 우리에게 그분들은 단지 업무의 대상일지 몰라도, 그분들에게 우리는 전부일 수도 있잖아요. 국가라는 것이 뭐예요? 힘든 국민이 있으면 찾아가 힘을 주고, '국가가 늘 옆에서 우리를 지켜 주고 있다'라는 생각이 들도록 해주어야 하잖아요."

그러면서 환하게 웃어 주던 서 주사님. 나는 지금도 "국가라는 것이 뭐예요? 국민에게 힘을 주고, 늘 국민을 지켜 주어야 하잖아요."라던 그 말, 또렷이 기억하고 있다.

나는 퇴직하고 나서야 알았다. 공직자의 환한 웃음이 국민에게 얼마나 힘이 되는지, 공직자들의 따뜻한 말 한마디가 민원인의 하루를 얼마나 즐겁게 하는지, 문제해결을 위해 민원인보다 더 고민해 주는 공직자를 보면서 또 얼마나 고마워하는지를!!

지자체에서 퇴직한 한 선배님께서는 친절에 대한 뼈아픈 경험을 나에게 이야기해 주셨다.

"남형 씨, 그 당시만 해도 면사무소에는 직원이 2명씩 돌아가면서 숙직을 했잖아요. 남형 씨도 지자체 있을 때 당직해봐서 알겠지만 밤늦게까지 민원이 생기잖아요. 그날은 꽤나 추웠어요. 오후에 눈도 조금 왔고요. 밤 12시경쯤 전화가 왔는데, 사무실에서 조금 떨어진 지역에 있는 작은 고개 정상부가 눈으로 얼어 빙판이 되었으니 차량이 미끄러져 사고가 날 수도 있다며 조치해 달라는 전화였어요. 너무 늦은 시간이었고, 어떻게 할까 고민했었죠. 그 고개 정상부에는 제설용 방화사(미끄럼을 방지하기 위해 도로변에 적치해 놓은 모래)가 있으니 응급조치를 할까 하다가 혼자 나가서 작업을 하는 것이 부담스럽더군요. 그래서 아침에 일찍 직원들이 출근하면 같이 나가 작업을 해야지, 생각했죠. 그런데 글쎄, 새벽에 그곳에서 차량이 미끄러져 가드레일에 충돌하는 사고가 났어요. 지역주민이 트럭을 몰고 아침 일찍 일을 가시다가 사고가 났다고 하더군요. 가슴이 철렁 내려앉았죠. 조금 힘들고 어려워도 방화사를 뿌려 놓을 것을……. 그 사건 이후로 주민들의 안전과 관련되는 일들은 가급적 바로바로 실행하는 버릇이 생겼어요. 친절이란 것이 뭐 별건가요? 주민이 필요할 때 달려가 주는 것이 친절이죠."

퇴직 후 세미나 발표 때문에 민원업무에 대하여 주민을 대상으로 인터뷰를 진행한 적이 있다. 그 인터뷰 내용에는 공직자의 친절에 대한 항목도 있었는데, 주민들은 이런 말씀을 많이 하셨다.

"요즘 공무원들 대부분 친절합니다. 어떤 분들은 서비스업 종사하는 것 이상으로 친절하죠. 이제는 웃으면서 민원인을 대하는 친절은 기본입니다. 그것보다 더 멋진 친절은 국민 입장에서 생각해 주는 거예요. 민원서류 가급적 빨리 처리해 주고, 되는 것인지, 안 되는 것인지 가부(可否)결정 명확히 해주고, 그리고 만약에 되지 않는 것이면 차선책이나 대안은 없는지 찾아봐 주고, 이 정도면 정말 멋진 친절이지요."

지난해 지자체 공무원들을 대상으로 '후회 없는 공직생활', '지속가능한 공직사회'란 주제로 강의를 하면서 친절에 대해 많은 이야기를 나누었다. 그리고 우리는 늘 같은 결론을 냈다. 후회 없는 공직생활에 '친절'은 필요충분조건이라고…….

고용은 계약을 통해 이루어진다. 민간분야는 노동자와 사용자 간 계약을 한다. 공직자는 그러면 누구와 계약을 체결하였는가? 공직자는 국민과 계약을 체결하였다. 그러기에 고용주인 국민에게 마음을 주는 것은 당연하다. 그것이 친절로 나타나야 한다.

사람들이 가장 많이 후회하는 것은 '더 베풀 것을……'이라고 한다. 또한 마지막 날이 행복한 사람은 '원하는 일을 찾아 행동으로 옮긴 사람', '사랑하는 사람들과의 관계를 소중히 여긴 사람', 그리고 마지막으로 '많은 사람에게 도움이 되고자 한 사람'이라 한다. 그만큼 친절이란 것은 풍성한 삶의 기본이자 밑천이다.

법정 스님은 그의 저서 《아름다운 마무리》에서 "이 세상에서 가장 위대한 종교가 있다면 그것은 친절이다. 이웃에 대한 따뜻한 배려. 사람끼리는 더 말할 것도 없고 이 세상을 함께 살아가는 모든 존재에 대해 보다 따뜻하게 대할 수 있어야 한다. 이와 같은 친절과 따뜻한 보살핌이 진정한 '대한민국'을 이루고, 믿고 살 수 있는 세상을 만들 수 있을 것이다."라고 하셨다.

퇴직을 하고 보니 나를 힘들게 했던 민원인조차도 예쁘고 그리운 적이 있었다. 아마 친절하게 내 마음을 주지 못해서였던 것 같다.

우리나라가 지금처럼 먹고살게 되기까지 얼마나 노력하였는가? 얼마나 힘들었는가? 그 바탕에 바로 성실하고, 악착같았던 국민이 있었다. 그리고 그 뒤에는 묵묵히 일해 온 공직자가 있었다. 그런데 요즘 우리 국민이 많이 지쳤다. 힘들어 한다. 그러니 다시 국가와 공직자가 지친 우리 국민을 위하여 몸과 마음을 추스르자. 그리하여 국민에게 힘이 되어 주자. 우리 선배 공직자들이 그래왔던 것처럼…….

정현종 시인의 시 〈방문객〉에서처럼 자신의 일생一生과 함께 나를 찾아온 방문객을 띄엄띄엄 대하지 말고, 바람이 우리를 안아 주듯 그 사람의 전부를 안아 주고, 보듬어 주면 어떨까. 환대 받은 사람은 환대해 준 사람을 절대 잊지 않는다. 그 사실을 퇴직하고 나서 내가 경험하고 있는 중이다. 나의 환한 미소가 누구에게 그렇게 힘이 되었는지, 내가 찾아 준 대안이 주민을 얼마나 행복하게 해준 것인지 그 민원인들이 요즘 나에게 알려 주고 있다.

그대, 칼자루를 잡았다고 생각하는가? 그럴 때 베풀어라. 그럴 때 친절해라. 그렇지 않으면 언젠가 그 칼자루가 자신을 겨누는 칼끝이 될 수도 있다.

타인에게 친절해라! 그대가 만나는 사람은 지금 그들의 삶에서 아주 힘겨운 싸움을 하고 있기 때문이다. - 플라톤

방문객

정현종

사람이 온다는 건
실은 어마어마한 일이다.
그는
그의 과거와
현재와
그리고
그의 미래와 함께 오기 때문이다.
한 사람의 일생이 오기 때문이다.

부서지기 쉬운
그래서 부서지기도 했을
마음이 오는 것이다.
그 갈피를
아마 바람은 더듬어 볼 수 있을
마음,
내 마음이 그런 바람을 흉내 낸다면
필경 환대가 될 것이다.

- 2008년부터 퇴직할 때까지 내 사무실 책상에 붙어 있던 시!!

안녕하세요!!!

얼마 전 한옥체험업 지정 신청으로 관광과를 방문했다가
담당이신 민○○ 선생님이 너무 친절하게 대해 주시어
감사의 글을 올립니다.

전화문의에도 친절하시고,
사전에 전화로 방문내용을 알리고 찾아뵈었는데
필요한 서류를 미리 깔끔하게 정리하여 준비해 놓으시고
신청방법, 대안까지 찾아 주셨습니다.
또 시청 관련 부서도 친절하게 안내해 주셨습니다.

두 번째 방문 때도 환하게 웃으며 맞아 주시고,
일처리도 편의를 최대한 고려해 주셨습니다.
일처리를 참으로 깔끔하게 해주시어 좋았습니다.

관광과는 민원도 많고, 업무량도 많은 것으로 알고 있는데
친절하게, 그리고 대안까지 찾아 주셔서 진심으로 감사드립니다.

민○○ 선생님 때문에 하루가 즐거웠답니다. 김남형 올림

— 충주시청 홈페이지 '칭찬합시다.' 코너에 올린 글

7

멋진 후배 공직자를 양성하기 위해 더 노력할 것을

지난해 퇴직하신 이 선배님과 커피를 한잔 마시면서 인터뷰를 시작하였다. 평소 소탈하고 진솔하신 분으로 존경하던 선배님이었다. 현직에 계실 때 정말 일밖에 모르는 분이셨다. 퇴직을 얼마 남기지 않고, 건강이 나빠지셔서 힘들어 하셨던 기억이 난다. 공직에서 후회는 없다고 하셨다. 아마 그도 그럴 것이 일을 너무 열심히 하셨고, 또 열심히 하신 만큼 이루셨기에 후회는 없을 거라 짐작했었다. 그런데 선배님께서도 한 가지 후회되는 것이 있다고 하셨다.

"날 닮은 후배 하나 만들어볼 것을……. 남형 씨도 알지만 나야 일만 하다가 퇴직했지. 난 공직에 있을 때 어떤 분야에서는 내가 최고라고 생각한 적도 있었고, 또 남들도 그렇게 생각하고 인정해 주기도 했어. 그런데 그 전문적인 기술과 역량을 누구에게도 알려 주지 못하고 퇴직했네. 그게 후회스럽네. 나와 일하는 후배 동료 중에 나의 업무 노하우를 배우고 싶어 했던 직원이 있었는데도 불구하고 나중에, 나중에 하다가 퇴직하고 말았네. 참 후회스러워. 군자삼락^{君子三樂} 중에 마지막 즐거움이 무엇인지 알지? 영재를 얻어 가르치고 세상에 내놓는 것이지, 날 닮은 후배를 양성해 볼 것을, 그것을 못했어. 무척 후회가 되네……."

그 선배님과 인터뷰를 하고 돌아온 날 밤, 선배 공무원 누군가에게 나는 멋지게 양성하고픈 후배였는지, 또 후배 공무원 누군가가 나에게서 무엇이든 배우고 싶었던 그런 선배였는지, 또 그런 후배를 지나친 적은 없는지, 그리고 후배 공무원들을 위하여 공직사회를 바꾸려고 얼마나 노력했는지 생각해 보았다.

2013년 원주지방환경청 자연환경과에서 근무할 때 마음이 많이 가는 후배 직원이 많았다. 특히 그 부서에는 재직 기간이 5년 미만인 직원들이 대부분이었고, 그래서 최 과장님께서 많은 일들을 나에게 위임해 주셨다. 과장님께서는 "남형 씨, 우리 과 직원들 모두 경력이 짧아 일하는 데 힘은 들지만, 아이디어도 좋고, 업무에 대한 애착도 강해. 이참에 자연환경을 사랑하는 멋진 후배 공직자로 한번 만들어 봐요."라고 말씀해 주셨다. 그러다 보니 직원들과 함께 일을 하면서 자연스럽게 이야기도 많이 나누었다. 또 이야기를 많이 나누다 보니 직원들과 친해지고, 모든 직원들이 그렇게 예뻐 보일 수가 없었다. 가급적 함께 퇴근하고, 주말에 일이 있으면 되도록 같이 나와 서로 도우면서 일하였다.

지금도 그때 같이 근무한 강 선생님은 "팀장님이 추운 날이면 같이 퇴근하시면서 늘 집까지 태워 주셨어요. 언젠가 집 앞 과일가게에서 사주신 홍시, 아직도 기억나요." 하면서 그때 일을 추억하는 문자를 보내온다. 어쩌면 서로가 서로에게 기대고 살았던 것 같다. 3개월이란 짧은 기간이었지만, 아마 나의 공직 기간 중에 가장 젊은 직원들과 일하였고, 또한 참으로 소중한 기억이 많다.

그리고 그 사무실에는 나와 닮은 점이 아주 많은 직원이 있었다. 내가 그 기관에 근무할 때 초임 발령으로 온 직원이라 업무적으로 도와줄 일이 많았는데, 그 후배 직원이 나를 무척 따랐다. 그래서 그 직원이 하는 일은 더 많이 봐 주었고, 이야기도 더 많이 나누게 되었다. 내 생각인지 모르지만 그 후배는 나랑 이야기 나누는 것을 좋아했다. 나는 그 부서에서 오래 근무하지 못하고 세종시로 발령이 났고, 나의 발령을 가장 가슴 아파한 직원으로 알고 있다. 물론 지금도 자주 연락하고, 서로의 이야기를 털어놓고 지낸다. 그 후배 동료와 더 많은 이야기를 나누지 못한 것이 못내 후회가 된다. 강원도와 충청북도의 아름다운 자연환경을 어떻게 더 잘 가꾸고 보전할 것인지에 대하여 그 후배 공직자와 같이 고민을 더 많이 나누지 못한 것이 후회가 된다.

세종시로 발령이 나던 날 우리 부서 거의 모든 직원들이 '선배 공무원으로 우리에게 많은 추억을 남겨 주셨다. 감사하고 고마웠다.'며, '꼭 다시 같이 근무하고 싶다.'라는 내용의 메일을 보내왔다. 공직생활 23년 동안 인사발령으로 다른 곳으로 가면서 그렇게 아름다운 작별인사는 처음이었다. 3개월 동안 같이 근무하면서 후배 공직자들에게 강조했던 것은 딱 두 가지였다. 첫 번째, "난 무슨 일이 있어도 당신 편입니다." 두 번째, "모두 당신 덕입니다."

다음은 이 글을 쓰는 동안 인터넷에서 읽었던 아주 감동적인 퇴임사이다. 29년을 교직에서 몸담았던 분이셨는데, 후배 교사들에 대한 애틋한 마음이 담겨 있어 한참이나 읽어 보았던 구절이다.

'그런데 막상 학교를 떠날 때가 되니 학생들보다는 동료 선생님들 생각에 마음이 먹먹해졌어요. 그동안 동료나 후배 선생님들께 나는 따뜻한 사람이었나, 이런 물음에 후한 점수를 줄 수가 없었어요. 작년과 올해, 특히 교직 경력이 얼마 안 되는 새내기 선생님들께서 학생들과의 문제로 많이 힘드셨잖아요. 상처도 많이 받고 그러셨을 텐데 마음뿐이었고 선배 교사로서 도움을 드리지 못해서 그런 것들이 마음에 진한 아쉬움으로 남았나 봐요.

지난주까지만 해도 괜찮았는데 퇴임하는 이번 주는 선생님들 얼굴만 봐도 울컥해졌어요. 그래서 말로는 퇴임인사를 못하겠구나 싶어서 7분짜리 PT 자료를 만들었는데, 학생들 때문에 힘들어 하시는 후배 선생님들을 위한 선배 교사로서의 조언도 함께 담았어요.'

– 중략 –

위기 때마다 저에게 도움을 주는 두 가지 생각이 있었습니다. 아이의 잘못된 행동이 그 아이에게서 비롯된 것이 아닐 수도 있다는 것! 미움은 누구에게도 도움이 되지 않는다는 것! 그런 생각을 오랫동안 마음에 새기다 보면 아이에 대한 미움을 비껴갈 수 있었습니다.

– 출처 : 〈오마이뉴스〉 2016.01.02.

퇴임사를 PT로 하시면서, 윗부분은 남아 있는 후배 교사들에 대한 미안함, 고마움을 담았고, 뒷부분은 선배로서 후배 교사들에게 학생을 대할 때 가져야 하는 멋진 가르침을 주신 퇴임사였다.

교직에 있다 명예퇴임하신 선배님을 뵙곤 한다. 그 선배님께서도 위의 퇴임사와 같은 이야기를 자주 하곤 하셨다. 그 선배님은 "교직을 30년 이상 하면서, 10년 단위로 끊어서 학교를 바라본 적이 있어요. 그런데 최근의 10년이 맨 앞의 10년보다 10배는 더 힘들었던 것 같네요. 그러다 보니 남아 있는 후배 교사님들의 생각을 하면 미안하다는 생각뿐입니다. 더 좋은 학교, 더 좋은 교육환경을 만들지 못하고 도망치듯 나왔어요."라며, 긴 한숨을 지으셨다. 그러면서 나에게 부탁하신다.

"지금 교단에 계신 후배 교사님들이 나보다 훨씬 생각도 많고, 고민도 많으세요. 또 능력도 있고, 사명감도 있어요. 그런데 교육환경이 많이 따라가 주지 못해요. 남형 씨도 아들, 딸 학교에 맡겼으면 선생님을 믿고 묵묵히 지켜봐 주길 바라요."

퇴임식에서 송별사 때문에 많이 울었다는 선배님과 이야기를 나눈 적이 있다. 두 번이나 같은 부서에서 근무했던 부하 직원이 송별사를 하였는데, 그 송별사가 너무 기억이 남는다고 하셨다.

"송별사를 그 직원이 하는지도 몰랐어요. 처음 각자 계장과 신규 직원으로 근무했고, 이따금씩 따끔하게 혼을 낸 적도 있었죠. 지금도 기억이 납니다. 과태료 부과를 결재 올리면서 관련법에 대한 숙지가 부족하여 3번이나 결재서류를 재검토시켰죠. 그리고 과장과 중견직원으로 다시 만났는데, 다시 만났을 때는 일을 정말 잘하는 직원으로 성장해 있었어요. 그 직원은 가끔씩 회식자리에서 '지금까지 성장한 것은 과장님 덕이 큽니다.'라며 늘 고마워하였어요. 그런데 그 직원이 송별사를 하면서, 그때 과태료 결재를 세 번이나 재검토 받았던 것이 자신이 성장할 수 있었던 원동력이었고, 그 당시 신규 직원이던 자신이 그런 일들로 마음 상하지 않도록 칭찬도 많이 해주시고 다른 부분에서는 언제나 자신을 치켜세워 주셨다고 말하는 거예요. 그리고 자신을 혼내면서 내가 한 말, '과태료 부과를 잘못하면 누가 피해를 봅니까? 국민이 보겠죠. 공무원이 업무를 잘못하면 바로 국민에게 피해가 갑니다. 명심하세요.'라는 말은 지금도 잊을 수 없다며, 앞으로도 과장님의 은혜를 잊지 않겠다고 하더군요. 그 송별사를 들으면서 난 행복한 공무원이었다고 생각했어요. 후배 공직자가 나로 인해 성장하였다면 그것만큼 행복한 것이 어디 있겠어요."

이 말씀을 하시며 선배님은 흐뭇한 미소를 지으셨다.

나의 아버님도 공직에 계셨다. 지자체 공무원을 하셨는데, 면사무소에 근무하실 때 아버님 사무실에 놀러 가곤 하였다. 어릴 적 내 눈에 비친 아버님은 지역주민들과 늘 호흡하시고, 많은 일에 솔선수범하시던 분이었다. 어느 봄날, 아버님께서 근무하신 면 지역에 큰 산불이 났다. 면사무소 산업계장으로 계셨기에 진화작업에 상황보고까지 하시느라 3일 동안 집에 들어오지 못하셨다. 그리고 4일째 들어오셨는데, 바지가 불에 탄 흔적들이 아직 남아 있었고, 손 언저리에도 산불을 끌 때 생겼을 흔적이 그대로 남아 있었다. 그날 밤, 군청에서 걸려온 전화를 받으시면서 아버님께서는 이렇게 말씀하셨다.

"징계는 날 주면 됩니다. 나야 이제 공직 얼마 남지 않았잖아요. 면장님과 직원들은 징계 주지 말고, 그냥 나를 징계 줘요. ……"

산불이 워낙 크고 났었고, 누군가는 징계를 받아야 하는 상황에서 군청 감사실에서 아버님께 전화를 한 것이다. 그 시절에는 산불이 크게 나면 군수도 직위 해제를 받던 시절이라 아버님은 징계를 당연시 생각하셨고, 대신 후배 공직자에게는 절대 피해가 가지 않도록 당부하신 것이었다. 아버님은 나에게 공직자로서 멋진 멘토이셨다.

지금 생각해 보면 아버님은 이따금씩 우리 집에 후배 공직자분들을 데려오셔서 식사도 같이 하고, 술도 같이 하셨다. 그만큼 후배 공직자를 참 좋아하셨고, 사랑하셨다. 그리고 우리 집에 오셨던 그 직원 중에 한 분을 내가 공직에 입문한 뒤에 만난 적이 있는데, "남형 씨, 아버님만큼만 해요, 아버님은 후배 공직자를 위해 늘 솔선수범하셨어요. 후배 공직자들이 더 좋은 환경에서 일할 수 있도록 늘 노력하셨죠. 아버님 뵈면 감사했다고, 건강하시라고 안부 전해 주세요."라고 말씀하셨다.

내가 공직을 그만두었을 때 가장 가슴 아파 하신 분은 아버님이셨다. 나의 아버님은 세상에서 '공직이 가장 보람 있고, 공직자가 가장 행복한 일을 하는 사람이다'라는 믿음을 갖고 계신다.

아버님은 퇴임하시고 가끔 이런 말씀을 나에게 하셨다.

"남형아, 공직생활 힘들지? 우리 때는 지금만큼 힘들지는 않았어. 지나고 나니까 너희들이 더 좋은 환경에서 근무할 수 있도록 노력했어야 했는데, 그게 후회가 된단다."

지난해 참석한 퇴임식에서 퇴임하시는 분들의 대부분은 후배 공직자 분들에게 미안함을 전했다. "더 좋은 공직환경을 만들지 못하고 떠난다. 후배 공직자들이 더 고민하고 노력해 주길 바란다."라는 내용이었다. 어느 분의 퇴임사에 이런 말씀이 있었다.

"공직 기간 내내 윗사람만 쳐다보다가, 명예퇴임을 결정한 날부터 후배 공직자들의 마음과 얼굴이 눈에 들어왔습니다. 뼈저리게 후회합니다."

공직 기간 동안 나는 공직사회 개선을 위해 얼마나 애썼을까 하고 생각해 본 적이 있다. 많지 않았다. 나에게 다가온 후배 공직자를 위해 얼마나 노력해 주었는가? 역시 별로 없었다. 또 후배들에게 내 마음을 열어 주었는가? 크게 생각나는 것이 없었다. 공직 기간 내내, 또 공무원노조의 임원으로 활동을 하면서 현안 등에 묻혀 후배 공직자들이 더 좋은 환경에서 근무할 수 있도록 큰 그림을 그리지 않았고, 그것이 지금 후회로 다가온다.

나에게는 정말 귀감이 되는 선배 공직자분들이 많이 계셨다. 그분들은 늘 후배를 아끼고 사랑하셨다. 그리고 본인께서 공직 기간 내내 경험으로, 노력으로 습득하신 노하우를 나에게 전달해 주곤 하셨다. 어쩌면 내가 업무적으로 성장할 수 있었다면 그런 선배 공직자들의 덕이 크다. 그런데 지금의 공직사회는 선후배 사이의 이러한 교감들이 많이 부족하다. 그만큼 이야기를 나눌 수 있는 공간이나 시간이 부족하기 때문일 것이다.

공무원노동조합 활동을 하면서 퇴직하는 선배님들의 많은 노하우를 기록하여 남기는 방법에 대해 고민한 적이 있었다. 현직에 있는 후배 공직자들의 업무에 이 노하우를 참고할 수 있으면 좋을 것 같아서였다. 특히 갈등이나 주요 현안들에 대한 해결방안은 아주 큰 도움이 될 것 같았다. 실제 업무에 꼭 필요한 솔루션들이기 때문이었다. 실행하지는 못했지만, 만약 지금 그 일을 추진한다면 그때 생각한 한 가지 방법을 제안하고 싶다. 공직자에게 퇴직하기 얼마 전에 그간의 공직생활을 정리하는 시간을 드리고 그 기간 동안 그간의 노하우를 작성하여 국가에 제공하도록 하는 방법이다. 물론 더 궁리하면 이 방법 외에도 여러 가지 좋은 방법이 있을 것이다.

이제 우리나라도 먼저 살았던 사람들의 다양한 지식과 경험이 다음 세대에게 전수되어 이를 다시 지식화하여 국가의 큰 유형의 재산이 되도록 하는 시스템 구축이 필요하다. 특히 공직사회의 다양한 노하우는 중요한 국가 자산이므로 꼭 필요하다고 생각한다.

우리가 태어났을 때 우리는 웃었고, 세상은 기뻐했다. 우리가 죽을 때는 세상이 울고 우리는 기뻐할 수 있는 그런 삶을 살아야 한다. - 화이트 엘크

후배 개그맨들에게 더 많은 기회가 주어지길 바란다. 프로그램이란 것이 시청률이 안 나오면 없어지는 것은 당연하지만 예능의 뿌리는 코미디인데 우리 후배, 동료들이 자리를 함께 하지 못해 아쉽다. 오지랖 넓은 말일지도 모르지만, 꿈꾸는 후배들에게 기회가 주어졌으면 한다.

- 2014년 MBC 연예대상 유재석 수상소감 중에서

더 당당하게
내 주장을 펼칠 것을

2012년 국정감사 전날 저녁 8시경 국회의원실 B비서관께서 자료 요구를 하였다. 환경영향평가를 협의한 골프장과 관련된 자료 요구였는데 10년 치의 자료를 요구하는 것이다. 보통 국정감사 전날 저녁에는 간단한 자료 요구는 하지만 10년 치를 요구한 경우는 없어서, 비서관에게 전화를 드려 "비서관님, 10년이 아니고 1년이죠?" 하였더니 "아닙니다. 참고할 것이 많아서 10년 치를 주십시오."라는 것이 아닌가. 그래서 나는 "비서관님, 지금부터 자료를 뽑아도 3~4일 정도는 걸려야 하는 것 아시잖아요? 그리고 국정감사 전날에 그것도 저녁 8시가 되어서 이런 방대한 자료를 어떻게 정리합니까? 어렵습니다. 1년 치 정도면 지금부터 열심히 뽑으면 새벽 2시까지는 가능할 것 같습니다."라고 말씀드렸다. 그래도 비서관은 반드시 필요한 자료니까 작성해 달라며 전화를 끊었다.

하는 수 없이 우선 관련 자료를 몇 개만 추출하여 작성해 보았으나, 도저히 말이 되지 않는 작업이었다. 나는 다시 비서관에게 전화를 해서 "지금 해보니까 도저히 어렵습니다. 아까 말씀드린 것처럼 1년 치를 뽑아서 보내 드리겠습니다."라고 했다. 그래도 비서관은 안 된다고 하면서, "만약 자료를 주지 않으면 내일 국정감사장에서 청장님께 자료 미제출로 정식 질의를 하겠습니다."라면서 뜻을 굽히지 않았다. 나도 더 이상은 안 되겠다 싶어, "그럼 비서관님 뜻대로 하십시오. 제가 환경부노조 수석지회장이자 우리 청 노조회장입니다. 저도 이 자료 요구는 노조를 통해서 반드시 문제 제기를 하겠습니다."하고 전화를 끊었다.

그런 다음, 나는 내가 말했듯이 1년 치 자료는 주어야 한다는 생각으로 자료 작성을 하고 있었는데, 비서관께서 다시 전화를 했다.

"최근 1년 치 자료만 보내 주세요. 그 자료가 그렇게 양이 많은지 몰랐네요."

아마 그때 상황을 제대로 당당하게 이야기하지 않았으면 국정감사 전날은 밤을 꼬박 새우고도 자료를 제출하지 못하고 국회로 갔을 것이다.

나는 자기주장이 강한 편이라 어디에서든 가급적 나의 할 말은 한다. 공직에 들어가기 전부터 그랬던 것 같다. 장점이기도 하고 단점이기도 하다. 그렇다고 나의 주장 때문에 누구와 언쟁하거나 자리를 불편하게 하는 것 또한 싫어한다. 그냥 나의 생각과 주장을 이야기하고 받아들이는 것은 상대편의 몫이라 생각하고 상대편에게 내가 해야 하는 이야기는 거침없이 하는 편이다.

2006년 통일부에서 근무할 때 있었던 일이다. 통일교육원에서 전 직원 교육이 있었는데, 6급 이하 직원에겐 노동조합에서 주관하는 차관과의 대화의 시간이 계획되어 있었다. 조직의 발전에 대하여 이야기 나누는 자리였다. 마지막 건의사항 및 의견수렴 시간에 난 마이크도 없이 큰 목소리로 대강당이 떠나갈 듯 크게 말하였다.

"차관님, 오늘 이런 자리를 마련해 주셔서 감사합니다. 꼭 드리고 싶은 말씀이 있어서 일어섰습니다. 우리 부처는 참 좋으신 간부님들이 많습니다. 감사한 일입니다. 그런데 일부 간부님 중에 직원들이 인사를 하여도 그냥 지나치는 분이 있습니다. 물론 이유야 있겠지만 직원들 간에 이런저런 말들이 있습니다. 아무리 직위가 높더라도 부하 직원이 정성스레 인사를 드리면 화답을 해주시는 것이 동료이자 상사의 역할이라고 알고 있습니다. 그런 일이 없었으면 좋겠습니다."

내 말이 끝나자 차관님께서 "그것이 사실이라면 좋지 않은 모습입니다. 알려 주어서 고맙습니다."라고 하셨고, 다음 확대간부회의 때 나의 건의사항이 논의되었다. 나중에 차관님께서 나에게 "남형 씨, 건의사항 잘해 주었어요. 고마워요."라며 환하게 웃어 주셨다. 그리고 그 차관님께서 내가 통일부에서 환경부로 발령 받아 첫 출근하던 날 전화를 주셨다.

"남형 씨, 환경부에서도 통일부에 있을 때처럼 당당하게 일해야 합니다. 이따금씩 남형 씨 생각이 날 겁니다."

조직을 위해서 누군가는 나서야 한다. 나라고 싫은 소리 하고 싶겠는가? 그렇지만 필요할 땐 당당히 자신의 생각을 이야기해야 한다. 나는 공직 기간 내내 공무원노동조합 임원으로 오랫동안 일하였다. 내 주장이 강하여서 노동조합 일을 한 것인지, 아니면 예전부터 하고 싶은 말은 하고 살았지만 노동조합 일을 하면서 나의 주장이 더 강해진 것인지는 모르겠다. 그러나 틀림없는 것은 우리 공직 사회에서 공직자 개개인이 자기의 말을 당당하게 할 수 있는 풍토를 마련하는 것은 반드시 필요하다.

그리고 난 공직생활을 하면서 늘 나 자신에게 외치는 말이 있었다. 그것은 바로 "일하다 보면 욕먹을 수 있다. 욕먹는 것을 두려워하지 말자!"였다. 언론사 기자와 현안에 대하여 이야기하다가 해결방안이 마련되지 못한 것을 가지고 언쟁을 하였는데, 이것이 언론에 기사화되어 소동이 발생한 경우도 있었다. 나는 기관장들 또한 언론에 너무 민감하지 않았으면 한다. 일하다 보면 잘할 수도 있고, 못할 수도 있다. 그리고 행정이란 것이 만능이 아니다. 행정이 모든 사회현상을 다 대비할 수 있을 만큼 우리나라는 그렇게 단순하지도 않고, 또 사회현상과 그 문제에 대하여 철저하게 대응할 만큼 우리의 행정시스템이 그리 완벽하지도 않다. 열심히 일하다가 어쩔 수 없이 그런 것이면 설사 언론에 나왔다 하더라도 그냥 넘어가라. 언론의 주요기능은 비판이다. 잘못된 것이 있으면 고치면 되고, 오보이면 해명하면 된다.

퇴직하신 선배 공무원과 인터뷰 중에, "선배님, 공직 기간 동안 상사분들에게 하고 싶은 이야기는 죄다 하셨어요?"라고 여쭈었더니 이런 이야기를 하셨다.

"지금은 이렇게 이야기를 잘하면서 그 당시에는 윗사람 앞에만 가면 가슴속에 품었던 말을 왜 그리하기가 어려웠는지, 사실 시장市長 결재 들어갈 때 준비했던 말을 전부 다 한 적이 없어요. 어쩌면 시장께서 나의 말을 더 듣고 싶어 하였을지도 모르는데, 입에서 우물우물 하다가 그냥 나와 버렸지요, 오죽했으면 수첩에 모두 적어 가서 토시 하나 다르지 않게 그냥 읽어 보려고 했던 적도 있었어요. 말을 못하는 것과, 해야 하는데 하지 않는 것하고는 틀리잖아요? 난 이따금씩 상사 앞에서 아주 논리적으로 차분하게 자기의 이야기를 죄다 하는 사람이 참 부럽더라고요. 그런데 그런 직원들이 사무실에서 보면 참 행복해 보이더군요. 누가 그런 말을 하더군요. 당당함은 행복의 전제조건이라고."

당당함이란 무엇인가? 자신감이란 뜻이기도 하고, 그 속에는 전문가라는 뜻이 포함되어 있다. 당당한 사람들을 보면 경험이 풍부하고 문제해결 능력을 가지고 있으며, 상대에게 자신을 각인시키면서도 업무로서는 서로 존중하자는 뜻을 내재하고 있고 또한 그것을 표현한다. 하고 싶은 말을 한다는 것은 존재한다는 뜻이기도 하고, 상대편의 오해를 예방하는 상대편에 대한 배려이기도 하다.

내 기억에 보고를 하러 들어가면 먼저 지적부터 하는 상사가 있는가 하면, 끝까지 경청하고 결론까지 내가 도출하도록 하는 상사가 있다. 당연히 후자인 경우가 나의 성장에 도움이 되었다. 역으로 생각해 보면 내가 늘 나의 주장을 이야기할 수 있었던 것은 그만큼 나의 이야기를 들어 주는 상사가 있었다는 것이다.

공직사회는 당당하게 자기주장을 이야기할 수 있는 기회가 그리 많지 않다. 1급에서 9급으로 서 있는 계급선상에서 당당히 자기주장을 하는 게 쉽지는 않다. 그러나 업무에 대한 고민은 어쩌면 담당자가 가장 많이 한다고 할 수 있다. 그러니까 그 업무에 관해서는 담당자가 자기주장을 말하고 펼칠 수 있도록 하는 공직문화는 반드시 필요하다. 공직자가 자기의 주장을 제대로 펼칠 수 없는 공직문화여서는 절대 안 된다. 그 피해는 고스란히 국민에게로 돌아갈 뿐 아니라 나라의 성장도 가로막게 되기 때문이다.

공직사회, 하고 싶은 말을 하지 못하는 것인지, 아니면 하고 싶은 말을 하지 않는 것인지? 내가 경험한 공직사회는 하고 싶은 말을 하지 않는 것보다 당당하게 하지 못하는 경우가 더 많았다. 공직자가 하고 싶은 말을 할 수 있는 그런 시스템과 분위기 조성이 반드시 필요하다.

그리고 이 글을 통해 국회에 꼭 부탁하고 싶은 것이 있다. 바로 국정감사에 대한 개선이다. 공무원들이 9~10월이면 꼭 입에 달고 사는 말이 있다.

"국정감사 기간이라 조금 늦추면 안 될까요?"

"국정감사 기간이라 자료 제출 때문에 바쁜데, 국정감사 끝나고 하면 안 될까요."

"국정감사 때문에……, 국정감사 때문에……."

솔직히 고백할 것이 있다. 국정감사 기간 중에 인허가 사업 신청을 하러 온 사업자의 양해를 구해 국정감사가 끝나고서야 접수한 적이 있다. 물론 그 서류는 국정감사가 끝나고 빠른 시일 내에 인허가 서류를 잘 검토하여 처리해 드렸다. 하지만 백번 내가 잘못한 일이다. 담당업무별로 차이가 있겠지만 국정감사 기간에 공무원들의 업무 부담은 상당하다. 그렇다 보니 이렇게 뒤로 미루게 되는 일이 생기기도 하는 것이다. 그렇다고 국민의 대표가 국정을 감시하는 국정감사를 부정하는 것은 더더욱 아니다. 단지, 지금의 국정감사 방법을 더 효과적으로 개선할 수 없는지에 대한 고민을 해보자는 것이다. 입법부와 행정부 간 머리를 맞댈 필요를 느낀다. 국정감사와 관련한 엄청난 자료 요구 등으로 국민을 위한 대국민 서비스가 지연되는 것은 국민도 바라지 않을 것이다.

어릴 때 당당하게 자기 말을 할 수 있도록 키워진 아이는 세상의 주인이 될 수 있고, 또 세상을 변화시킬 수 있다. 공직자여! 그대가 세상을 변화시키고, 변화의 주체가 되려면 당당하게 자기의 말을 할 수 있어야 한다. 당당하게 자기의 말을 하는 사람들이 세상을 바꾸어 왔다는 것을 명심하라.

어중간하게 싸워서 지지 마라.
몸과 마음을 다해서 싸운 자에게는 저마다 만족할 수 있는 인생이 준비되어 있다. - 와다 이치로

9

전문분야 하나 정도는
만들 것을

선배님들에게 인터뷰와 설문조사를 해보니 의외로 많은 분께서 전문분야에 대한 후회를 갖고 있었다. 사실 나도 후회하는 것 중에 하나다. 20년 이상을 공직에 있으면서 전문분야는 차치하더라도 현직에 있을 때 내가 무슨 업무를 잘했는지, 어떤 업무에 관심이 많았는지, 자서전을 쓰면서 크게 떠오르지 않아 나도 나에게 놀랐던 적이 있다. 그러나 희미하게 떠오르는 것이 있다면, 가장 관심 있던 분야는 환경부 있을 때의 기후변화업무였고, 가장 잘했던 업무는 회계업무 중 계약업무였다.

지자체에 근무하면서 회계부서에서 꽤나 오래 있었다. 처음 계약업무를 담당하였을 때는 많이 어렵고 서툴렀다. 계약업무는 지침이나 예규 등이 많아 그것을 숙지하는 데에도 많은 시간이 소요되었다. 아마 업무를 맡은 이후 3개월 동안은 도서관에서 관련 법령과 제도, 지침 등을 공부하였던 것 같다. 공직생활 내내 나의 좋은 습관 중 하나가 업무를 맡으면 빠른 시간 내에 숙지하는 것인데 아마 계약업무를 보면서 그 습관이 생긴 것 같다. 그 당시 계약업무는 지금과 달리 대면對面입찰이고, 내역內譯입찰이었다. 그러다 보니 약간의 미숙함도 민원이나 소訴의 대상이 될 수 있어 신경이 많이 쓰였다. 사실 입찰과 관련하여 소송이 제기되어 3심까지 간 적도 있다. 다행히 승소하였지만 답변서를 쓰는 등 소송 기간에 무척 긴장되었다.

1995년과 1996년 연속하여 수해가 나는 바람에 수해복구 공사로 인한 엄청난 계약들을 준비하느라 밤을 새웠던 일들은 일기장에 고스란히 나의 스토리로 남아 있다. 그때 나는 희미하게나마 '공직에서 일을 배운다는 것이 이런 것이구나.' 하고 처음으로 느껴 보았고, 그 업무를 4년이나 연속해서 하게 되었으며, 공직생활 중에 '일을 잘한다.'는 칭찬도 그때 처음 받아 보았다. 운이 좋게도 퇴직한 지금에도 이따금씩 계약업무를 담당했던 것이 도움이 되곤 한다.

원주지방환경청에 있으면서 2년 동안 기후변화업무를 담당한 적이 있었다. 난 평소 재난업무, 기상이변에 관심이 많았다. 지자체 있을 때 대형재난 시 상황실 근무도 해보고, 국가의 위기대처 능력에 늘 관심을 가지고 있었다. 기후변화업무 중에서도 내가 담당한 것은 온실가스 감축과 기후변화 대응과 적응분야였는데, 하면 할수록 참 재미있었다. 전 지구적 기후변화 현황과 우리나라의 상황, 그리고 국제사회의 노력 및 우리나라의 계획, 지자체와 시민사회단체와의 협력사업, 청소년을 대상으로 하는 교육사업, 대주민 홍보사업을 하면서 정말 내가 '공무원으로서 밥값을 하고 있구나.' 하는 자부심을 가져 보았다. 그때 기후변화와 관련한 도서, 잡지를 엄청 읽었고, 보고서를 작성할 때도 신이 나서 일을 한 것 같다.

시민광장에서 지자체와 시민사회단체와 같이 에너지와 기후변화에 대한 대주민 캠페인을 몇 번 했었는데 얼마나 열심히 그리고 적극적으로 하였던지, 그때 같이 근무했던 김 선생님, 이 선생님은 "팀장님, 너무 신나고 재미나게 일하세요. 아주 보기 좋으세요. 멋지세요!"라며 웃어 주곤 했다. 아마 그때 기후변화에 대하여 공부한 덕인지 환경부에서 다른 업무를 하면서도 그 업무에 기후변화와 온실가스 감축 부분을 연관시켜 일하기도 했고, 그것은 나에게 엄청난 큰 자산이 되었다. 그리고 그것이 바탕이 되어 지금의 원주기후변화대응교육연구센터에서 학생, 시민, 공무원들과 기후변화에 대하여 이야기 나누고 있다. 앞으로도 나는 기후변화와 지속가능 발전과 관련되는 이 일을 계속하고 싶다. 아니, 죽을 때까지 하고 싶다. 사람들과 만나면서, 또 공유하면서 이제는 작은 소명의식까지 생겼다. 그 모든 것의 시작은 현직에 있을 때 운이 좋게 내가 좋아하고, 잘하는 분야를 찾아낸 결과였다.

앞에서 소개한 유 부군수님은 회계와 관광분야의 전문가셨다. 같이 근무할 때 회계업무에 대하여 질문을 드리면, 정말 상세하게 잘 알려 주셨다. 인터뷰를 하면서 어떻게 그렇게 회계업무에 밝으셨는지 여쭈었더니 이렇게 답해 주셨다.

"말도 말아요. 도청 세무회계과에 발령이 났는데, 담당계장이 법령집과 지침을 주면서 이거 다 외울 때까지 도서관에서 공부하고 출근도 말라고 하는 거예요. 그 모습이 얼마나 엄중하셨는지 정말 기를 쓰고 지방세법, 회계법을 달달 외웠죠. 물론 출근은 했죠. 그것이 쌓이고 쌓여 그렇게 된 거예요. 물론 그 부서에 오래도 있었고요. 공직생활의 절반을 세무회계, 그리고 나머지 절반을 감사, 관광분야에 있었어요. 내가 그 업무를 잘해서 한 부서에 오래 있었는지, 한 부서에 오래 있다 보니 그 업무를 잘하게 된 것인지는 모르겠어요. 하여튼 남들보다 한 분야의 일을 더 열심히 하고, 조금 더 알다 보니까 성과도 있었어요. 감사한 일이에요."

공직에 있을 때 한 분야의 전문가를 더러 보았다. 창녕군의 따오기복원센터의 이 계장님, 함평군 산림공원사업소 김 선생님, 인제군청 환경보호과 이 계장님은 자연환경업무를 하면서 그 어떤 물음에도 바로 답을 주었으며, 자신의 업무에 대해 비전까지 가지고 있었다. "아! 전문가이시다."라는 감탄사가 바로 나온다. 그분들은 공통점이 있었다. 하나는 자기업무에 대한 애착과 자긍심을 갖고 있었다는 것이고, 다른 하나는 그 업무를 오랫동안 담당하셨다는 것이다.

이 세 분 말고도 정말 한 분야에 전문적인 지식을 가지고 계신 공직자가 있었다.

지자체 공무원을 대상으로 강의를 하면서 "공무원이 전문가입니까?"라는 질문을 드렸다. 그런데 대부분 아니라고 답을 하신다. 나도 공직에 있을 때 어렵거나, 민감한 사항은 '전문가에게 물어봐야지'라는 생각을 자주 하곤 하였다. 하지만 난 단연코 공무원은 전문가라고 생각한다. 물론 분야별로 차이는 있겠지만 기술분야에 근무하는 직원들은 대부분 자격증도 가지고 있으며, 그 분야에만 오래토록 근무한다. 따라서 민감한 사항을 물어보면 거의 대부분 답을 가지고 계신다. 이런 분이 전문가가 아니면 누가 전문가인가? 지방에서 기자생활을 하는 친구들이 간혹 "지방에선 지역 현안에 대하여 상담이나 인터뷰를 하려면, 전공교수를 제외하고는 민간 전문가가 많지 않아서 인터뷰하기가 힘들 때가 있어."라고 이야기할 때가 있다.

나는 지자체 공무원을 대상으로 강의를 다니면서 이런 제안을 해본다. 퇴직한 뒤, 공무원 5명 정도가 합심하여 '지역문제연구소' 또는 '지역발전연구소' 같은 것을 만들어서 현직에 있을 때의 노하우를 사회에 환원하는 것을 고민해 보라고. 복지, 교통, 환경, 건축, 건설, 농정, 산림 등 분야별 퇴직공무원을 구성원으로 하여 지역사회 현안 해결과 미래 비전까지 연구하고, 지역사회, 지역공직사회와 연계하여 연구한 내용과 공직 기간 동안에 쌓은 전문지식을 사회를 위해 활용할 수 있는 방법을 찾아보시라는 제안을 드린 적이 있다. 그러면 대부분 "그게 가능할까요?"라는 반문을 하셨지만, 실제로 이것에 대해 문의를 해주신 분도 계셨다.

우리 공직자는 전문가이다. 나는 얼마 전 행정자치부 주관으로 실시한 '행정의 달인'에 환경분야의 달인으로 선정된 경기도 수자원본부의 조 사무관을 알고 있다. 그분은 전문가가 맞다. 수질오염총량제도에 대해 물으면 그 자리에서 즉각 답이 나온다. 그분만이 아니라 현직에 있으면서 그와 같은 공직자를 많이 보았다. 공무원은 전문가인 것이다.

우리는 어떤 분야의 전문가가 되는 것과 관련하여 '1만 시간의 법칙'을 말하곤 한다. 하루에 3시간을 10년 동안 투자하면 되는 시간이다. 공직자의 하루 근무시간은 최소 8시간이다. 하루에 8시간이면 4년으로 족하다. 한 분야에 4년 이상 근무하는 것이 전제가 된다면, 이미 우리 공직자는 전문가가 될 수 있는 요건들을 갖추고 있으니 본인이 노력만 하면 된다.

최고의 재테크가 무엇인가? 바로 자기계발이다. 공직자는 자기만의 전문분야를 만드는 것이 바로 최고의 연금이고, 노후보장인 것이다. 60세 이후의 지속가능한 삶은 내가 현역으로 있으면서 전문분야를 만들어 죽을 때까지 그 일을 하는 것이다. 퇴직하신 선배님과의 인터뷰 중에 너무 가슴에 와 닿는 이야기라 적어 본다.

"남형 씨, 퇴직한 사람들끼리 9시면 모이는 곳이 있어요. 두 사람 이상만 모이면 오전 내내 자기가 공직에 있었던 시절의 이야기를 하죠. 그리고 점심 먹고 집에서 쉬었다가 2시면 또 모여요. 그러고는 2시부터 저녁 먹을 때까지 또 공직에 있었던 이야기를 합니다. 도대체 미래에 대한 이야기는 하나도 없어요. 전부 예전에 자신이 계장할 때, 과장할 때 '이것도 내가 하고, 저것도 내가 하고……' 다들 그렇게 많은 일을 했는데, 다들 지금 놀아요. 퇴직한 지 1~2년밖에 안 되었는데, 그 자리에 가고 싶지 않아도 갈 데가 없어요. 돈은 안 줘도 좋으니 나도 아침에 출근하여 무엇인가 생산적인 일을 해보고 싶어요."

퇴직하신 선배들은 "돈은 둘째 치고, 할 일이라도 있었으면 좋겠다."라고 하신다.

공직자들이여, 전문분야 하나만 만들고 퇴직해라. 공직에서 전문분야를 만들면 퇴직한 뒤에도 의미 있는 시간과 공간을 자연스럽게 가질 수 있다. 퇴직하고 나서도 사회와 단절되지 않고 계속하여 사회와 소통하며, 현직만큼 만족스러운 삶을 유지하는 경우를 보곤 한다. 이제는 호먼 헌드레드Homo hundred, 100세 시대다. 퇴직하고 30년 이상을 무엇을 하고 지낼지 고민해야 한다. 가장 좋은 대안은 단연코 현직의 일을 퇴직 후에도 이어 가는 것이다. 공직자여, 지금 하고 있는 일에 시간과 노력을 10%만 더 투자하라, 그대는 틀림없는 전문가가 될 것이다.

> 자기 분야에서 최고로 성공하고 싶다면 먼저 한 분야의 최고 전문가가 되라. 자신의 능력을 여기저기 나눠 쓰는 일은 자제하라. 나는 여태까지 여러 가지 일에 손대는 사람이 돈을 많이 버는 것을 거의 보지 못했다. – 앤드루 카네기

사람은 모든 길을 갈 수는 없다. 성공은 한 분야에서 얻어야 하며, 우리 직업은 오직 하나의 인생 목표로 삼아야 하며, 다른 모든 것은 이것에 종속되어야 한다. 나는 일을 어중간하게 하는 것을 싫어한다. 그것이 옳으면 대담하게 하여라. 그것이 그르면 하지 말고 버려라. 이상을 가지고 산다는 것은 성공적인 삶이다. 사람을 강하게 만드는 것은 사람이 하는 일이 아니라, 하고자 노력하는 것이다. – 어니스트 헤밍웨이

10

5년 전부터
퇴직준비를 할 것을

2014년 7월 2일 아침 6시에 출근하여 명예퇴직 신청서를 출력하였다. 그리고 한 자 한 자 정성스레 신청서를 적어 내려가면서 손이 떨렸다. 그리고 마지막으로 '김남형' 내 이름 옆에 서명을 할 때는 눈물이 났다. 다행히 사무실에는 아무도 없었다. 아마 시원하고, 아쉽고, 그리고 이제는 다시는 돌아오지 못하는 곳이라 생각했기 때문일 것이다.

오전에 운영지원과에 명예퇴직 신청서를 갖다 드리면서 환하게 웃었더니 담당인 홍 사무관께서 "지난주에 말씀하시더니 명예퇴직 신청서를 이렇게 빨리 가지고 오셨어요? 혹시 후회는 없으시겠어요?"라며 위로하고 격려해 주었다. 그리고 "처리는 한 달 정도 걸리는데, 언제쯤으로 해드릴까요?"라고 물었다. 내가 "접수는 오늘 바로 해주시고, 명예퇴직 일자는 사무실 정리를 해야 하니까 8월 중반 정도면 좋을 것 같습니다."라고 답했더니 홍 사무관은 "혹시 오늘이라도 생각이 바뀌시면 전화 주세요. 기다릴게요. 그런데 퇴직준비는 언제부터 하신 거예요? 하고 싶은 것이 있다는 말씀은 들었어요. 준비가 되셨으니까 그만두시는 거죠? 하여튼 대단하세요."라며 환히 웃어 주었다.

홍 사무관 말 중에 '퇴직준비, 하고 싶은 일'이란 말이 머리를 스쳤다. 운영지원과에서 우리 부서로 오는 길에 세종청사 옥상의 정원을 한 바퀴 돌고 다시 내 자리에 앉았다. 그 날부터 퇴직하는 날까지 '퇴직준비'와 '하고 싶은 일', 이 두 마디는 내가 나 자신에게 묻고, 또 우리 직원들이 나에게 묻고, 그러면서 남은 한 달 동안 이에 대한 답을 찾고 답을 주면서 공직생활 23년을 정리했다.

늘 20년을 하면 퇴직한다고 생각하였기에 마음의 준비는 되어 있었고, 앞으로 할 일에 대해서도 어느 정도 준비를 해왔기 때문에 마음의 동요는 없을 줄 알았다. 그런데 그게 아니었다. 두려움도 있었고, 마음도 계속 흔들렸다. 2013년도 말에 명퇴한 선배님께서 나에게 이런 말씀을 하신 적이 있다.

"남형 씨, 끝은 새로운 시작이야. 끝과 시작은 연결되어 있지. 그런데 30년을 마치는 자리에 서 보니 시작은 보이지 않더군. 그냥 끝만 보이더군. 언젠가 자네도 경험할 때가 올 거야……."

퇴직한 선배님을 대상으로 한 설문조사 결과, 사전에 퇴직준비를 하지 못한 것이 후회된다는 답변이 참으로 많았다. 그리고 퇴직을 위해서 몸도, 마음도 가벼워져야 하는데 퇴직하는 전날까지 많은 것을 내려놓지 못했고, 퇴직한 다음 날부터는 바로 절벽이었다고 했다.

10년 전에 조금 이른 나이로 환경부에서 퇴직하시어 지금은 현직에서 왕성하게 활동하고 계신 신 선배님과 나누었던 이야기를 되살려본다. 선배님께서는 제2의 인생을 설계하는 공직자가 있다면 가급적 남들보다 빨리 퇴직하라고 말씀하셨다.

"난 남형 씨 퇴직한다는 이야기를 처음 들었을 때 말리고 싶었어, 왜냐하면 나도 남들보다 10년 정도 먼저 퇴직했지만 너무 힘들더군. 어떨 때는 혼자서 엉엉 울기도 했지. 남형 씨가 언젠가 공개적인 자리에서 나에게 한 말이 있어. '선배님, 지금의 사업을 반석 위에 올려놓으시느라고 아마 마음속에 태풍 천 개, 천둥 천 개는 맞았을 겁니다.' 나는 이 말을 지금도 잊지 않고 있네. 그래, 그 말이 맞더군. 지금도 이따금씩 10년 전 힘들 때가 기억나곤 하지. 그렇다고 후회하지는 않아. 단지 아쉬운 것은 조금 더 준비하고 퇴직했어야 했다는 후회와 조금 더 일찍 퇴직에 대해 고민했어야 했다는 후회는 남아 있네. 지금도 후배들이 전화가 오곤 하네. 명예퇴직을 고민하고 있다고 하면서 자문을 구하더군. 난 그래서 가급적 정년퇴직하라고 이야기한다네. 남이 하는 것은 쉬워 보여도 막상 내가 해보면 정말 어렵더군. 남형 씨도 이제 본격적인 게임이 시작되었으니까 잘 준비해 보게. 그리고 작은 것에 집착하지 말고 더 멀리 보고, 그리고 의미 있는 일 하길 바리네……."

나는 선배님께 10년 전의 퇴직 모습과 지금의 퇴직 모습은 어떤 차이가 있는지 여쭈어 보았다.

"우선 20년 전 우리 선배들의 퇴직 모습은 그래도 보기 좋았네. 밀려서 나간다는 생각보다는 후배들에게 자리도 내주고, '나도 이제 나가서 쉬면서 인생을 정리하겠다.'라는 분위기였는데, 10년 전 내가 퇴직할 때는 밀려서 어쩔 수 없이 나간다는 느낌이었네. 또, 나가면 무엇을 해서 먹고사나? 하는 고민도 많았고. 그런데 지금 퇴직하는 공직자들을 보면 공직이 싫어서 나간다는 생각이 강하네. 아니, 어쩌면 버티기 힘들어서 나간다는 말이 더 맞는 것 같기도 하구. 그만큼 공직생활이 예전보다 훨씬 팍팍하다는 뜻이겠지. 남형 씨, 이제 100세 시대야. 현직에 있는 시간보다 퇴직 후 시간이 더 길지 몰라. 나, 남형 씨는 남들보다 많이 일찍 퇴직하였으니까 더 이상 퇴직에 대한 고민은 없지 않은가? 올곧이 우리가 하고 싶은 것에, 의미 있는 것에 투자해 보세나……."

선배님께서는 퇴직은 끝이 아니라 시작임을 늘 말씀하신다. "끝과 시작은 연결되어 있지, 그래서 난 끝이 더 중요하다고 생각해. 끝이 아름다운 사람치고 시작이 초라한 사람은 보지 못했어."

지난해 하반기에 명예퇴임을 한 선배를 우연히 만났다. "남형 씨가 먼저 퇴임했으니까 남형 씨가 선배지." 하며 '퇴임선배님'이라고 부르셨고, 선배님과 나는 꽤나 재미있게 이야기를 나누었다.

"나야 1년 남기고 퇴임했지만, 남형 씨야 15년이나 남았는데도 퇴임했잖아. 사실 우리 사무실에서 남형 씨 이야기가 많이 나왔어. 그런데 그 이야기는 꼭 각자의 퇴직 이야기로 연결되더군. 언제 그만 두는 것이 가장 좋은지에 대한 이야기로 말이야. 대부분이 정년까지 가야 한다고 이야기하지만 사실 요즘 타의 반, 자의 반으로 정년까지 하기 어려운 것이 사실이잖아. 그래서 많은 사람들이 퇴직준비는 빠르면 빠를수록 좋다는 말에 동감했지. 알잖아, 나이가 먹으니까 업무 능력은 떨어지고 판단력도 흐려지는 것 같고, 새로이 들어오는 직원들 실력을 보면 나 같은 늙은이들은 빨리 나가는 것이 그들에게 도움을 주는 것 같고……, 그리고 더 큰 문제는 지방에서야 어떻게 일을 하지만 본부인 세종시 갈 생각하면 모두가 엄두가 안 나나 봐. 나도 근무해서 알지만 모두 '어휴' 하고 그냥 한숨만 지었지."

선배님의 이야기는 계속 이어졌다.

"남형 씨야 퇴직하면 하고 싶은 것이 명확하였으니까 흔들리지 않지만, 대부분 그렇지 못하잖아. 나도 그냥 더 이상 버티기 힘들어서 퇴직은 했는데, 퇴직준비를 일찍 하지 못한 것이 후회가 되네. 5년 전부터 했어야 했어. 그런데 이런저런 핑계로 준비를 못하다가 내가 나를 못 이겨서 그냥 명퇴했지 뭔가……. 명예퇴직 신청서 써 봐서 알겠지만 지금도 그날의 두려움을 잊을 수가 없네. 다른 것은 몰라도 마음만이라도 내려놓고 살 것을……."

내가 혹시 재직하고 계신 후배 공직자분들께 하고 싶으신 말씀이 있느냐고 여쭈었더니 "50이 넘으면 몸도 마음도 자꾸 내려놓으라고 전하고 싶어. 특히 마음을 비우는 연습을 많이 하라고 조언해 주고 싶네. 퇴직하고 얼마간은 바로 절벽에 선 느낌이 들더군. 그런 것들을 없애려면 50세부터 더 베풀고, 더 나누고, 더 내려놓는 공직생활을 하라고 이야기해 주고 싶어. 꼰대처럼 굴지 말고 젊은 직원들과 소통하고 그들을 이해하고, 그리고 공직사회 개선을 위해 뭐라도 해보라고 전해 주고 싶어."

2시간 동안 이야기 나누고 오면서, 퇴직하고 내가 느꼈던 생각들을 고스란히 이야기해 주시는 것에 '사람은 누구나 처한 상황이 같으면 생각이 같다.'라는 생각을 해보았다.

공직은 정년이 정해져 있고, 명예퇴직도 본인이 신청할 수 있기 때문에 다른 분야의 사람들보다 퇴직준비를 보다 잘할 수 있다고 본다. 그런데 왜 공직자들도 퇴직 후 절벽을 느끼는 것일까? 난 퇴직한 선배님들과 인터뷰를 하면서 그 이유를 찾을 수 있었다.

우선 공직자는 퇴직하기 전날까지 그 자리에 있다가 퇴직한다. 과장, 국장 자리에서 퇴직하는 것이다. 그래서 퇴직하여도 늘 과장이고, 국장이다. 퇴직하신 분들 중 대부분이 마지막에 자기가 앉았던 자리에 여전히 앉아 있는 것 같은 기분이 2년은 간다고 하였다. 지금 그 자리에는 이미 다른 사람이 앉아 있는데도 말이다.

우리가 눈여겨볼 점은 현직에 있는 동안 어느 누구도 퇴직에 대한 이야기를 하지 않는다는 사실이다. 또한 조직에서는 퇴직에 대한 교육도 없고, 도움이 되는 책도 없다. 그러다 보니 퇴직한 뒤 그냥

'쿵' 하고 세상으로 나오는 것이다. 대한민국 공직에서 과장, 국장은 정말 엄청 바쁘고, 스트레스가 많은 자리다. 기업의 임원과도 이야기 나누곤 하는데, 기업의 임원조차도 공직의 국·과장에 대한 업무 과중을 얘기할 정도이다. 그렇게 바쁘고 스트레스가 많던 것이 어느 순간 모두 사라진다고 생각해 보아라. 그것 자체가 또 다른 엄청난 스트레스다. 즉, 경착륙硬着陸하는 것이다.

퇴직 후 절벽 끝에 서 있는 것 같은 기분을 심하게 느끼는 것은 여자보다 남자가, 그리고 하위직보다 고위직이 더 심하다. 어쩌면 당연하다. 우리나라 남성은 여성과 다르게 직장이 삶의 절반 이상이다. 또 고위직이 하위직보다 직장이란 존재가 더 절실한 것이기에 당연한 결과일 것이다.

'내려놓고, 비우고, 가벼워지자.'

이 문구는 지금도 나의 책상 앞에 붙어 있다. 아직도 몸과 마음 속에 있는 무언가를 내려놓으려 애쓰고 있다. 그리고 출근하면서 "나·만·주·인·공!"을 외친다. 이것은 "나가자, 만나자, 주어라, 인정해 주자, 공짜는 없다."라는 구호의 앞글자만을 따서 만든 것이다. 모 방송국의 어떤 프로그램에서 출연자가 퇴직자들에게 용기를 주기 위해 말한 것을 내가 조금 바꾸어 만들어 보았다. 나는 특히 "인정해 주자."를 좋아한다. 퇴직하고 보니 세상에는 죄다 나보다 똑똑하고 잘난 사람들밖에 없었다. 그래서 나는 "예, 당신 말씀이 맞습니다. 당신 뜻대로 하시면 될 것 같습니다. 당신 생각이 나보다 더 적합한 것 같습니다."라는 말을 참 많이 사용한다. 이런 마음을 퇴직하기 5년 전부터 가진다면 공직사회가 더 풍성하고, 또한 퇴직한 뒤에 세상으로 자연스럽게 나올 수 있지 않을까……

퇴직을 2~3년 정도 남은 공직자가 나에게 자문을 구하러 오셨다. 앞으로 어떻게 하면 퇴직하고 절벽 없이 세상에 연착륙軟着陸할 수 있는지? 그래서 나는 대안을 말씀드렸다. "지금부터 무엇인가에 도전하세요. 준비 기간이 5년 정도 필요한 것으로 말입니다. 2~3년 후에 퇴직하신 다음에 2년 이상 더 도전할 수 있는 '무언가'를 찾으세요. 퇴직 후 절벽을 피할 수 있는 방법은 절벽과 절벽 사이에 다리를 놓는 것입니다. 무언가에 도전하면 희망이 생깁니다. 바로 그 다리가 도전과 희망입니다."

나는 공직사회에 퇴직자를 위한 제안을 하나 해보고자 한다. 앞에서 언급한 것처럼 퇴직하기 1년 전부터는 보직을 주지 말고, 공직에 있으면서 했던 일들을 정리하는 시간을 주었으면 한다. 당연히 출근은 해야 하고, 후배 공직자의 멘토도 하고 각종 현안 사업의 자문도 하면서, 업무와 관련한 논문을 써서 공직생활 내내 배우고 익혔던 노하우를 모두 전수하고 가는 시스템을 마련해 보면 어떨까 한다.

이것은 공로연수와는 다른 시스템이다. 사실 공로연수는 퇴직과 같은 것이지만, 내가 제안하는 것은 공직자로서 마지막 품위도 지켜주고 돈 주고 살 수 없는 그간의 업무 노하우를 다시 공직에 환원할 수 있는 길이다. 거기에다 보직 없이 지내다 보면 자연스럽게 몸과 마음을 내려놓을 수 있을 것이다. 즉, 퇴직 공직자가 후배들에게는 멋진 모습으로 기억되고, 당사자는 아주 가벼운 모습으로 세상에 나갈 수 있도록 해보자는 것이다. 잘만 정착되면 공직사회가 풍요로워지지 않을까 생각해 본다.

끝을 알고 있다면 분명 행복한 사람이다. 우리 공직자는 대부분 각자 공직의 끝을 알고 있다. 그러기에 그 끝이 행복하여야 한다.

중요한 건 당신이 어떻게 시작했는가가 아니라, 어떻게 끝내는가이다. - 앤드루 매튜스

국장님..

저는 언제, 어느 곳에서, 어떤 모습으로 공직생활을 마무리할까 때론 궁금한 적이 있었습니다.

오늘 새벽 문득 잠에서 깨어 23년 동안 아쉽고, 안타까웠던 일들, 행복하고 즐거웠던 일들을 적어 보았습니다. 그런데 즐겁고 좋았던 기억보다 아쉽고 안타까웠던 일들이 더 많은 것을 보며 한참이나 눈물이 났습니다.

누구보다 솔선수범하려 했고, 남들이 알아주지 않더라도, 힘들고 어렵더라도 불평하지 않고 묵묵히 나의 길을 걸어가려 했습니다. 나에게 온 파이는 가끔씩 나눠 주려 했고, 불의와 타협하지 않으려 나 자신을 다독거렸고, 나를 찾아온 민원인에게 웃음을 드리려 애를 썼습니다.

명예퇴직 신청서를 내던 날 참으로 두려웠습니다. 그리고 한 달 동안 모든 것을 내려놓고, 비우려고 많은 애를 썼습니다. 마지막이라 생각하고 평온해지려고, 넉넉해지려고 노력했고, 마지막까지 최선을 다하고 싶었습니다.

우리 자연보전국에 온 지 8개월밖에 안 된 제가 할 수 있는 제 나름의 최선이었습니다.

얼마 전, 영화 <명량>을 보며 '두려움'을 '용기'로 바꾸면 얼마나 큰 힘이 되는지 보았습니다. 저 또한 이순신 장군을 가장 존경하기에 또 다른 세상으로 나아가는 두려움, 갑에서 을로 살아갈 두려움, 이 두려움 모두를 용기로 바꾸려 합니다.

또 내가 가고자 하는 길이 '나보다 더 어렵고 더 힘든 사람들과 함께 가고자 하는 길'이기에 아무 두려움 없이 가려고 합니다.

늘 따뜻하게, 편안하게 대해 주시고, 일을 할 때마다 저를 믿어 주셨습니다. 그 모든 것이 사랑임을 저는 알고 있습니다. 모든 것을 웃음으로 화답해 주신 국장님, 잊지 않고 오래오래 가슴속에 담아 놓겠습니다.

두보의 시에 호우지시절好雨知時節이란 말이 있습니다. '좋은 비는 때를 알고 내린다'라고 합니다. 저 또한 지금의 선택이 가장 좋은 시기며, 적당한 순간이라고 믿습니다. 그 순간에 옆에 계셔 주신 국장님 그리고 우리 국 직원 모두에게 진심으로, 진심으로 감사드립니다.
다른 세상과 부딪혀 힘들고 지친 날, 너무 행복해 눈물이 나는 날, 국장님 그리고 우리 직원들이 보고픈 날, 너털웃음 웃으며 찾아뵙겠습니다. 국장님 그동안 너무 감사했습니다. 사랑합니다.

밤을 꼬박 새운 아침, 김남형 올림

10. 5년 전부터 퇴직준비를 할 것을

11

남들이 기피하는 업무를
자진해서 해볼 것을

1999년 유명한 해돋이 관광지인 정동진을 관할하는 강동면사무소에 근무할 때다. 그 당시는 정동진이 전국적인 명소로 갑자기 알려지기 시작하면서 충분한 논의와 계획 없이 개발이 되었던 터라 민원이 폭증하였다. 특히 적법하게 영업을 등록한 상가와 불법노점상과의 대립, 지역의 토착주민과 외부에서 장사를 하기 위하여 유입한 외지인과의 대립이 심하였다. 그러다 보니 면사무소는 하루도 편할 날이 없었다. 늘 주민들과 노점상들이 단체로 몰려오고, 고성이 오가는 경우도 잦았다.

그런데 우리 면사무소에 최 주사님이라고 계셨는데, 이러한 모든 민원을 거의 혼자서 처리하셨다. 참으로 대단하고 또 몸도 마음도 강하신 분이었다. 업무 분장을 할 때 노점상업무는 누구도 맡기를 꺼려하는 업무였다. 그런데 그분께서 "노점상업무, 그냥 제가 할게요."라며 웃으셨다.

그분의 이야기를 더 해볼까 한다. 2000년 1월 1일 밀레니엄 해맞이 행사가 정동진에서 아주 크게 계획되었다. 국무총리와 도지사가 참여하는 행사였다. 그런데 행사 3일 전부터 정동진은 아수라장이었다. 노점상들이 서로 자리를 차지하려고 수시로 갈등을 일으키고, 심지어 몸싸움도 자주 벌어졌다. 나도 늘 강릉 단오행사에 노점상 단속반으로 차출되고, 각종 축제 때 노점상 단속을 해봐서 약간의 경험이 있었기에 자주 접하던 일이지만, 그 당시 정동진의 상황은 차원이 달랐다. 경찰과 합동으로 하루에도 몇 번씩 갈등의 현장으로 출동하였다. 심지어 어떤 노점상은 단속에 반발하며, 망치와 도끼로 자기의 포장마차를 부수며 저항도 하였다.

그런데 최 주사님은 절대로 물러서거나 약하지 않으셨다. 나도 겁이 나 뒤로 물러서곤 하였지만, 최 주사님은 결국 법대로 집행을 하셨다. 최 주사님은 그해 11월에 정동진 해변의 노점상 철거 대집행을 하면서도 조금도 흔들림이 없었다. 아마 담당자인 본인께서 약해지면 전부가 흔들릴 수밖에 없다는 것을 잘 알고 계셨기 때문이었을 것이다. 밀레니엄 행사를 준비하는 3일은 정말 지옥이었다. 그리고 우리는 섣달 그믐날을 한잠도 못 자고 꼬박 새워서 행사를 지원하고, 2000년 1월 1일 오전에 정동진 입구의 길이 너무 막혀 지친 몸으로 8km를 걸어서 사무실로 왔다. 사무실에 도착하자 최 주사님께서 "남형 씨 고생했어요. 나도 힘이 드네요. 옆에서 든든히 있어 주어서 고마워요. 이번 주에 내가 점심 살게요…….”라며 밝게 웃었다.

그날의 나의 일기장에는 이렇게 적혀 있었다.

'최 주사님, 당신이 국무총리이고, 도지사입니다'

아마 공직생활 23년 동안 가장 힘들었던 3일로 기억하며 평생 잊을 수 없는 날들이고, 그 기억 속에 최 주사님이 자리 잡고 있다.

나의 이야기를 해보자. 난 공직에 있으면서 남들이 꺼려하는 업무를 얼마나 하였던가. 거의 없다. 가급적 피하려고 했고, 힘들어 하는 직원을 위로만 해드렸을 뿐, 내가 그 업무를 하겠다고 선뜻 나서진 못했다. 아마 두려웠으리라…….

지자체에 근무하면서 그나마 남들이 기피한 업무를 내가 자진해서 했던 사례를 소개해 보고자 한다. 소개하기 전에 1998년에서 2001년까지 지자체의 공직자 근무환경은 어떠하였을까? 아주 열악하였다. 특히 기초지자체는 지역축제와 해수욕장근무, 산불근무 등 본연의 업무와 별도로 추가적인 일이 꽤나 많았다. 11월부터 5월 중순까지 이어지는 산불근무, 봄철과 여름철에 집중되는 축제와 해수욕장의 상황실, 질서계도근무 등 평일은 물론이고 주말에도 근무를 해야 하는 경우가 꽤나 있었다. 사실 그 당시만 하더라도 영동지방을 비롯해 해안지역에 근무하는 지자체 공무원들의 업무량은 특히 정말 많았다. 봄철에는 산불근무 때문에 주말 나들이를 가는 것은 남의 일이었다. 산불이 특히 심했던 그때에는 이틀에 하루씩 산속에서 밤새도록 산불근무를 했던 기억이 있다. 생각해 보라, 이틀 중 하루를 산속에서 밤을 새면 어떻게 본연의 업무가 되겠는가? 하지만 그만큼 산불예방이 절실했고, 또 그만큼 지자체 공무원들의 눈물어린 노력들이 있었다.

해수욕장근무도 마찬가지다. 그 더운 여름 일주일에 두세 번씩 해수욕장에서 근무복 차림으로 일하다 보면 옷이 땀에 젖어 버린다. 또 일주일에 두 번 이상은 아침 6시에 경포해수욕장 등을 청소하였다. 난 그때 알았다. 우리나라 해수욕장 모래사장이 썩지 않는 것이 다행이라고……. 또 각종 지역축제에도 질서계도라는 명목 아래 많은 직원들이 근무를 했다. 특별권력관계라지만 공무원에게도 틀림없이 인권이 있고, 복지가 있다. 돌이켜 보면 그 모든 일들을 다 어떻게 이겨냈는지 신기할 뿐이다.

이러한 열악한 근무환경 속에서도 힘들고 어려운 업무를 솔선수범해서 하는 공직자가 적지 않았다. 지금은 공무원노동조합이 설립되고, 협의를 통해 이러한 문제점이 많이 해결된 것으로 알고 있다. 산불근무도 유급계약직 근무원으로 채워지고, 해수욕장 청소도 별도의 용역업체가 수행하는 것으로 알고 있다. 그리고 보면 공직사회에서 노동조합은 반드시 필요하며, 그 역할은 아주 중요하다. 왜냐하면 공직사회의 불합리를 개선하는 주체이기 때문이다.

2000년과 2001년 강릉시청 자치행정과에 근무할 때다. 내가 맡은 업무 중에 시책업무로 4대 질서(공중질서, 교통질서, 행락질서, 상거래질서)업무가 있었다. 그 당시에는 4대 질서와 관련한 업무가 많았다. 아침 일찍, 집 앞 횡단보도에서 교통질서 지키기 캠페인도 자주 했던 기억이 있다. 지금도 그렇지만 그 무렵 강릉 단오축제는 아주 많은 사람들이 방문하는 전국 단위의 축제였다. 그러다 보니 축제기간 5일 동안 직원의 절반 정도가 단오장 행사와 근무에 매달렸다. 그런데 축제장에서 늘 신경 쓰이는 것이 노점상이고, 노점상 단속반에 차출되면 이래저래 꽤나 힘든 시간을 보낸다.

하루는 단오제 담당부서의 계장님이 찾아오셨다.

"남형 씨, 단오축제 종합계획을 수립하다가 힘든 것이 있어 부탁 좀 하러 왔어요. 이번 단오축제에 질서계도(노점상 단속반)반 편성과 운영을 남형 씨가 해주시면 고맙겠어요. 아시잖아요, 우리 부서는 단오 때는 거의 죽을 지경이잖아요. 그런데 지난해 질서계도반 운영을 해보았는데 정말 죽는 줄 알았어요. 그거 맡으면 다른 일을 못 하겠더라고요. 총괄부서라 조정할 게 너무 많은데……, 멋진 남형 씨, 부탁 좀 하면 안 될까요? 이것도 4대 질서 중에 하나인데……"

한참 동안 이야기를 듣고 있으면서 고민스러웠다. 나는 그 업무가 얼마나 힘든지 익히 알고 있었기에 솔직히 부담스러웠다. 그렇다고 우리 직원이 힘들어 하는 모습을 보면서 나 몰라라 할 수도 없었다. 그래서 "우리 부서에서 상의해 보고 연락을 드릴게요." 하고서는, 한참이나 고민해 보았다. 정말 하기 싫었다. 이따금씩 질서계도 근무반 편성을 우리 부서에서 해준 적은 있었지만 운영까지 한 적은 없었다. 늘 그 부서에서 하였고, 또 그 부서에서 하는 것이 맞다고 생각하였다. 그런데 곰곰이 생각해 보면 힘들다고, 어렵다고 부탁을 해온 것이고, 또 4대 질서 운영을 하면서 계도반 운영도 해본 터라 무조건 못하겠다고 하는 것도 아닌 듯싶었다.

그래서 과장님, 계장님께 말씀드렸더니, "남형 씨, 생각은 어때요? 만약 우리 부서가 한다면 남형 씨가 제일 힘들 거예요. 남형 씨는 아마 단오축제 기간 내내 사무실에 나오지 못하고, 단오장 상황실에서만 있어야 할 거예요. 틀림없이 힘들 거예요."라고 하셨다. 그날 오후 내내 고민하다가 '그래, 우리 시의 일이다. 우리 직원의 부탁인데, 어쩌면 그들이 나보다 더 힘들 텐데, 5일만 고생해 보자.'라고 다짐하고, 그 업무를 맡았다.

질서계도반은 편성하는 것부터 머리가 아프다. 어느 부서는 주말에 근무하고, 또 누구는 밤에 근무하게 되므로 근무조 편성부터 직원들에게 욕 꽤나 먹는다. 아무튼 그해 단오축제 기간 내내 나는 노점상과 다투고, 으르고, 몸은 거의 녹초가 되었다. 지금도 그 당시 단오장에서 같이 근무했던 직원께서 한 말을 기억한다.

"남형 씨, 목소리만 큰 줄 알았는데, 젊은 사람이 노련하네요. 거친 노점상들과 밀고 당기고 하는 것 보고 대단하다고 생각했어요. 사실 노점상을 무조건 철거만 하다 보면 행사장이 엉망이 되는 경우가 많은데, 노점상분들이 남형 씨의 말을 잘 듣던데요……."

그 말에 나는 속으로 '그렇게 하는 나는 오죽 힘들었겠습니까?'라고 중얼거렸다.

축제가 끝난 다음 날, 단오제 담당부서 계장님께서 아이스크림을 사 오셔서 "남형 씨, 너무 감사해요. 너무 고마워요. 남형 씨 덕분에 축제 잘 끝났어요." 하며 인사를 하셨다. 그 계장님은 청사에서 날 보면 한참 동안이나 늘 엄지손가락을 치켜세워 주셨다. 그해 단오축제가 끝나고 난 몸살이나 2일간 집에서 끙끙 앓았던 기억이 난다.

사실 그 이후로 나는 그 부서에서 그런 일을 한두 번 더 했고, 직원들에게 욕도 실컷 먹어 보고, 칭찬도 흠뻑 받아 보았다. 그 이후 공직기간 내내 남들이 기피하는 업무는 가급적 멀리 피하려고 하였다.
그런데 자서전을 써내려가면서 문득 '나는 양지만 찾아다닌 것은 아닌지……'라는 문구를 쓴 적이 있다. 왜 그런 생각을 하였을까? 아마 이유는 2011년의 일 때문인 것 같다.

2011년 원주지방환경청 환경평가과에 근무할 때 골프장 환경영향평가 협의로 많은 직원들이 힘들었었다. 주민과의 갈등이 너무 첨예하여 대화가 이루어질 수 없는 상황이었다. 어떤 경우에는 일주일에 시위대가 두 번이나 사무실 앞에서 농성을 해서 부서 직원, 아니 청 전 직원이 하루 종일 일을 못한 경우도 있었고, 점심이나 저녁을 먹지 못하는 경우도 있었다. 그 당시 골프장 협의 담당 박 팀장님과 담당자는 늘 고생하셨다. 무엇보다 힘들었던 것은 정치권이 개입되면서 해결의 기미는 안 보이고, 갈등만 점점 커져 갔다. 지방환경관서의 국정감사를 오죽하면 '골프장 국정감사'라고 했겠는가? 지금도 기억난다. 시위대가 아침에 와 밤 12시에 돌아가고. 청사 대회의실에서 무려 12시간을 마라톤 협의를 하였다. 알다시피 그런 협의는 고성도 오가고, 신경이 날카로워지기 때문에 시위대가 왔다 돌아간 날은 아무것도 할 수 없을 정도로 무기력해진다.

한 해 동안 그런 날들이 몇 번 있었다. 하루는 밤 12시에 시위대가 돌아간 뒤, 골프장 담당인 박 팀장님께서 책상에 우두커니 앉아 멍하니 계신 것이 아닌가? 그래서, "팀장님 힘드시죠?" 하였더니, "그래요, 이제 체력이 안 되네. 너무 힘들어요." 하면서 웃으셨다. 업무는 베테랑이지만, 나보다 나이가 훨씬 많으셔서, 힘들어 하시는 모습을 자주 뵈었다. 난 이따금씩 골프장업무를 젊은 내가 해야지 하는 생각을 했었는데, 생각뿐 자신이 없었다. 그러다가 과장님께서, "남형 씨가 골프장업무를 해주어야 할 것 같아요. 박 팀장님 그간 고생 많았어요. 이제 좀 골프장업무에서 자유롭게 해드립시다."라고 나의 의견을 물어보셨다. 나는 그 자리에서 답을 하지 못하였다. "네, 한 번 생각해 보겠습니다."라고 답변 드리고, 며칠을 고민했는데 도저히 자신이 없었다.

그래서 과장님께 "과장님께서 하라고 하시면 하겠지만 도저히 잘해 낼 자신이 없습니다."라고 솔직히 말씀드렸다. 그래서 박 팀장님은 골프장업무를 계속하시다가 우리 청을 떠나실 때가 되어서야 골프장업무를 놓을 수 있었다. 후임인 정 팀장님도 골프장업무로 인하여 엄청난 스트레스를 받았다. 지금도 만나면 이따금씩 그 당시의 이야기를 하곤 하는데 "그때의 1년이 지금의 5년 같아요. 얼마나 시달렸는지 죽을 때까지 잊을 수 없을 거예요."라며 그 당시의 어려움을 토로한다. 지금에서야 나는 그때 골프장업무를 기피한 것을 후회한다. 누군들 그 민원과 갈등이 많은 업무를 하고 싶겠는가? 난 자주 보았다. 그리고 경험도 해보았다. 민원과 갈등이 많은 업무는 그런 것이 없는 업무보다 몇 곱절은 힘들다는 것을. 우리 팀원들과 이야기를 나눌 때 누군가가 이런 이야기를 한 것이 기억난다.

"골프장 환경영향평가 협의 1건은 다른 사업의 20건과 맞먹는 업무량이다."

퇴직하고 나서 남들이 하기 싫어하는 업무를 자진해서 하셨던 분들이 기억이 많이 났다. 그리고 그중 몇 분들과 다시 만나 인터뷰하면서, 이런 이야기를 많이 들을 수 있었다.

"힘은 들었지만 좋은 추억이었어요. 다시 돌아가도 나는 그 업무를 할 것입니다. 어차피 해야 하는 일이라면 내가 하는 것이 편합니다."

그분들은 후배 공직자분들에게도 당부의 말씀을 남기셨다.

"힘들고 어려운 일을 해보세요. 특히, 신규자분들은 남들이 기피하는 업무를 한번은 자진해서 맡아 보세요. 일에 대한 두려움이 사라집니다. 그리고 어느 순간 내가 성장한다는 느낌이 듭니다."

나는 인터뷰를 하면서 우리 공직사회는 그런 분들이 지탱해 간다는 생각을 해보았다. 이 글을 통해 남들이 기피했던 업무를 마다하지 않고 흔쾌히 하셨던 박 팀장님, 정 팀장님, 최 주사님께 감사드린다.

후회라는 것이 무엇인가? 가장 큰 후회는 할 수 있었는데도 불구하고 하지 않은 것이며, 그리고 힘든 누군가가 도움을 요청하였는데도 이를 외면한 것이라고 한다.

나는 그래서 힘든 업무를 보다 적극적으로 하지 않은 것에 대하여 지금에서야 후회한다.

모든 위대한 사람들의 발자취를 보라. 그들이 걸어온 길은 고난의 길이며 자기 희생의 길이었다. 자기를 희생할 줄 아는 사람만이 위대해질 수 있다. – G. E. 레싱

박 팀장님!!!!

해님과 달님이 같아지는 추분이 지났습니다. 우리의 삶이 그렇듯 조화와 균형이 중요하다는 생각을 오늘 아침에 문득 해보았습니다.

늘 떠나고 나면 후회하고 반성합니다. 같이 계실 때 더 많은 이야기 나눌 것을……, 잘해 드릴 것을……. 어쩌면 인간은 후회의 동물이 아닌가 싶습니다.

계시는 동안 참으로 많은 일들을 하셨습니다. 그 누가 선뜻 나서지 않았던 골프장업무……. 우리는 어쩌면 골프장은 당연히 팀장님이 하시는 것으로 착각하고 있었던 것은 아닌지 모르겠습니다. 그러기에 지금에 와서야 더 죄송하고 미안해집니다.

그 많았던 민원과 시위대를 혼자 안고 가시기에 참으로 벅찼을 텐데……. 국정감사 때 그 많은 질의와 요구 자료들, 우리는 곁에 있으면서도 눈감고 있었다는 생각에 오늘 아침 먹먹한 마음을 지울 수가 없습니다.

회식자리에서 늘 넉넉하게 웃어 주시던 모습도……, 출장 다니면서 "강원도 참 좋다!"라시던 어린애 같은 감성도……. 민원인들과도 친구처럼 금방 친해질 수 있었던 그 친군함도… 우리의 기억 언저리에 남아 있습니다.

그래도 늘 구수한 사투리로 사무실 분위기를 업시켜 주신 것……, 나이 어린 우리와 어울리려고 무던히도 애써 주시던 그 착한 마음은 아직도 사무실 곳곳에 그 흔적이 남아 있습니다. 출근할 때마다 아직도 사무실 어딘가에 계시지 않을까 하는 생각이 드는 것은 아직도 팀장님과 우리가 더 만나야 한다는 뜻이겠지요!!!

팀장님께서도 이젠 몸도 마음도 가볍게 하는 것이 중요할 것 같습니다. 가벼워야 먼 길을 갈 수 있고, 가벼워야 신나게 갈 수 있고, 가벼워야 같이 갈 수 있으니까요.

가을이 오고 그래서 오늘은 팀장님이 더 그리운 날입니다.
또 만날 날을 기다리며……

김남형 올림

11. 남들이 기피하는 업무를 자진해서 해볼 것을

12

현장을 더 챙겨 볼 것을

2014년 환경부 생물다양성과에 근무하던 때다. 5월 어느 날, 아침 일찍 김 과장님과 이 정책보좌관님, 김 선생님과 월악산 및 소백산국립공원으로 향하였다. 월악산국립공원에서 멸종위기종인 산양 방사를 본 다음, 멸종위기종인 여우의 복원사업 현장 영주의 국립공원관리공단 종복원기술원 중부복원센터를 방문하기로 하였다. 나 또한 업무를 담당하면서 몇 번이나 멸종위기종 복원사업 현장에 직접 가서 보고 싶었는데 바쁘다는 핑계로 차일피일 미루다가, 과장님께서 먼저 가자고 제의하셔서 가게 된 것이다.

단양 월악산국립공원 산양방사 현장을 보고 영주의 여우 복원사업 현장으로 향하였다. 출장 전날 미리 사무실 위치를 확인해 보았는데 ○○노인회관 2층으로 나오는 것이었다. 조금 의아하다는 생각을 하기는 했지만, 도착해서 보니 정말 놀라웠다. 사무실은 너무 초라하기 짝이 없었다. 이렇게 작은 사무실에 10명의 직원이 근무하는 것도 그렇고 탕비실, 화장실, 주차장 등 무엇 하나 사무실로 보기에는 턱없이 부족하였다. 커피를 한잔하면서 복원센터 직원들과 이야기를 나누는 내내 미안하고 죄송하였다. 멸종위기종 복원사업 예산을 담당하면서 현장에서 근무하는 전문가들의 근무여건도 모르고 있었으니, 참으로 내 자신이 한심해 보였다. 이야기를 나누고 여우 복원사업을 진행하는 현장으로 갔다.

사업장의 입구는 너무 좁고, 현장 근무인원이 상주하는 사무실은 너무 더웠다. 그런데 에어컨도 없었다. 더 어처구니없는 것은 이런 사무실에서 밤을 새워 여우를 모니터링을 한다는 것이었다. 동물들이 있는 곳이라 분변 등으로 냄새도 심하였다. 내가 현장 근무자들에게 "덥지 않으세요? 이런 곳에서 그간 밤새워 근무하셨어요?"라고 물었더니 그냥 답변 없이 웃으셨다. 나는 심한 자괴감이 몰려왔다. 아마 과장님께서도 나랑 같은 마음이셨던 모양이다. 세종시로 올라오는 내내 과장님께서는 현장 근무자에 대하여 미안해하셨다.

그전에도 국립공원 담당자가 몇 번의 전화통화에서 사무실의 열악함을 나에게 이야기한 적이 있었다. 또 예산과 관련하여 협의할 때 사무실 근무조건에 대한 이야기를 하시곤 하였다. 그런데 난 그저 그렇거니 하고 듣고만 있었던 거다. 이따금씩 국립공원관리공단 종복원기술원 직원들과 만나면서 비정규직 대다수가 관련전공의 석·박사들인데 비하여 비정규직의 비율이 정규직보다 너무 높은 것과 근무여건이 열악하여 개선이 필요하다는 이야기도 자주 들었다. 그 때도 난 그저 듣기만 했다. 한 귀로 듣고 한 귀로 흘려보낸 것이다.

출장을 갔다 온 다음 날 아침, 간단하게 결과보고서를 만들어 과장님께 보고를 드렸다. 그 자리에서 과장님께서 말씀하셨다.

"미안합니다. 나도 그렇게 열악한지 몰랐습니다. 우리가 너무 무심했어요. 그렇게 중요한 일을 하는 곳인데……, 벌써 오래전에 가 보았어야 했는데, 우리 예산 다시 한 번 살펴서 근무여건 개선해 줍시다. 그게 남형 씨와 내가 할 수 있는 일이잖아요."

과장님 이야기하시는 내내 나는 울었다. 그냥 나도 모르게 눈물이 났다. 과장님께서 어깨를 다독여 주시면서 "우리 현장을 챙깁시다. 그들을 만나본 것만으로 서로에겐 엄청난 응원입니다."라고 하셨다. 그 이후로 국립공원 멸종위기종 복원사업 예산에 참으로 많이 신경을 쓴 것 같다.

나는 늘 현직에 있을 때나 퇴직한 지금에도 현장에서 온몸으로 고생하는 근로자들의 임금과 근로조건은 상대적으로 왜 열악하고 낮은지, 왜 개선이 안 되는 것인지 그 이유를 찾고 있다. 특히 국립공원관리공단의 근무여건은 국정감사 시마다 단골 지적사항인데 아직도 시원하게 개선되었다는 이야기는 들은 적이 없다. 지금 우리 사회가 개선해야 할 중요한 과제 중에 하나는 현장에서 온몸으로 일하는 근로자의 자긍심 고취와 급여 현실화, 근무여건 개선이 아닐까 한다. 그리고 이 글을 통해 훌쩍이던 나를 진심으로 위로하고 응원해 주신 과장님께 감사드린다.

2012년과 2013년은 화천의 백암산이란 지역을 다녀오면서 나의 체력과 나의 정신력의 한계를 느꼈던 적이 있었다. 늘 산을 좋아하여 매주 산을 다니지만, 백암산만 생각하면 산이라는 것이 무섭고 두렵다.

민통선 안에 위치한 백암산에 안보관광지 조성을 위해 케이블카(로프웨이)를 설치하는 사업이 진행되고 있었는데, 국립환경과학원에서 DMZ 모니터링 결과 사업지구 인근에 멸종위기종이 추가로 확인되어 환경단체에서 이에 대한 해결방안을 요구하였다. 우선 추가조사가 이루어져야 하고, 그러기 위해서는 사업지구 내에 무인센서카메라를 설치하는 방안이 제시되었다. 그러나 그 지역은 평균 경사도가 30도가 넘고, 등산로도 없는 지역이다. 사업지구 내 등산로가 없어 몇 번이나 뒤편 등산로를 통해 백암산 정상을 다녀왔지만, 경사가 너무 급해 힘들었던 기억이 있었다. 하지만 사업지구 내 무인센서카메라를 설치하려면 다른 방법이 없다. 그냥 백암산 사업지구를 종단하여 올라가야 한다.

무인센서카메라 24대에 대한 설치계획을 수립하고, 관계기관, 자문위원, 환경단체가 함께 참여하는 모니터링단을 구성하였다. 그리고 첫 번째 등반 때는 무인센서카메라 설치지역을 확인하고, 두 번째 방문 시 무인센서카메라를 설치하고, 세 번째 방문 시 무인센서카메라의 건전지를 교체하면서 중간 모니터링을 실시하고, 마지막으로 무인센서카메라를 철거하면서 멸종위기종 확인을 하는 총 4번의 방문계획이었다.

첫 번째 등반일은 쌀쌀하였다. 그리고 낙엽 아래 얼음이 녹지 않아서 많이 미끄러웠다. 만약 미끄러질 경우 낙상을 당하기 십상이라 위험했다. 실제로 동행했던 병사가 미끄러져 낙상을 당하는 바람에 곤욕을 치르기도 하였다. 등반 초입은 정말 힘들었다. 얼마나 힘들었는지 입에서 단내가 났다. 등산로도 없고, 앞선 사람이 올라가면서 움직인 돌이 자꾸 아래로 떨어지는 것은 또 다른 위험이었다. 우리는 100m 정도를 등반하고 쉬고, 또 100m 정도를 등반하고 쉬고, 그러면서 무인센서카메라 설치지역을 GPS로 확인하고 이야기도 나누면서 올라갔다.

오후 1시쯤 중간지역에서 점심을 먹기 위해 잠시 머무는데 다리가 후들후들 떨렸다. 그때 누군가가 "등반이 어렵다고 생각했는데, 해보니까 가능하잖아요. 정주영 회장님의 '해보긴 해봤어?'라는 말, 참 멋진 말이에요. 아마 여기서 서식하는 멸종위기종 ○○도 우리에게 고마워할 거예요……"라며 모두를 응원해 주었다. 마음이 따뜻해지고 또 뿌듯해지는 말이었다. 그렇게 우린 서로서로를 응원하며 꽤나 추운 날, 첫 번째 등반에서 목적을 모두 달성하고 뒤편의 등산로로 내려왔다. 같이 등반하는 동안 멸종위기종에 대하여 많은 이야기를 나누었고, 민통선 지역 주민들의 삶에 대해서도 많이 알게 되었다. 워낙 낙후된 지역이라 지역개발이 대명제가 되어 버렸고, 이번 케이블카 사업도 그런 것들의 일환으로 알고 있었는데 확인할 수 있는 좋은 계기가 되었다.

조사를 하고 내려오니 어느새 어둑어둑해졌다. 그리고 그날은 등반 참석자 모든 분들이 화천군에서 저녁을 같이 하며 앞으로의 계획에 대해 논의하였는데, 다들 얼마나 피곤하였으면 소주 한잔에 모두 곯아떨어졌다. 그리고 다음 날 원주의 사무실로 출근하면서 다리가 움직이지 않아 제대로 걷지를 못했던 기억이 난다. 넘어져서 상처도 많았다. 결국 그날부터 몸살로 3일 동안 몸져누웠다. 그때 다이어리에는 이런 내용이 적혀 있었다.

"힘들어도 할 것은 하자. 현장에 답이 있음을 알고 있음에도 난 왜 현장을 챙기지 못하는가?"

그 이후로 백암산 현장을 3번을 더 다녀와 총 4번을 다녀왔으며, 갔다 올 때마다 옷은 찢어지고, 몸은 만신창이가 되었다. 그렇게 어렵게 조사한 결과를 바탕으로 협의를 통해 해결방안을 마련하여 그 일을 잘 마무리할 수 있었다. 그렇게 서로서로 응원하며 어렵사리 현장조사를 했으니 그 조사결과가 얼마나 소중하겠는가! 그때 지레 겁먹고 백암산을 오르지 않았다면 아마 해결의 실마리를 찾지 못했을 것이며, 많이 힘들었을 것이다.

현장에는 무엇보다 소중한 가치가 있다. 바로 소통과 공유이다. 현장에서는 문제해결을 위한 다양한 이야기를 나눌 수 있고, 무엇보다 중요한 것은 문제에 집중할 수가 있다는 것이다. 백암산을 다녀오면서 험난한 산악 길에서 차량의 타이어가 두 번이나 펑크 났던 일, 눈이 와 차량이 진입하지 못하고 되돌아왔던 일, 큰비를 맞아 옷이 흠뻑 젖었던 일, 하루에 세 번이나 멸종위기종인 ○○을 직접 보았던 일, 그리고 무엇보다 한번 오를 때마다 "다시 오를 수 있을까?"

했던 막연한 두려움, 그 모든 것은 추억으로 남았다. 그리고 나에게 정말 추억으로 남은 것은 백암산 현장에서 함께 등반하던 분들과 주고받은 이야기다. 그것은 평생 기억 언저리에 남아 있을 것 같다.

문득 최근에 개봉되어 화제작이 되었던 영화 〈히말라야〉에서 주인공이 인터뷰 때 했던, "7,000~8,000m 올라가다 보면 거기서 느낄 수 있는 것은 오로지 자신뿐입니다. 너무너무 고통스러울 때, 힘겨울 때 제 자신의 얼굴이 나옵니다. 비로소 가면을 벗는 거죠. 아마도 대부분의 사람들은 제 민얼굴을 모른 채 살아가고 있는지도 모릅니다."라는 멘트를 들으면서 백암산을 오르며 너무너무 힘들었던 기억을 다시 떠올려 보았다.

지자체 공무원으로 퇴직하신 선배님과 인터뷰를 하던 중에 현장의 중요성을 이야기하신 분이 계셨다. "일을 하면서 현장을 모르거나, 또는 현장을 챙기지 않으면 꼭 문제가 생기더군요. 사업을 허가해 주고 사업자가 그냥 잘하고 있겠거니 믿고 있다가 절개지가 무너져 인부가 다치는 사고가 발생했죠. 그때 현장을 챙겨 보았으나 너무 늦었더군요. 조사해 보니 사업자가 무리하게 공사를 강행했고, 제반조치도 하지 않았더군요. 내가 현장을 챙기며 이를 감독했어야 하는데……, 매일 사무실이 바쁘다는 핑계로 현장에 못 나간 내 책임이 큽니다."

2006년 통일부에 근무할 때, 남북철도와 도로연결 사업을 하면서 현장의 소중함을 알려 주신 분이 있었다. 원주지방국토관리청의

원 계장님이었다. 그 당시 금강산 관광을 하는 육로통행의 국도 7호선 남북연결 사업을 담당하셨는데, 정말 현장 감각이 뛰어나셨다. 그해 남북연결도로 사업이 거의 마무리될 시기인 7월에 태풍 '에위니아'가 한반도를 덮쳤고, 어마어마한 폭우로 강원도 영동과 영서를 잇는 주요도로인 한계령도로가 유실되어 교통이 오랫동안 통제되었다. 그때 원 계장님이 한계령 수해복구 공사 담당이었는데, 공사가 완료될 때까지 3개월간 인제와 양양에 상주하면서 현장을 챙기셨다.

남북연결도로 사업 협의차 한계령에 뵈러 가면, 한여름 땡볕에 현장에서 일하느라 온몸이 시커멓게 타서 아프리카 토인 같았다. 차를 한잔하면서, "주말에는 집에 가세요?"라고 물었더니, "한 달 동안은 집에 못 갔어요. 긴급공사고 워낙 유실이 많아 주말에도 계속 공사를 해야 합니다. 현장에 담당자가 없으면 유사시에 대처가 잘 안 되죠. 이젠 체력도 바닥이 나고, 조금 힘이 드네요."라며 씨익, 웃어 주신다.

10년이 지난 지금, 나는 한계령을 통행하면서 그때 너무 고생했던 원 계장님, 그리고 국토교통부 직원들의 노고가 아직도 도로 곳곳에 묻어 있는 걸 보면서 현장공무원들의 땀에 대하여 다시 한 번 생각해 보았다. 나는 공직에 있는 동안 사업부서에 오래 근무하였기에 현장의 중요성은 너무도 잘 알고 있다. 아마 공직에 있는 동안 내가 가장 잘한 일 중에 하나가 현장을 챙긴 것이고 이것을 정책에 담으려고 노력했던 것이다. 현장에서 살아 있지 못하는 제도는 알고 보면 현장을 제대로 반영하지 못하여 발생한다. 그리고 그 피해는 전부 국민이 껴안아야 한다.

공직자들이여, 일주일에 한 번이라도 반드시 현장을 챙겨라. 현장에는 국민의 목소리가 있고, 간절함과 절실함이 있는 소통의 장소이다.

보라

소천

앞을 보라!
앞서 간 자들의 발자국을 보라

옆을 보라!
손잡고 가야 할 자가 있을 것이다

뒤를 보라!
부축해야 할 자가 있을 것이다

13

국민에게
희망을 전파할 것을

1999년 면사무소에 근무할 때다. 면사무소에 근무하면 으레 담당마을[理]이 있다. 세금고지서 배부, 인구조사 등 통계조사, 대민지원 등 중요한 업무를 담당할 마을을 지정하여 책임지고 처리하는 것이다. 내가 담당한 마을은 어머니의 고향인 곳이라 늘 현장을 갈 때마다 마을주민들이 좋아하셨고, 먹을 것도 많이 챙겨 주셨다. 면사무소 직원이 왔다며 토마토, 밤, 감, 호박 등을 내놓으시고 이따금씩 점심도 같이하곤 했다. 거기에다 어머니께서 농사 때문에 마을에 오신 날에는 덤으로 어머니까지 뵙는 날이다. 우리 어머님은 날 뵈면 "우리 아들, 국가와 국민을 위해 고생이 많네!" 하시며 환하게 웃어 주셨다. 나의 어머니는 내가 공직자인 것이 자랑스럽다고 늘 말씀하셨다.

그런데 담당마을을 다녀오면 늘 마음 한구석이 허전할 때가 있었다. 바로 독거노인을 뵙고 오는 날이다. 거동이 불편하신데도 불구하고 대로까지 배웅을 나오시곤 하셨다. 아마 자제분들이 거의 집에 들르지 않는 경우가 많아 누군가 찾아오는 것이 반가우셔서 그러셨으리라.

그러다 5월 가정의 달이 시작되었고, 면사무소 사회복지담당자인 이 주사님께서 이번 어버이날에는 혼자 계신 노인들께 카네이션을 달아 드리고 식사도 대접하는 그런 이벤트를 준비하신다고 하였다. 갑자기 내가 담당하고 있는 마을의 혼자 계신 할머니 생각이 났다. 무엇을 사다 드리지? 어떤 선물이 좋을까? 점심은 무엇을 사 드릴까……? 고민하다, 5월 7일 저녁에 예쁜 카네이션과 제과점에서 쿠키를 준비하였다.

다음 날인 어버이날 오전에, 나는 할머님을 찾아뵙고 카네이션을 가슴에 달아 드리고 준비한 선물도 드렸다. 할머님께서는 감사하다며 눈물을 흘리셨다. 점심은 자장면을 드시러 가자고 말씀드렸더니, 그냥 맛있는 반찬으로 집에서 먹자고 완곡하게 말씀하시어 잡곡에 가지런하게 준비한 소찬으로 함께 웃으면서 식사를 하였다. 아마 할머님께서는 외식이 미안하고 부담스러웠으리라.

돌아오는 길에 할머님께서는 지난겨울 직접 말리신 밤을 주셨다. 그리고 나에게 이런 말씀을 하셨다.

"면사무소 직원들 너무 고맙소. 이렇게 늙어 빠진 것들에게도 신경을 써 주니……. 우리가 뭔 희망이 있겠소? 그래도 이렇게 한번 찾아와 줄 때마다 나라님이, 그리고 공무원들이 너무 고맙잖소. 어여, 조심해 가시우……."

사무실로 돌아오는 내내 '희망'과 그리고 '고맙다'는 말씀이 계속 뇌리를 떠나지 않았다. 그리고 그날 있었던 일들을 엮어 지역신문에 기고를 하였고, 그 일들이 사람들에게 조금은 반향을 불러일으켰던 기억이 난다. 국가와 공직자가 국민에게 희망을 줄 수 있는 일들은 참으로 많다는 것을 알게 해준 감사한 5월이었고, 고마운 할머니셨다.

2000년 지자체에 근무할 때의 가슴 아픈 일이었다. 그해 4월은 고성, 속초, 양양, 동해, 삼척까지 영동지방이 대형 산불로 수많은 이재민이 발생하는 등 큰 재난으로 몸살을 앓았다. 사실 그때만 생각하면 가슴 아픈 일이 너무 많다. 얼마 동안 이따금씩 트라우마로 다가와 눈물 흘릴 때도 있었다.

아침 일찍 출근하자마자 사천지역에 큰 산불이 났다는 신고가 접수되었고 전 직원은 사천으로 향하였다. 바람이 얼마나 불었는지 서 있기도 힘들었다. 도착했을 때 산불은 이미 걷잡을 수 없을 정도로 번져 있었다. 지세가 험하고 바람이 너무 심하여 산불지역으로 접근하기조차 어려웠다. 대형 산불을 경험해 본 사람은 알 것이다. '불이 춤을 추고, 불이 날아다닌다.'라는 말을.

우리는 먼저 민가 주변의 산불에 집중하기로 하고 직원을 4명씩 한 팀으로 나누고, 가옥 한 채씩 맡아 진화를 시작하였다. 내가 맡은 민가는 할머니 혼자 사시는 집이었는데, 할머니께서 아주 불안해

하셨다. 우리 팀은 우선 가옥을 빙 둘러싸고 방어선을 구축한 다음 진화작업에 나섰다. 등짐펌프에 물을 담아 열심히 진화작업을 했고 그 덕에 할머니의 가옥 주변의 불을 모두 잡을 수 있었다. 진화하는 동안 내내 할머니는 울고 계셨다.

산불 진화를 마치고 다른 지역으로 가려는데 할머니께서 사이다 한잔과 떡을 내 오셨는데, 건네시는 손이 아주 거칠었다. 고생의 흔적이었다. 그걸 보고서도 사실 허기가 밀려와 정말 헐레벌떡 먹었다. 우리의 떡 먹는 모습을 지켜보면서 할머니는 "우리 시청 직원들 때문에 살았소. 고마워서, 너무 고마워서……." 하면서 계속 우셨다. 1박 2일 동안 산불 진화가 계속되었고 그때의 산불로 강릉에서만 민가 300채 정도가 불에 타 꽤나 많은 이재민이 발생하였다.

그 당시 사천면사무소의 상황실에 근무하면서 재난상황과 위기대처 능력을 많이 경험하였다. 상황실에 근무할 때, 현장에서 산불피해조사 지원을 하고 있었는데 병원에서 아내가 출산한다는 전화가 와, 작업복 차림으로 트럭을 몰고 병원으로 달려가 딸내미를 맞았던 기억은 지금도 생생하다.

산불피해 이재민에겐 임시거처로 조립식 컨테이너가 1동씩 지원되었고, 이재민의 불편해소를 위하여 시청의 각 부서에 이재민을 자매결연으로 지정하였다. 내가 찾은 이재민은 홀로 사시는 할머니였는데, 방문하면 그렇게 반가워하셨다. 먹을거리 등 생필품 등을 구입하여 전달해 드리면서 한참이나 이야기 나누다 오곤 하였다. 할머니는 무엇보다 이야기할 사람이 없는 것이 슬프다고 하셨다. 그래서 그런지 내가 방문하는 날에는 오랫동안 많은 이야깃거리를 내놓으셨다. 그리고 늘 "김 주사님 고맙소. 시청 공무원들이 없으면 우리 같은 것들이 이 난리에 어떻게 살겠소. 없는 사람들 위해 더 힘써 주시오……."라고 말씀하시곤 했다.

할머니가 점심으로 끓여 주셨던 라면은 지금도 잊을 수 없다. 그 좁은 컨테이너 박스에서 라면과 김치 하나로 나는 공직자로서의 자부심을 가졌었고, 할머니는 공직자에게 신뢰를 보여 주셨다. 바빠서 못 갈 때는 이따금씩 안부전화도 드렸다. 그때마다 전화 저편에서 들려오던 나를 반기며 환하게 웃는 목소리는 지금까지 늘 내 귓가에 남아 있다. 할머니에게는 멀리서 사시는 아드님이 있었는데, 나에게 고맙다며 전화가 왔던 적도 있었다.

그러다 나는 중앙선거관리위원회로 발령이 나 다른 곳으로 가게 되었고, 할머니에게 전화로만 인사를 드렸다. 할머니는 "우리 김 주사님이야 어디 가서든 잘할 거야. 얼마나 좋은 사람인데, 그래도 보고 싶을 거예요. 지나가다 들러요. 곧 집도 새로 지을 거예요. 새 집으로 놀러 와요. 그동안 고마웠소."라며 응원해 주셨다.

바빠서 연락을 드리지 못하던 어느 날, 할머니의 아드님께서 "어머니가 돌아가셨다."며 연락이 왔다. 나는 문상을 하면서 얼마나 울었는지 모른다. 할머니의 아드님께서 "어머님이 김 주사님을 말씀을 자주 하셨어요. 아들 같다고……."라며 내 손을 잡았다. 늘 웃으며 반겨 주셨던 할머니의 모습은 내가 살아가는 날까지 내 기억 어딘가에 항상 있을 것이다. 이 일은 공직생활 동안 나에게 가장 보람 있는 일로, 또 가장 큰 후회로 남아 있다. 그리고 나의 공직생활에 대한 기준과 방향이 되어 내가 제대로 길을 찾아갈 수 있도록 하는 계기가 되었다. 공직자가 손을 내밀면 국민은 반드시 나를 믿어 주고 신뢰하여 준다는 아주 큰 가르침이었다.

나에게는 소방공무원을 하는 친구가 몇 명 있다. 그들과 만나면 재난이야기, 산불이야기를 하곤 한다. 그들과 이야기하다 보면 그들의 사명감과 전문성에 놀라곤 한다. 나 또한 동생이 몸이 아픈 응급상황에서, 그리고 시골집에 생긴 벌집을 제거하면서 소방공무원들의 노고를 직접 본 적 있다. 저절로 고개가 숙여졌다.

나는 봄철 산불기간 중이면 주말에 집 앞 소방파출소에 근무하는 친구 사무실을 자주 방문한다. 봄철에는 주말에도 거의 쉬지 못하는 친구에게 "힘들지 않니, 가족들에게 미안하겠다."라고 물으면, "남형아, 힘든 대신 우리 국민이 소방관을 믿어 주잖아. 국민이 믿어 주는 것처럼 행복한 것이 있을까? 그래서 힘들어도 웃으면서 하려고. 또 아주 의미 있는 일이잖아? 국민에게 희망을 줄 수 있는데 조금 힘든 것은 참아내야 하겠지."라고 대답하며 웃는다. 그리고 그 웃음 너머로 친구의 책상 위에 붙어 있던 '소방관의 기도'가 눈에 들어왔다.

퇴직하신 선배님의 설문조사에서 나타난 후회되는 것 중에 하나가 바로 '국민에게 희망을 주지 못한 것'이었다. 퇴직하시고 조그맣게 설계업을 운영하시는 선배님은 "남형 씨, 나는 공직에 있을 때 국민들에게 희망을 주는 것이 정치인이나, 아니면 고위공무원만 하는 것인 줄 알았어요. 그런데 그게 아니었어요. 그만두고 나서 보니까 그게 아니었어요. 우리 사무실에 찾아와 설계업의 불편사항을 들어보고 그것을 개선하려고 애써 주는 후배공직자를 보면서 희망이란 것이 생기더군요. 공직은 그러고 보면 언제, 어디서나 국민에게 희망을 줄 수 있어요. 현직에 있을 땐 그걸 몰랐어. 너무 후회가 돼요."

친구 셋이 있었다. 첫 번째 친구는 하루에도 3번 이상 만나는 친한 친구이다. 두 번째 만나는 친구는 하루에 1번 또는 2번 정도 만나는, 그래도 친한 친구이다. 그리고 마지막 세 번째 친구는 한 달에 한 번 정도 만나는 그리 친한 친구는 아니다. 그런데 내가 죽었다. 하루에도 3번 이상 만나던 친한 친구는 내가 죽자마자 나를 떠나 버렸다. 하루에 한두 번 만나던 두 번째 친구는 내가 죽자 나의 장지葬地까지 와서, 내 묘 앞에서 울어 주고 떠났다. 그런데 자주 보지 않았던 세 번째 친구는 내가 죽어서도 늘 내 곁에 백 년, 이백 년 같이 있어 주었다. 이 친구가 무엇인가? 첫 번째 친구는 '돈', 두 번째 친구는 '가족', 세 번째 친구는 내가 세상에 남긴 아름다운 일들, 즉 '선善'이다.

《탈무드》에 나오는 이야기를 약간 수정하여 공무원들 강의 때 이야기해 주는 내용이다. 그리고 나는 이렇게 말한다. "대한민국에서 내가 하는 일이 세상을 밝게 하고, 누군가와 아픔을 나누고, 그래서 우리 사회를 밝게 해주는 직업, 그런 직업이 무엇입니까? 바로 '공직자' 하나밖에 없습니다."라고. 강의시간 마지막에 강한 어조로 꼭 드리는 이야기다. 그 순간만큼은 졸던 사람도, 딴생각하던 사람도 모두 나를 또렷이 쳐다본다. 그리고 강의실에는 정적이 밀려온다. 어떤 분은 강의에서 이 이야기를 듣는 순간, 가슴속에 무언가 소리가 들렸다고 한다. 또 어떤 분은 메일을 보내와 "강사님, 한 번도 그런 생각을 해본 적이 없었어요. 돌아와 생각해 보니까 나의 직업, 공직이 매력 있는 직업이더라고요. 이런 생각을 하고 나니까 자긍심이 생기고 짜증과 불만이 줄어들더군요. 고운 말씀 감사해요."

환경공학과 대학생들과 '기후변화' 및 '나의 스토리 만들기'라는 주제로 강의를 하다가 대학생들에게 어떤 분야의 진로를 희망하는지 물어보곤 한다. 그러면 대부분 '40 : 40 : 10 : 10', 또는 '50 : 30 : 10 : 10'이란 비율이 나온다. 앞에서부터 첫 번째가 공직 등 공공분야, 두 번째가 대기업, 세 번째가 중소기업, 네 번째가 자영업으로 나타난다. 약간은 차이가 있으나 거의 비슷하게 나타난다. 그러면 나는 공직 등 공공분야에 가고 싶은 사람들에게 그 이유를 물어본다. 대부분 첫 번째 이유가 '안정적'이기 때문이란다. 두 번째가 연금이 많아 노후 걱정이 없다는 것, 세 번째가 자기 시간이 많다는 점, 그리고 응시자격에 제한이 없기 때문 등으로 나온다.

나는 "여러분들이 알고 있는 것이 맞을 수도 있고, 틀릴 수도 있다고 본다."고 말한 뒤, '응시자격에 제한이 없다'라는 것 빼고는 학생들이 알고 있는 것이 일부 오해임을 설명해 준다. 물론 다른 민간 직업군에 비하면 보다 안정적인 것은 맞다. 그러나 그런 것들이 전부가 아님을 이야기해 주면서, 위의 세 친구 이야기를 해준다. 그리고 "공직에 들어오고자 하는 이유가 지금처럼 단지 '안정적이다, 편안하다'라는 이유보다 세상을 밝게 만들고, 국민에게 희망을 주고자 하는 그런 이유였으면 좋겠다. 그래야 공직이 행복하고, 또 오래 지속할 수 있다."라고 말해 준다.

공직에 입문하자마자 그만두는 직원을 여럿 보았다. 사직하는 직원과 차를 한잔하면서 그들에게 들은 이야기는 대부분 "공직, 생각했던 것보다 많이 힘듭니다. 일도 많고요. 민원도, 갈등도 많고……, 내 시간도 부족해요. 끝까지 할 자신이 없습니다. 처음부터 생각을 잘못한 것 같습니다."라는 것이다. 이 글을 통해 공직, 공기업 등 공공분야의 취업을 준비하는 대학생들에게 꼭 이야기해 주고 싶다.

"뭐든지 만족하면서 오래 할 수 있으려면 그 분야에 대한 철학과 사명감이 필수다. 다른 무엇보다 공직에 들어가면 국민에게 희망을 줄 수 있는지부터 고민하고 진로를 찾기를 바란다. 부탁이다."

우리나라 국민은 뜨겁고 화끈하다. 그리고 정이 많다. 세계 경제 대국 일본을 깔보는 국민, 다른 나라에서 200년 이상 걸린 민주화를 30~40년 만에 이루어 낸 국민, 그러니까 이런 국민을 상대하는 공직자는 얼마나 힘들겠는가? 그러나, 역으로 생각하면 이런 국민은 감동을 받는 만큼 다시 공직자에게 돌려준다.

공직자들이여, 국민에게 감동을 주어라. 그러면 우리 국민 아마 공무원연금 깎지 말고 더 주라고 국회 앞에서 시위라도 할 것이다.

퇴직하고 힘들 때마다 나를 버티게 해준 것은 희망이었다. 아침

마다 횡선군청 심 계장님과 가스공사의 강 팀장님이 보내준 응원의 카카오톡, 원주기후변화대응교육연구센터의 제 국장님, 그리고 간사님들의 따뜻한 커피, LH의 김 부장님과의 점심응원, 원주 북새통 서점의 안 사장님과의 삶에 대한 대화, 환경부, 지자체 직원들의 수많은 격려전화, 고도원의 아침편지, 사랑밭 새벽편지……, 이루 다 말할 수 없는 희망들이 있었다. 그런 희망은 모두 사람들이었다. 그래서 우리의 힘든 20대 대학생들에게도 내 강의의 부제副題는 '희망'이었다.

조세희의 《난장이가 쏘아올린 작은 공》에서는 희망이 없는 땅에 대한 난장이의 애절하고도 처절한 이야기를 통해 희망이란 것이 얼마나 중요한가를 얘기하고 있다.

누구에게 희망을 준다는 것은 결국 나에게 희망을 주는 것이다. 지난해 중학생, 대학생, 공직자를 대상으로 희망을 이야기하였다. 그리고 나의 이야기에 공감해 준 이들의 편지와 이메일은 다시 나에게 희망으로 되돌아왔다. 우울하고 힘이 들 때, 나는 그들의 편지를 읽어 본다. 그리고 "내가 누구에게 꿈과 희망을 주는 일을 하면서 우울하면 되겠는가?" 하면서 박차고 일어서곤 하였다.

오늘 이 글을 쓰면서도 나는 '희망'을 이야기한다. 어쩌면 '희망'은 사람을 살리기도 하고, 또 죽이기도 한다. 공직자분들에게 이 한마디를 꼭 주문하고 싶다.

"지금 우리 국민에게는 희망이 필요하며, 그 희망은 공직자분들이 줄 수 있다고……."

어느 소방관의 기도

스모키 린

신이시여
제가 부름을 받을 때에는
아무리 뜨거운 화염 속에서도
한 생명을 구할 수 있는 힘을 주소서

너무 늦기 전에
어린아이를 감싸 안을 수 있게 하시고
공포에 떠는 노인을 구하게 하소서

언제나 안전을 기할 수 있게 하시고
가냘픈 외침까지도 들을 수 있게 하소서
신속하고 효과적으로 화재를 진압하게 하소서

저희 과업을 충실히 수행케 하시고
제가 최선을 다할 수 있게 하시어
저희 모든 이웃의 생명과 재산을
보호하고 지키게 하여 주소서

그리고
신의 뜻에 따라
저의 목숨을 잃게 되면
신의 은총으로
저와 아내와 가족을 돌보아주소서

• 출처 : 〈프레시안〉 기사(박세열 기자, 2013.03.17.)
http://www.pressian.com/news/article.html?no=21830

아름다운 입술을 가지고 싶으면, 친절한 말을 하라.

사랑스러운 눈을 갖고 싶으면, 사람들에게서 좋은 점을 봐라.

날씬한 몸매를 갖고 싶으면, 너의 음식을 배고픈 사람과 나누어라.

아름다운 머리카락을 갖고 싶으면, 하루에 한 번 어린이가 손가락으로 너의 머리를 쓰다듬게 하라.

아름다운 자세를 갖고 싶으면, 결코 너 혼자 걷고 있지 않음을 명심하라.

사람들은 상처로부터 복구돼야 하며, 낡은 것으로부터 새로워져야 하고,

병으로부터 회복되어야 하고, 무지함으로부터 교화되어야 하며,

고통으로부터 구원 받고 또 구원 받아야 한다.

결코 누구도 버려서는 안 된다.

기억하라. 만약 도움의 손이 필요하다면, 너의 팔 끝에 있는 손을 이용하면 된다.

네가 더 나이가 들면 손이 두 개라는 걸 발견하게 된다.

한 손은 너 자신을 돕는 손이고, 다른 한 손은 다른 사람을 돕는 손이다.

— 오드리 헵번

안녕하십니까? 청장님!

저는 소규모환경성검토 대행인입니다.

제가 이런 글을 올리는 것이 처음인 듯싶습니다. 다름이 아니옵고,
원주지방 환경청의 환경평가과 김남형 팀장님께 감사의미로 몇 자
적습니다.

환경성검토 대행을 하면서 느낀 점입니다만, 요즘 공무원분들 본인의 업무에
대해 안일하게 생각하시는 분들이 다수라 사료됩니다.
그 때문에 업무를 진행하면서 여러 애로점들이 있습니다.

그러나 제가 지금껏 환경성검토를 대행하면서, 김남형 팀장님처럼 한발
앞서 민원인, 대행인의 입장에서 생각을 해주시고 본인의 일처럼 업무에
성심성의를 다하시는 분을 처음 뵙네요. 너무 감사드립니다.

사람들이 보시기에는 별일 아닌 것이지만, 제겐 '바른 행정을 하시는 이런 분도
계시구나.' 새삼 느끼게 된 계기가 되었습니다.
그 덕에 오히려 힘이 솟고 열심히 해야겠다는 생각마저 드네요.

아무쪼록, 대한민국 행정에 이런 분들이 많아졌으면 하는 바람입니다.

-2011년 원주청 홈페이지에 올라온 민원인의 감사 편지

14

많은 것을 기록해 놓을 것을

퇴직하고 한 달 정도 지나 자서전 쓸 준비를 하였다. 공직생활 23년을 어떻게 해서든 정리하고 싶었다. 어쩌면 이 글을 쓰게 된 이유 중 하나도 자서전 집필이 아닌가 한다. 평소에 기록을 잘하는 편이라 수첩과 일기장, 그리고 기행문, 감상문, 편지, 사진 등이 보관되어 있어 자서전을 쓰기에 편하였다. 특히 2002년 이후로는 수첩에 메모된 것이 많아 그 당시의 일들과 생각, 그리고 결과를 잘 연결시키면서 자서전을 써 보았다. 그러면서 기록의 힘은 참으로 대단하다는 생각을 다시금 해보았다.

    난 부처와 부서를 옮길 때마다 업무와 생각들을 정리하는 습관이 있다. 정리하여 기록하고, 파일을 출력하여 나의 기록철에 보관하며, 그리고 지난 것은 모두 잊는다. 그런 다음, 새로운 부처와 부서에서 또 새로운 마음으로 출발을 하는 것이다. 이따금 기억이 되살아나면 그 기록철을 꺼내어 보며 다시 그때의 행동과 생각을 되짚어 보고, 또 잊어버린다. 공직은 문서로 일을 한다. 즉, 나의 생각과 고민들은 모두 문서에 남아 있다. 그러나 타 부처로 떠나고, 다른 부서로 이동하면 그 문서는 보기 힘들어진다. 그래서 나는 개인적으로 나의 역사my story를 늘 기록해 놓는다. 이러한 습관은 어디서 생긴 것일까? 아마 평소 역사hisory를 좋아하고 관심 갖고 있기 때문일 것이다.

퇴직 후 23년 공직 기간 동안 내가 근무했던 기관을 한번 돌아보는 계획을 세우면서 그 당시 같이 근무했던 직원, 사무실 분위기, 나랑 특히 친하게 지냈던 동료, 나와 좋든 싫든 자주 만났던 주민, 사업자의 리스트를 작성한 뒤, 여행을 다니면서 한번 들러 보는 계획을 세웠다.

그런데 예전의 기록들을 들춰 보다가 2006년 강원도 고성의 통일부 동해선 남북출입사무소에 근무할 때의 수첩에 '사람들의 기억 속에 가장 오래 남는 것은 무엇일까? 환영歡迎할 때, 환송歡送할 때 사람들이 나에게 보여 준 모습이다. 환한 미소를 지으며 손을 흔들어 환영하고, 환송하는데 어찌 잊을 수 있겠는가.'라고 적혀 있었다. 바로 금강산관광을 위하여 동해선 남북출입사무소를 출발하여 금강산으로 향하는 사람에게, 또 금강산에서 출발하여 우리나라로 입경하는 사람들에게 관광사업자인 현대아산 직원들이 나란히 서서 손을 흔들어 주는 그 모습을 그렇게 표현해 놓았던 것이다.

그리고 그 기록 밑에 사진이 붙어 있었다. 갑자기 환한 미소가 번

졌다. 금강산을 다녀온 사람들에게 무엇이 가장 기억에 남느냐며 구두로 물어본 결과를 기록해 놓은 내용이었는데, 신기하게도 3위는 북한 교예단(서커스), 2위는 만물상, 그리고 1위가 바로 우리나라를 출발하여 금강산으로 갈 때, 또 금강산을 출발하여 우리나라로 돌아올 때 직원들이 환하게 웃으며 손 흔들어 주던 그 모습이라고……. 나 또한 현대아산 직원들 속에서 같이 손을 흔들어 주곤 하였는데, 관광객들이 참 좋아하던 모습이 눈에 선하다.

지난해 기억 속 여행을 하면서 환하게 웃으며 손을 흔들어 주던 그곳을 10년 만에 찾아가 보았다. 아직도 그때의 모습들이 남아 나를 미소 짓게 하였다. 그때 작성한 작은 기록들이 10년 전 행복했던 나를 떠올리게 해준 것이다. 그래서 '기록을 하는 사람들은 행복하다.'는 생각을 해보았다.

20년 전인 1996년 나의 기록철에 있는 분이 계신다. 늘 미안함으로 남아 있는 분이다. 강원도 도로관리부서에 근무할 때 속초에 수로원(현장에서 지방도를 유지보수 관리하는 직원)이 계셨는데, 근무수칙을 어기는 경우가 가끔 있어 나와 조금은 불편한 관계였다. 그런데 나중에 그 이유를 알아보니, 본인과 사모님 모두 몸이 조금 불편하신 것이었다. 이를 알고 서로 좋은 모습으로 헤어졌지만 그때의 기록에 "내가 조금 더 일찍 현장을 방문하고 그분과 이야기만 나누었어도 그 이유를 진작 알 수 있었을 텐데, 나의 불찰로 서로의 마음에 아픔만 남았네……."라고 씌어 있었다. 그분의 자택이 기억나기도 해서 지난 추억여행 때 방문을 해보았으나, 이사를 가셨는지 이미 흔적도 없이 사라져 뵐 수가 없었다. 아쉬운 마음으로 나는 그곳에서 잠시 "늘 아프지 마시고, 건강하세요."라고 기도드렸다.

2015년 12월에 지자체에서 근무하다 퇴직한 조 실장님을 뵈었다. 지자체에서 1975년부터 시작하여 41년을 근무하셨는데, 처음부터 5년 정도를 제외하고는 35년의 공직을 기록한 업무용 수첩을 보관하고 있다고 하신다. 그러면서 "남형 씨, 요즘 들어 이따금씩 그 업무수첩을 보고 있어요. 1980~1990년대 작성한 내용을 보면서, 그 시절로 돌아가 본답니다. 1980년대는 공문서를 타자를 이용해서 작성하였잖아요. 그때 타자를 작성해 준 직원께 다른 직원보다 내 것이 급하니까 먼저 해달라고 아양도 떨어 보고 가끔씩 음료수도 사 주고 그랬어요. 그런 것들이 업무수첩에 있더군요. 그리고 그때는 전 직원 체육대회가 봄, 가을로 있었죠. 지금이야 체육행사라고 하여 간단하게 과별로 가까운 곳으로 등산이나 가잖아요. 그때 체육대회는 정말 재미있었어요. 전 직원이 모이다 보니 어떤 직원이 술이 세고, 또 어떤 직원이 축구를 잘하는지 금방 알게 되죠. 1986년 가을철 직원 체육대회에서 내가 술을 먹고 축구를 하다가 넘어져 팔다리에 타박상을 심하게 입었던 기록도 있더군요." 하시면서 "이제 슬슬 자서전을 써 볼까 생각 중이에요. 기록들이 있으니까 쉬울 것도 같네요."

퇴직하신 분들을 대상으로 설문을 한 결과, 공직생활을 기록하지 못한 것에 대한 후회가 굉장히 많았다.

"남형 씨, 자서전을 썼다고요. 대단하네요. 그럼 평소에 기록을 잘한다는 거네요. 부러워요. 사실 나도 퇴직하면 제일 먼저 해보고 싶었던 것이 자서전이에요. 책으로 출판하지는 않더라도, 나의 역사로 남기고 싶었어요. 요즘은 자서전을 쓰는 것이 붐이잖아요. 공로연수 기간 중에 퇴임 후 자산관리를 위한 방법에 대한 강의를 들었는데, 거기서 자서전 써 놓으면 언젠가 풍성한 스토리가 된다고 그러더군요. 그래서 자서전을 쓸려고 책상에 앉았다가, 몇 줄 못 쓰고 포기했어요. 뭔가 기록이 되어 있어야 써 보죠. 10년 정도 전의 일은 어느 정도 기억나는데 그 이전의 것은 하나도 기억나지 않더군요. 정말 기록하는 습관을 미리 가지지 못한 것이 후회가 됩니다."

기록한다는 것은 결국은 무엇인가를 정리하고 매듭을 짓는 것이다. '대나무가 갈대보다 10배 클 수 있는 이유는 매듭이 있기 때문이다.'라는 말을 참 좋아한다. 정리하고 매듭을 짓는다는 것은 무엇인가. 새로운 시작을 할 수 있다는 의미이다. 그러면 어떻게 정리하고 매듭을 짓는가? 가장 좋은 방법은 바로 항상 기록을 하는 것이다. 그러고는 잊어버리는 것이다. 언젠가 생각이 날 때, 그때 그 기록을 찾아보면 된다.

공직사회에서 '기록'이 좋은 이유가 또 있다. 자꾸 기록하다 보면 방향 설정이 된다. 사실 일이라는 것이 방향만 잘 설정되면 나머지는 기존의 틀대로 하면 된다. 나도 공직에 있으면서 방향을 잡기가 어려웠다. 그런데 일기를 쓰거나, 수첩에 기록하다 보면 어렴풋이 방향이 잡히는 경우가 있었다. 이 글을 쓰는 동안에도 내내 일기를 쓰면서 글의 방향을 잡곤 하였다. 문제해결 능력도 결국은 방향이다. 공직자가 늘 안고 사는 갈등도 방향을 잘 잡으면 어느 순간 좋은 방안이 나온다. 문제해결을 잘하는 공직자를 보면 대부분 수첩에 무언가를 빼곡히 기록해 놓는다. 아마, 그 기록 안에는 순간적으로 번뜩인 문제해결 방안도 있을 것이다.

나는 중·고등학생, 대학생을 대상으로 환경과 관련한 자유학기 및 진로강의를 하면서, 좋아하는 일, 잘하는 일을 찾는 3가지 방법 중 하나로 '일기쓰기'를 추천한다. 일기를 써 본 사람은 그 마력을 알고, 빠져나오지 못한다. 나 또한 일기를 쓰는 습관으로 지금 이 글을 쓰고 있는 것이다.

기록한다고 다 성공하는 것은 아니지만 성공한 사람들은 죄다 기록하는 습관이 몸에 배어 있다. 우리는 무언가를 남겨야 한다. 버릇처럼 말이다. 30년을 일했는데 아무 기록도 없다면 얼마나 슬픈 일인가? 기록처럼 확실한 증거는 없다.

기록은 행동을 지배합니다. 글을 쓰는 것은 시신경과 운동근육까지 동원되는 일이기에 뇌리에 더 강하게 각인됩니다. 결국 우리 삶을 움직이는 것은 우리의 손인 것입니다. 목표를 적어 책상 앞에 붙여 두고 늘 큰 소리로 읽는 것, 그것이 바로 삶을 디자인하는 노하우입니다. -《난쟁이 피터》(호아킴 데 포사다) 중에서

비
...빗방울이 나뭇잎을 때린다
마음이 아파서
나뭇잎보다 먼저 흩어버린다

예쁜 자은이 보렴.
어느새 '16년. 새해가 밝았네. 우리 자은이는 새해 무슨 꿈을
꾸었니? 혹시 늦잠 자느라고, 아무 생각없이 사는것은 아닌지 ^-^.
아빠는 아침에 일어나면 하루계획을 세우고, 매월 1일은 한달 계획을
만든단다. 그리고, 1월1일이면 새해 계획을 세운단다.
아빠의 '16년 계획은 출력해서 보낸다. 읽어 보렴.
우리 자은이도 계획있는 삶을 살길 바래, 그냥 거창한 계획이 아니라도
상관 없단다. 아빠의 오늘 하루 계획은 ① 자은이에게 편지 쓰기
② 친구과 coffee 한잔 먹기 ③ 신문 사설 읽기 ④ 도서관에서
빌려온 책 읽기 ⑤ 맛나는 저녁 만들기 ... 이 정도 란다...
아빠가 좋아한 인생은, "계획이 있는 사람은 행복하다" " 성공한
사람은 모두 삶에 대한 계획이 있다" 라는 것이구나...
우리 자은이도 '16년 새해계획을 세우지 않았으면, 이번주에
생각해보고, 만들어 보렴, 틀림없이 행복할거야 ... 꼭 해 보렴.
아빠는 요즘, 강의를 끝내고, 책을 쓰고 있단다. 꼭 쓰고 싶은
내용이 있는데, "우리"에 대한 것이란다. 앞서, 우리말때 우리
하는 것을 ... 아빠는 이제 공직에서 은퇴하였지만, 더러더러
'우리'가 삶더구나. 쯧, 아빠가 지난 '15년 한해동안, 공무원을
대상으로 "우리"라는 주제로 강의를 많이 했단다.
사람들이 아빠 강의를 듣고, 편지나, mail을 많이 보내 왔단다.
아마, 공감하는 내용이 있다고, 그러는구나...

15

공직,
간절하고 절실한 스토리를 만들어 볼 것을

아래는 2013년에 나의 업무수첩 맨 앞쪽에 작성해 놓았던 그 해의 10가지 목표다.

1. 나만의 업무 계획 작성(일간, 주간, 월간)
2. 업무 관련 전문도서 매월 2권 읽기(환경월간지 1권 필독)
3. 환경영향평가 협의의견은 최대한 신속하게(전략·소규모 20일, 평가 30일 이내)
4. 나는 어떻게 일하고 있는지 모니터링하기(업무관계자 인터뷰, 설문 등)
5. 문제점 찾아 개선하기(반기 2건 이상)
6. 먼저 찾아서 일하기(민원인 불편사항 해소)
7. 과원·팀원과 자주 이야기 나누기(팀원과 하루에 한 번은 커피타임 갖기)

8. 사무실 동아리 적극 주도하고 참여하기(산악회, 레저, 탁구)
9. 반드시 오후 8시 이전에 퇴근하기
10. 주기적인 내 목표 점검하기(주간, 월간, 분기, 반기)

보고서는 나의 얼굴, 업무는 철저히 신속히, 민원인은 항상 웃으며, 그리고 친절하게, 2013년은 나를 만들고 나를 가꾸자!!!! 김남형 화이팅!!

환경부에 근무하면서 나에게는 3가지 버킷리스트가 있었다.

첫째, 국립공원 20곳 전부 가 보기(산은 정상까지). 둘째, 업무와 관련하여 논문 써 보기. 셋째, 환경 관련 자격증 취득하기.

이 중에 앞의 두 가지는 운이 좋게도 이루었다. 특히 우리나라 국립공원 20개소 중 마지막 방문지였던 영암 월출산을 다녀오던 날, '꿈을 이룰 수 있어 행복하다.'라고 일기에 적었다. 환경 관련 자격증은 공직에 있으면서 꾸준히 공부했지만 결국은 퇴직을 하고, 2015년도에 취득했다. 중앙선거관리위원회, 통일부에 근무하면서도 버킷리스트가 있었다. 그러나 역시 전부 이루지는 못하였다.

많은 사람들이 공무원, 하면 떠올리는 이미지가 안정적이고, 안주하려 하고, 변화를 싫어하는 집단이라고 한다. 맞는 말이기도 하고 틀린 말이기도 하다. 공직뿐만 아니라 어느 조직이든 변화를 싫어한다. 즉, 공직만 변화를 싫어하는 집단이 아니라는 뜻이다. 그런데 내가 경험해 보니 공직처럼 변화해야 하는 조직도 없으며, 또 변화하기 위하여 많은 노력을 하는 조직도 흔치 않다. 민간분야와 공공분야는 늘 밀접하게 관련이 있다. 요즘처럼 빠르게 변화하는 시대에 공직이라고 변화하지 않고 버틸 수 있는가? 어쩌면 민간부문만큼 간절하고 절실하게 변화하려고 애쓰고, 무엇인가에 도전하는 사람들이 많다고 본다.

지자체에 근무하는 친분이 있는 직원 이야기를 해볼까 한다. 그분은 시설직으로 근무하기에 기술사 자격증을 늘 염두에 두고 있었다. 평소 업무 실력도 있고, 도서관을 찾아 늘 공부하는 모습을 보면서, 그 직원의 삶이 나에게도 늘 자극이 되곤 하였다. 그 직원은 주말이면 서울에 있는 학원으로 강의를 들으러 갔다. 그리고 야근이 있는 날에도 빠짐없이 도서관을 찾았다. 나도 그때 자격증 공부를 하던 터라 늦게까지 도서관에서 같이 공부하던 기억이 있다.

같이 차를 한잔하면서 "업무도 바쁘실 텐데, 대단하세요. 기술사 취득이 아주 어렵다고 들었는데요. 피곤하지 않으세요?"라고 물었더니 "한번은 무언가에 꼭 도전하고 싶었습니다. 기술사 공부하다 보니 업무에도 많은 도움이 됩니다. 공직에 있으면서 절실하게 살지 못하였습니다. 무언가에 도전해 보지도 않았고요. 이것이 저의 첫 번째 도전입니다. 몸은 피곤한데, 오히려 정신은 또렷합니다. 그냥 깨어 있다는 느낌 있잖아요, 행복합니다." 하며 환히 웃었다. 그 직원은 두 번의 실패 끝에 결국은 기술사 자격증을 취득하였다. 취득 후에도 또 다른 무언가를 도전하기 위해 지금도 도서관에 나오신다. 자기만의 스토리를 만들어가고 계신 것이다.

나는 평소 글 쓰는 것을 좋아하여 글쓰기 대회 공모에 관심이 있었다. 편지쓰기대회, 공무원 수기공모전에도 도전해 보았다. 그리고 20년 전인 1996년에는 다부지게 마음먹고 지역신문의 신춘문예에 도전해 보려, 소설을 써 본 적이 있다. 주제를 정하고 3개월을 매달렸다. 소설이라 쉽게 생각했는데 써 내려가면 갈수록 힘들었던 기억이 난다. 퇴근하고 늘 도서관에서 그리고 나의 방에서 머리를 쥐어짜며 완성을 하긴 하였는데, 최종적으로 공모전에 출품하지는 않았다. 아마 그때는 써 본 것으로 만족하고, 간직하는 것만으로 행복했던 것 같다. 그리고 그때 이루지 못한 꿈을 퇴직하고 지금에서야 다시 도전해 보려 준비하고 있다.

우리는 늘 버릇처럼 말한다. "실패의 반대말은 성공이 아니라 도전하지 않은 것이다."라고. 공직생활 동안 간절하고도 절실하게 무언가에 도전한 적이 있는지 자문해 보니, 작은 도전은 있었지만 그렇게 가슴 메어지도록 간절하고 절실했던 기억이 없다.

자서전을 마치면서 나의 20년 이상의 공직생활은 어떤 모습이었을까, 다시금 나 자신에게 물었더니 나 또한 '편안하게 안주하며 살았구나.'라는 생각을 지울 수 없었다. 일을 아주 열심히 한 것도 아니고, 그렇다고 재테크를 한 것도 아니고, 남들이 가지지 못한 특기나 재주를 갖기 위해 노력한 것도 아니었다. 그저 평범한 직장생활이고 일상이었다.

국가직으로 한 부처에서만 32년을 근무하시다가 퇴직한 선배님을 뵈었다.

"남형 씨는 그래도 여러 부처를 다니면서 많은 경험을 하였잖아요. 그것만큼 멋진 스토리가 어디 있어요. 그렇게 부처를 옮겨 다니면서 그곳에서 적응하느라고 얼마나 노력했겠어요. 그것만큼 간절하고 절실한 것이 있나요? 난 같은 부처에 계속 있으면서 아무 노력도 하지 않았어요. 업무를 보면 성과는 크게 없고 그냥 고만고만하였어요. 그렇다고 나만의 특기를 살려서 다른 무엇인가에 도전해본 적도 없어요. 그렇다고 재테크를 해본 적도 없고요. 그냥 사무실과 집을 왔다 갔다 하는 '뚜벅이'였어요. 그러다가 퇴직하고 나니 이제는 '삼식이'가 되었어요. 남형 씨도 삼식이 알죠? 퇴직하고 삼시 세끼를 집에서 꼬박꼬박 먹어서 요즘 여자들이 가장 싫어 한다는 '삼식이' 말입니다. 얼마 전, 같이 퇴직한 옛날 동료들과 우연히 연락을 하였는데, 나 빼고는 모두 참으로 즐겁고 신나게 살고 있더라고요. 평소 양봉에 관심 있던 동료는 고향마을로 내려가 정말 벌을 키우고 있었고요, 현직에 있으면서 자기 업무와 관련하여 박사학위를 받은 친구는 민간 연구소에서 제2의 인생을 설계하고 있더군요. 어떤 친구는 '숲해설사' 자격증을 취득하여 자연 속에서 아이들에게 생명의 소중함을 알려 주고 있었어요. 그런데 곰곰이 생각해 보니 그 동료들 모두 현직에 있을 때 무언가에 간절하고 절실하게 도전하는 친구들이었어요. 현직에 있을 때 남달라 보였던 동료들이 역시 퇴직을 하여도 멋지게 살더군요. 나도 그렇게 살고 싶은데, 없던 열정이 지금 와서 생기겠어요. 난 후배 공직자분들에게 업무든 자기계발이든 무엇인가에 간절하고 절실하게 도전하는 스토리를 만들어가라는 부탁을 하고 싶어요."

나는 간절하고 절실한 마음으로 업무에 임한 적이 있었던가?, 되돌아보았다.

2011년 원주지방환경청에서 환경영향평가를 담당할 때 나의 기억에 또렷이 남아 있는 업무와 관련된 몇 건의 스토리가 있다. 그 중에 하나를 소개하고자 한다.

축사를 신축하는 환경영향평가 사업이 접수되었다. 그 당시 구제역, 조류인플루엔자(AI)로 축산기반이 흔들렸다가 다시 새로운 축사 신축이 많던 때였다. 그런데 축사 신축 신청서가 접수되면 대부분 뒤이어 바로 민원서류가 접수되곤 하였다. 그때도 신청서가 접수되고 바로 다음 날 집단민원서가 접수되었다. 마을대표와 주민들이 축사의 악취로 인한 생활 불편이 우려되어 축사 신축을 반대하는 민원이었다. 사업자는 15년을 축산에만 종사한 젊은 분이셨다. 아마 본인의 꿈인 한우를 본격적으로 키워 보기 위하여 전 재산을 투자하여 땅도 매입한 상태였다.

사업자는 나에게 "팀장님, 그동안 다른 사람 밑에서 소, 돼지 키우며 죽으라고 일하면서 번 돈, 저의 전 재산을 투자했습니다. 제가 할 수 있는 것은 축산밖에 없습니다. 이번 축사를 짓지 못하면 저는 정말 할 것이 없습니다."라며 말끝을 흘렸다. 안타까운 마음이 들어 확인해 보니 일부 지역을 조금만 조정하면 환경적으로 그리 민감한 지역도 아니었다. 그래서 사업자, 마을대표, 전문가 등의 회의를 거쳐 협의를 시도하였지만 마을주민은 계속해서 반대가 심했다. 나는 마을대표께 축사 사업자의 현재 처지를 설명해 드리고, 축사 운영 시 악취가 발생하여 주민생활에 불편이 오면 이를 해소하는 방안 등을 강구하는 것으로 하여 몇 번의 회의를 거쳐 합의를 한 다음, 축사에 대한 협의신청서를 처리하여 드렸다.

그때 나는 이런 생각을 한 것 같다. '이번 축사 신청서는 사업자가 그의 모든 것을 걸고 신청한 것이다. 그러니까 나도 진심을 담아서 나의 모든 것을 걸고 협의해 보자.' 그리고 운이 좋게도 모든 것이 잘 마무리되었다. 지금도 그 사업자는 이따금씩 나에게 전화를 해 안부를 묻곤 하신다. 그리고 늘 이렇게 말씀하신다. "팀장님 덕분에 사업 잘되고 있습니다. 팀장님이 애써 주신 것만큼 꼭 성공하여 보답하고 싶습니다."

나에게 접수되는 민원서류 하나가 어쩌면 민원인에게는 전부일 수도 있다는 생각을 해본 적이 있다. 그래서 지자체 공무원들 대상으로 강의를 하면서 이런 말을 자주 한다.

"여러분 앞에 있는 영업허가, 건축허가 그것은 어쩌면 민원인에게는 아주 큰 것이며, 어쩌면 전부일 수 있습니다. 그러니 여러분도 그 허가서에 혼魂을 담아서 한번 처리해 주세요. 허가를 해주고 안 해주고는 다음 문제입니다. 정말 최선을 다해서 처리해 주면 민원인도 그것을 압니다. 여러분이 정성을 담아 처리한 일들은 여러분의 스토리로 남아 언젠가 여러분의 삶을 더욱 풍성하게 할 것입니다. 저 또한 그러한 스토리가 몇 건 있는데, 지금도 그 일을 생각하면 나 자신이 참 자랑스럽습니다."

인터뷰를 한 선배 공직자분들 중에 '너무 일밖에 모르고 살았다'라는 분도 계셨고, '가정을 소홀히 한 것을 후회한다.'라는 분도 계셨고, '나를 돌아보는 시간을 가지지 못한 것을 후회한다.'라는 분도 있었다. 그러나 그분들 모두가 이야기하는 것 중에 하나가 무엇인가에 도전해 보라는 것이었다.

"한 번이라도 간절하게 무언가에 도전해 본 사람은 그 기분을 알아요. 그러니까 무기력하지도 않고 작은 것에 흔들리지도 않지요. 그러니까 현직에 있을 때, 업무도 좋고 자기계발도 좋아요. 민원서류에 정성을 담아 보아도 되고요, 나의 미래에 시간을 투자해도 됩니다. 절실하게 무엇인가를 이루려고 해보세요. 그것만으로도 한판의 멋진 공직입니다. 그리고 그런 스토리는 퇴직하고도 나를 풍성하게 만들고 또 60이 넘은 나이에도 무엇인가를 찾아 떠날 수 있는 힘을 줍니다. 그만큼 풍성한 삶이죠."

50대 초반에 명예퇴직을 하고 지금은 자신의 전문분야에서 사업을 일구고 계신 선배님을 만났다. 그런데 그 선배님께서 나에게 참으로 멋진 조언을 해주셨다.

"남형 씨, 이제 우리 나이쯤 되니까 퇴직의 기로에 서 있는 친구들이 아주 많아요. 민간 기업이야 50대 초반이면 항상 나갈 준비를 해야 하니까. 그런데 내가 퇴직하고 나니 민간 기업에 다니는 친구들에게서 이따금씩 전화가 오곤 했어요. '퇴직하고 어떻게 지내니? 나도 1~2년 정도면 퇴직해야 할 것 같은데, 막막해. 그래서 너의 노하우를 전수 받으려고 하는데……, 도대체 뭘 해서 먹고살아야 하니?' 난 아무 답을 줄 수가 없었어요. 그래서 '그냥 어떻게 해서든 끝까지 버텨, 나오면 절벽이야.'라고 전화를 끊었는데, 그 친구가 얼마 후에 나를 만나러 왔더군요. 맥주 한잔을 먹으면서 난 주인론主人論에 대한 이야기를 해주었죠. '너는 한 번이라도 너의 회사에서 내가 이 회사의 주인이라고, 대표라고 생각하며 살아 본 적이 있니?'라고 물어본 다음 얘기했어요. '만약 네가 너의 회사에서 주인이라고 생각하며 살았다면, 너는 그만두어도 다른 세상에서 또다시 주인으로 살 수 있어. 그런데 너의 회사에서 늘 손님처럼, 노예처럼 살았다면 한번은 주인으로 살아 보고 퇴직하렴. 직장에서 퇴직하고 세상으로 나오는 순간부터 모든 것들은 내가 책임지는 것이더구나. 시간도, 일도……. 난 요즘 그 어떤 시간도 허투루 보내지 않는단다. 시간의 주인이 되고, 내 행동의 주인으로 사는 거지. 결국 인생에서 가장 중요한 것은 내 인생을 내가 주체적으로 사는 것이 아닐까? 그것만 몸에 배어 있으면 무엇을 해도 행복하지 않을까 생각해.' 요즘 그는 회사에서 주인으로 살고 있다며, 행복해합니다. 그리고 퇴직에 대하여 그리 두려워하지도 않는 것 같고요."

공직자에게 부탁드린다. 자신이 대한민국의 주인이고, 강원도의 주인이고, 강릉시의 주인이라는 생각으로 살아 보아라. 내가 그렇게 살아 본 적이 있었는데, 하루하루가 달라 보였다. 그런 것이 바로 진정한 나만의 스토리를 만드는 과정이다.

　대학생들로부터 입사에 따른 자기소개서를 첨삭添削 해달라는 요청을 받은 적이 있었다. 자기소개서란 것이 작성해 보면 참으로 어렵다. 그래서 나는 스펙보다는 스토리를 작성하라고 한다. 대학생활 내내 도전하고 응전하고, 그리고 실패한 스토리를 간략하면서도 임팩트 있게 작성하고, 인사담당자가 자신의 자기소개서를 보고 마음이 끌리도록 하는 스토리가 있도록 써야 하며, 최고가 아닌 유일함으로 승부하라고 이야기해 준다. 나 또한 면접관을 해본 적이 있지만 스토리가 있는 사람에게 마음이 끌리는 것은 당연하다.

　무엇이든 한 번 하기가 힘들어서 그렇지 한 번만 하면 다음은 쉽다. 나도 지금 이 책을 쓰면서 많이 힘들지만, 한 번 쓰면 다음 책을 엮을 때는 분명히 지금보다는 쉬우리라는 믿음이 있기에 참고 써 내려가고 있다. 이순신 장군은 어떻게 23번을 싸워서 모두 이겼는가? 나는 첫 번째 출전한 옥포, 합포, 적진포 해전에서 압도적인 승리를 하였기에 가능하다고 본다. 이기고 지는 것도 습관이다. 시험도 붙어 본 사람이 또 붙는다.

　지난해 프로야구 아이콘인 한화의 김성근 감독은 지독한 승부사다. 그래서 나는 김성근 감독을 참으로 좋아한다. 물론 가장 좋아하는 야구팀도 한화다. 지난해 한화는 동계훈련을 일본으로 떠났고, 지독하고 혹독한 훈련이 늘 화제였다. 어느 날, 모 방송사에서 김성근 감독을 인터뷰했는데, 그때 김성근 감독께서 선수들 펑고 훈련을 시키다 점심을 오후 3시가 넘어서야 드신다고 했다. 그래서 기자가 "이렇게 점심을 늦게 드시면 배고프지 않으세요?"라고 물었더니 김성근 감독께서 하는 말씀은 이랬다.

"야구를 못해서 배고프지, 점심 늦게 먹는 것이 뭐가 배고프냐?"

그야말로 지독한 승부사의 기질을 그대로 보여 주는 대답이었다. 그 인터뷰를 보면서 프로의 세계에서도 '진정한 프로가 또 있구나.' 하는 생각을 했다.

공직자들이여, 단 한 번이라도 좋다. 미친 듯이 일해 볼 것을 추천한다. 정말 프로처럼 이것 아니면 죽는 것처럼 일해 보아라. 정말 하루가 어떻게 갔는지 모를 정도로 일해 보자. 일과 관련하여 사생결단을 내자. 그 대상이 국민이고 그리고 국민에게 행복을 주고, 희망을 북돋는 일로 말이다. 특히, 젊었을 때 이렇게 일하는 버릇을 들여라! 일에 대하여 한번은 승부를 걸어 보아라! 우리 국민은 그런 공

강의 때 수강생들에게 선물로 주는 모래시계

직자를 반드시 기억한다. 자기 자신에 대한 믿음이 강한 사람이 스토리가 강하다. 공직자 여러분! 여러분이 만드는 공직에서의 스토리는 국민에게 희망이 될 것이다.

마라톤과 인생의 공통점은 무엇인가? 자신과 싸워야 하며, 즐기면서 달려야 하고, 숨이 턱밑까지 와도, 아무리 힘들어도 달려야 하고, 완주해야 하는 것이다.

공직자여, 지금 힘든가? 그러면 지금 스토리가 만들어지고 있다는 뜻이다. 그대여! 한번은 날아야 하지 않겠는가? 간절하고 절실한 스토리를 만들어라! 그러면 그대 어깨에 날개가 달릴 것이다.

모든 외형적 기대들, 자부심, 좌절과 실패의 두려움, 그런 것들은 죽음 앞에서 아무것도 아니기 때문에, 진정으로 중요한 것만을 남기게 된다. 누구에게나 시간은 한정되어 있으므로 다른 사람의 삶을 살거나, 다른 사람들이 생각한 결과에 맞춰 사는 함정에 빠지지 마라. 다른 사람들의 견해에 당신 자신의 내면의 목소리를 가리지 말고 당신의 마음과 직관을 따라가는 용기를 가지라. 진정으로 만족하는 유일한 길은 스스로 훌륭하다고 믿는 일을 하는 것이다. 만약 그것을 아직 찾지 못하였다면 계속하여 찾고, 주저앉지 마라. 늘 갈망하고 늘 우직하게 나아가라 Stay Hungry, Stay Foolish

- 스티브잡스 2005년 스탠퍼드대학교 졸업식 축사

관행慣行,
과감히 탈피할 것을

관행慣行이란 것이 무엇인가? 예전부터 해오던 낡은 습관이란 뜻이다. 공직에 있을 때 관행이란 말을 참으로 많이 들었다. 공직에서의 일들이 창조적인 일도 있지만, 법령에 따른 집행 업무가 많아 이전의 업무를 참고할 수밖에 없다. 왜냐하면 행정은 단절되지 않고 지속적으로 이어져 오기 때문에 그 업무의 역사를 아는 것은 중요하다.

그런데 그 업무의 역사를 파악하면서 이전에 했던 일들과 똑같이 처리하는 경우가 있다. 나 역시 그랬다. 이전에 작성했던 내용과 서식을 그대로 복사해서 내용만 바꾸는 경우가 많았다. 어쩌다가 연도를 수정하지 못하거나 또는 지역명을 바꾸지 않고 그대로 결재를 올렸다가 핀잔을 들은 적도 있다. 오죽했으면 내가 알고 지내는 어떤 공직자는 공직사회를 컴퓨터 한글프로그램의 '복사해서 붙이는' 약어인 '컨트롤C 컨트롤V(Ctrl-C, Ctrl-V)사회'라고 말하기도 한다. 그러나 필요하고 좋은 것은 모방해야 하지만 개선이 필요한 부분은 과감히 새것으로 바꾸어야 한다.

20년 전 강원도청에서 도로업무를 담당할 때의 일이다. 우리 부서에서 관리하는 도로 중 영동과 영서를 잇는 미시령이 있었는데, 지금은 터널이 개통되어 통행하기가 훨씬 수월하지만 그 당시만 해도 급경사에 도로 폭이 협소하여 사고도 자주 발생하는 곳이었다. 문제는 겨울이었다. 워낙 눈이 많이 오는 지역이라 제설작업도 늘 힘들었던 기억이 많다. 그런데 매년 염화칼슘을 구입하는 예산이 부족하였다. 예산편성을 요구해도 조금씩밖에 증가하지 않아 그것으로는 많이 부족하였다. 예산부서에 가서 아무리 부탁을 해도 증가하는 것에는 한계가 있었다. 예산이라는 것이 한 해에 대폭 증가하는 경우는 많지 않다.

그해에도 여지없이 염화칼슘 구입비가 부족하였다. 엄청나게 눈이 내린 어느 날, 제설작업을 하였는데 염화칼슘이 부족하여 적시에 제설작업이 이루어지지 않았고, 이에 따른 차량통행 제한으로 불편이 가중되었다. 그 당시 차량 통행 불편사항이 언론에 보도되고, 우리는 상급자로부터 꽤나 질타를 받았다. 그래서 방법을 강구하던 중에 지역의 언론사에 염화칼슘 구입비가 부족한 것이 큰 원인 중의 하나며, 이에 대한 내용을 방송에 내 달라고 부탁하였다. 지역방송사의 기자는 흔쾌히 좋다고 하였고, 관련 내용이 방송에 나가게 되면서 우리는 약간의 꾸지람⁽?⁾은 들었지만 우선 예비비로 염화칼슘을 구입하여 그해에는 제설작업이 잘 해결되었고, 다음 연도부터 예산이 많이 증액되어 근본적인 문제를 해결할 수 있었다.

일을 하다 보면 문제해결이 어려운 경우가 있다. 그럴 땐 기존의 방식이 맞는지 한번 고민해 보아야 한다. 나도 공직에 있으면서 관행대로 일한 경우가 대부분이었다. 그러다 보니 업무에 대한 지식이나 발전이 없었다. 그러나 어떤 공직자는 문제해결을 위하여 늘 고민하고, 그리고 새롭고 다른 방법을 시도해 본다. 그러다 보면 어느새 답이 나온다고 한다.

2000년 설 연휴 기간 중에 있었던 일이다. 지금도 마찬가지만 설 명절이 되면 지자체와 지역의 각종 단체에서 고향을 찾는 귀성객의 방문을 환영하기 위하여 현수막을 게시한다. 그 당시 나는 설 명절 종합대책 담당자였는데, 현수막 게시 문안을 작성하면서 과장님께 이번 귀성객 환영현수막 문안을 강릉 사투리(보통 강원도 사투리라고 함)로 하면 어떻겠냐고 건의하였다. 그때까지 단체에서 1~2개 정도는 사투리로 작성하여 게시한 적이 있지만 모든 현수막을 강릉사투리로 작성하여 게시해 본 적이 없었기에 과장님께서도 좋다고 하셨다. "강릉 사람들이 고향을 떠나면 가장 기억에 남는 것이 강릉사투리입니다. 고향에 왔다는 생각이 제대로 들 수 있도록 강릉시로 들어오는 모든 도로 입구에 크게 달아 놓읍시다."라고 하셨다. 아마 그때 그 사투리로 되어 있는 환영현수막을 보고 고향을 찾은 사람들이 꽤나 웃었던 것으로 기억난다. 친구들, 그리고 친지들도 정말 특이하고 기발했다고 하면서 사진을 찍어 간직한 이도 있었다. 강릉사투리 전문가께서 만들어 준 그 당시 문구가 문득 기억난다.

'고향에 오니 울메나 좋소, 푹 쉬다 가시우야!'

어차피 만드는 것인데 기억에 남으면 좋을 것이고, 또 그때 가장 많이 쓰던 정책구호인 '가장 지역적인 것이 가장 세계적인 것이다'라는 것과도 잘 어울렸다. 그 당시 각종 시책을 담당하면서 관행을 탈피하려 애썼던 기억이 지금 와서 소중한 추억으로 남아 있다.

2012년 원주지방환경청 환경영향평가를 담당할 때다. 그 당시에는 환경영향평가서 작성을 위한 동물, 식물 등 자연환경분야의 부실조사가 논란이 되었었다. 그리하여 우리는 환경청에서 먼저 동식물에 대한 자연환경조사를 실시하고, 사업자가 조사한 것과 대조하는 형식으로 사업자의 자연환경분야에 대한 성실한 조사를 유도하고, 부실을 방지하고자 하는 '생태계정밀조사단'이라는 제도를 기획하였다. 사실 시간과 예산이 소요되는 계획이라 부담스러웠지만 기존의 관행에서 벗어나 부실조사 예방을 위한 선제적인 방안을 시행하여 본 것이다.

이 제도로 사업자나 자연환경조사 업체에 큰 반향을 불러일으켰다는 이야기는 나중에 들었다. 그 당시 두 분의 과장님과 청장님은 자주 나에게 문제인식을 가져 보라는 주문을 하였었다. 그에 힘입어 나는 기존에 작성한 환경영향평가 의견들에 대하여 현실감 있게 개선할 것은 개선하고, 문서형태, 서식 등에 대해서도 사업자의 입장을 고려하는 방향으로 개선하여 시행해 보기도 하였다.

내가 공직에 처음 들어왔을 때 공직사회에 자조적인 말이 있었다. 공직자들이 가장 많이 하는 말이 세 가지가 있었는데, 첫 번째가 "법대로 해.", 두 번째가 "일 더 한다고 봉급 더 주나?", 그리고 세 번째가 "공무원이 그렇지 뭐."였다. 물론 지금은 이런 말은 어디에서도 들을 수 없다.

2000년 강릉시청 자치행정과에 근무할 때 시도했던 일이다. 그때만 해도 매월 1일은 전 직원이 참석하는 월례조회라는 것이 있었다. 업무유공자의 포상도 하고 정부정책을 전파하면서 기관장의 당부말씀도 전하는 자리였다. 그런데 하루는 같은 팀의 김 주사님께서 "남형 씨, 월례조회를 한번 바꾸어 봅시다. 매번 똑같은 형식으로 하니까 직원들의 참여도 저조하고, 의미도 없고……, 우리 자유발언대 한번 만들어 봅시다. 우리 직원이 '시장에게 바란다'라는 형식으로, 직원이 하고 싶은 이야기를 신나게 해보는 것, 어때요?"라고 말했다. 순간, 나는 "아주 좋은데요. 재미있을 것 같은데요."라고 반겼다. 정말 좋은 아이디어라는 생각이 들었다.

그래서 월례조회계획을 수립하고 '처음 시행하는 이번 달에는 누가 자유발언대를 하지?' 생각하면서 직원들의 신청을 받았는데, 신청자가 없는 것이 아닌가? 나는 "김 주사님, 까짓것, 제가 제일 먼저 할게요. 저, 시장님에게 할 말 많아요."라고 말했다. 그래서 그렇게 하기로 하고 많은 준비를 했는데, 그만 우리 지역에 산불이 크게 나는 바람에 월례조회를 하지 못하였고, 그 재미있을 것 같은 자유발언대도 시행하지 못하였다. 지금도 못내 아쉽다.

공직사회도 이제는 변화무쌍變化無雙하다. 따라서 창조적인 아이디어가 필요하다. 즉, 업무 효율을 높이고 문제해결 능력을 키워가는 그러한 발상의 전환이 앞으로 점점 필요할 것이다. 그러기 위해서는 공직의 발목을 잡고 있는 관행을 과감히 버릴 필요가 있다. 관행대로 일하다 보면 어느새 나의 생각도 관행화되어 퇴화하는 것을 느낄 수 있다. 그걸 막기 위해서는 정말 꾸준한 노력이 필요하지 않을까!!!

위대함은 다른 사람보다 앞서 가는 데 있지 않다. 참된 위대함은 자신의 과거보다 한걸음 앞서 나가는 데 있다.
- 인도 속담

영화 〈마션〉의 마크 와트니(맷 데이먼)의 명언이 기억에 남는다.

"화성에서는 마음대로 되는 일이 하나도 없다. 곧 여러분들이 겪을 일이다. 살려는 마음으로 하나씩 문제를 해결하면 된다. 하나를 먼저 풀고 그리고 차근차근 다음 일들을 해결하면 된다."

"공직, 퇴직할 때 후회하는 것들에 대한" 설문 조사

안녕하십니까?

저는 지난해 환경부에서 공직생활 20년을 마치고, 지금은 기후변화교육·홍보기관에서 학생과 시민들과 소통하는 일을 하고 있습니다. 퇴직 후 퇴직하신 선배님들과 이야기를 나누다가 그 내용을 책으로 엮고 싶어, 《공직, 은퇴할 때 후회하는 27가지》라는 책을 쓰게 되었습니다. 선배님의 소중한 생각을 담아, 후배 공직자들의 후회 없는 공직생활에 작게나마 도움을 주려고 합니다. 설문사항은 통계로만 사용되며 성심성의껏 답변하여 주시면 정말 고맙겠습니다.

① 선배님께서 공직에서 퇴직하신 뒤에 후회되는 내용을 아래 목록에서 5개만 체크해 주십시오. (1, 6, 7, 10, 27)

1. 선·후배, 동료에게 더 다가갈 것을
2. 원칙과 목표를 세울 것을
3. 나의 일, 공직을 좀 더 사랑할 것을
4. 승진에 너무 목매지 말 것을
5. 그 제도, 그 법만큼은 바꾸는 시도를 해볼 것을
6. 국민에게, 주민에게 더 친절하게 다가갈 것을
7. 멋진 후배 공직자를 양성할 것을
8. 더 당당하게 내 주장을 펼칠 것을
9. 전문분야 하나 정도는 만들 것을
10. 5년 전부터 퇴직준비를 할 것을
11. 국가와 지역사회에 더 관심을 가질 것을
12. 현장을 더 챙겨 볼 것을

13. 국민에게 희망을 전파할 것을
14. 많은 것을 기록해 놓을 것을
15. 간절하고, 절실하게 무언가에 도전해 볼 것을
16. 더 많은 스토리를 만들어 볼 것을
17. 전임자, 후임자에게 감사하다는 말을 전할 것을
18. 보고서에 너무 매달리지 말 것을
19. 자리에 너무 얽매이지 말 것을
20. 나 자체의 브랜드를 만들어 볼 것을
21. 나의 퇴임식을 내가 직접 멋지게 준비할 것을
22. 갈등을 회피하지 말고 정면으로 부딪혀 볼 것을
23. 한 부서에 더 오래 근무할 것을
24. 민원서류 하루라도 더 빨리 처리할 것을
25. 감정으로 일처리를 하지 말 것을
26. 더 좋은 공직사회를 위해 노력할 것을
27. 조금 더 경청하고 겸손할 것을

② 상기 제시한 목록 이외에 공직퇴직 후 후회하시는 내용이 있으시면 적어 주십시오.

○ 불순한 목적의 민원, 부처 이기주의 등으로 자주 접하였던 불합리한 요구(부처 존재 이유 훼손)에 좀 더 적극적으로 방어하여 공직자의 위상 제고에 힘쓸 걸…
⇒ 이를 위해 화합, 단결하는 직장 분위기 조성, 나 스스로는 물론 후배들의 전문적인 지식, 경험 축적, 나름의 명확한 기준(잣대, 가이드라인) 확립 등에 좀 더 노력할 것을…
○ 100세 시대, 퇴직하고 남은 30년 이상에 대한 대비(건강, 재테크, 취미 등)에 관하여 좀 더 고민하고 준비할 것을…(오로지 순간순간 닥치는 고민, 현안 해결에만 몰두하고, 해결되면 그걸로 만족

하고 지내는 패턴 반복)

　　○ 봉사하는 삶에 대하여 좀 더 고민하고 준비할 것을…, 오로지 나, 가족, 직장 동료 외 다른 사람들의 삶에 대하여는 너무 무관심하지 않았나? 나의 조그마한 성의와 기부가 도움이 절실한 타인의 큰 희망이 될 수도 있었을 텐데, 좀 더 관심을 갖고 노력할 것을…

③ 재직하고 있는 후배 공직자분들께 후회 없는 공직생활을 위하여 전하고 싶으신 말씀이 있으시면 적어 주십시오.

　　○ 현재 몸담고 있는 공직에 대한 애착(애국심, 애사심), 자부심을 가지시길…, 조직의 위상이 나의 위상

　　○ 자기 계발(업무 능력, 건강, 취미 등)에 적극 매진하여 대·내외적으로 누구에게나 인정받는 직원이 되시길…, 본인의 능력, 행실(行實)은 상사 등 모든 사람들이 보고 있고, 보는 눈(평가)도 대부분 비슷함

　　○ 때로는 서릿발 같은 잣대로 나만의 영역과 주관을 만드시길…, 그러기 위해서는 업무 능력(역량)이 필수

　　○ 남들도 헤아리며 때로는 아울러 줄 수 있는 여유와 풍요로운 삶을 위해 노력하시길…, 업무 등 모든 걸 내려놓고 가끔 나만의 시간이 가져 보는 것이 반드시 필요

　　○ 미천해 보이는 민원인, 사소한 일도 성심을 다해 대하여 주시길…, 아무리 미천해 보이는 민원인도 나보다 훨씬 능력 있고 배울 점이 많은 경우를 수없이 경험하였음.

설문에 응해 주셔서 감사합니다.

마음이 아름다우니 세상이 아름다워라

이채

밉게 보면 잡초 아닌 풀이 없고
곱게 보면 꽃 아닌
사람이 없으되
그대를 꽃으로 볼 일이로다.

털려고 들면 먼지 없는 이 없고
덮으려고 들면 못 덮을 허물이 없으되

누구의 눈에 들기는 힘들어도
그 눈 밖에 나기는 한순간이더라.

귀가 얇은 자는
그 입 또한 가랑잎처럼 가볍고
귀가 두꺼운 자는
그 입 또한 바위처럼 무거운 법.

생각이 깊은 자여!
그대는 남의 말을 내 말처럼 하리라

겸손은 사람을 머물게 하고
칭찬은 사람을 가깝게 하고
넓음은 사람을 따르게 하고
깊음은 사람을 감동케 하니

마음이 아름다운 자여! 그대 그 향기에 세상이 아름다워라

17

전임자, 후임자에게
감사의 말을 전할 것을

퇴직하고 얼마 뒤에 환경부 생물다양성과 나의 후임자인 서 선생님께서 전화를 했다. 업무 마무리를 잘해 주셔서 고맙다고, 특히 민감한 업무에 대하여 방향 정리를 해 놓아, 업무에 대한 부담이 덜했다며, 선배님께서 해 놓으신 대로 그냥 하면 될 것 같다며 감사의 인사를 전해 왔다. 문득 내가 감사인사를 받을 만큼 업무처리를 한 것인지, 아파트 베란다에 앉아 한참이나 생각해 보았다. 물론 퇴직한다고 하니까 최선을 다했던 기억은 있었다. 후임자가 힘들지 않게 하기 위하여 책임이 따르는 분야는 가급적 결정을 하여 마무리를 짓고자 노력하였다. 그러나 그 정도까지였다.

그런데 후임자께서 감사하다고 전화가 왔다. 퇴임을 마음속으로 결정한 뒤, 그때부터 '내가 언제 또 이렇게 야근하면서 일해 보겠는가? 그간 노력이 부족했던 공직생활, 마무리를 멋지게 해야지, 그래야 후회가 없겠지.'라며, 정말 최선을 다했던 것 같다. 아마 그러한 노력들이 후임자에게는 일부 보였을 수도 있었으리라……. 그러면서 난 23년의 공직생활 동안 수많은 나의 전임자, 후임자에게 "감사하다, 고맙다"라는 말을 얼마나 했을까 생각해 보았다. 그런데 거의 기억나지 않았다.

2000년 강릉시청 자치행정과에 근무할 때다. 담당업무가 국정·도정·시정 주요시책업무였다. 시정시책 중에 이동시장실이란 시책이 있었다. 시장이 민원지역, 갈등지역을 직접 찾아가 주민들을 만나고 해결방안을 모색하는 아주 좋은 제도였다. 물론 전임자가 계획을 잘 수립하였고, 이미 3회 정도 운영하여 일부 성과도 있었다. 업무 인수를 받았을 때 방문 장소가 확정되어 있지는 않았지만 사전에 관계기관과 관계자와의 협의를 통해 분기별 방문 장소에 대한 리스트는 작성되어 있었다.

그런데 나는 전임자의 생각과 나의 생각이 다르다는 판단에 그 장소를 내 생각대로 수정하여 계획안을 바꾸려 하였다. '나는 전임자와 달라. 결정도 나지 않았는데, 더 중요한 현안지역으로 바꾸면 상사분들도 더 좋아하실 거야. 그리고 이제는 내 업무니까 내가 판단해야 해.'라는 생각에서였다. 그러나 그것은 나의 착오요, 실수였다. 결재 과정에서 논란만 불러일으키고 결국은 전임자가 작성한 당초안대로 시행하였다. 그때 국장님께서 "남형 씨, 행정은 예측가능하고 계속성이 있어야 합니다. 담당자가 바뀐다고 추진해 오던 계획을 바꾼다면 주민들이 혼란을 겪어요."라고 말씀해 주셨다. 나는 전임자에게 꽤나 미안했고, 그래도 그해 이동시장실은 잘 운영이 되었다. 어찌 보면 초반에 시간만 허비한 꼴이 되었다. 나중에 전임자에게 전화해서 미안하다, 감사하다는 말씀을 드린 것 같다.

2005년 8월 너무 무덥던 날, 중앙선거관리위원회에서 통일부로 발령이 났다. 경기도 파주시에 위치한 남북출입사무소였다. 매일 개성공단으로 많은 인력과 수출입 물자가 이곳을 통해 나가고 들어오고 하였다. 내가 맡은 업무는 인력이나 물자의 입·출경에 대한 승인 및 통행에 대한 긴급사항 대처였다. 승인업무는 관련 규정대로 처리하면 되는데, 긴급사항 대처는 쉽지 않은 일들이다. 그런데 전임자인 백 사무관께서 인수인계서에 너무도 자세하게 긴급사항에 대한 대처 매뉴얼을 케이스 바이 케이스 case by case 별로 작성해 놓으신 것이다.

며칠 후, 대면으로 인수인계를 하면서 "인수인계서만 보면 무슨 일을 어떻게 처리할지 바로 알 수 있을 것 같아요. 고맙습니다."라고 말씀드렸더니 "나도 전임자에게 그렇게 인계 받았어요. 난 인계 받은 것에다 내가 겪은 몇 가지를 더 첨부해서 운영하였고 그대로 인계했을 뿐이에요. 내 전임자가 시스템을 아주 잘 만들어 놓았더군요."라며 겸손해 하셨다. 잘 작성된 인계인수서 덕분으로 나는 쉽게 업무에 적응할 수 있었고 전임자가 만들어 놓은 시스템과 네트워크를 그대로 인계 받아 무난하게 업무를 처리하고, 그리고 후임자에게도 잘 인계하였다. 아마 환경부 생물다양성과로 발령 받았을 때에도 전임자가 업무시스템을 잘 만들어 놓아 일하기가 참 편했으며, 또 전임자에게 자주 여쭈어보며 업무의 연속성을 이어가려고 노력하였다.

그런데 그렇지 못한 경우도 있었다. 환경부 지방환경관서에 근무할 때의 일이다. 출장을 간 사이에 발령이 났다. 현장에서 일하고 있는데 부서 직원이 다른 부서로 발령이 났다고 전화를 한 것이다. 그때 내가 맡고 있는 업무 중에 해결되지 않은 현안업무가 몇 건 있었는데, 거의 마무리단계였다. 그 부서에 꽤나 오래 근무하여 그 현안업무만 해결하면 다른 부서로 발령이 날 것으로 예상하고 있었는데, 덜컥 발령이 난 것이다. 진행중인 현안이 있으면 가급적 그러한 사유를 감안하여 인사발령을 하기 때문에 갑작스런 발령은 조금 당황스러웠다. 발령이 난 이유야 이해할 수 있지만, "한두 달만 더 있으면 모두 처리하고 갈 수 있는데……."라는 생각을 지울 수 없었다.

갑자기 이뤄진 발령이라 인계인수도 제대로 하지 못하였고, 그 현안사업이 종결되는 데에도 예상보다 시간이 많이 소요되었다. 당연하다. 후임자들도 그 현안들을 새로이 숙지하여야 했고, 내가 만들어 놓았던 시스템들에 대한 고민들도 있었을 것이다. 하여튼 나의 후임자들이 꽤나 고생을 했던 기억이 있다. 본의는 아니었지만 이 글을 통해 나의 현안을 맡아 해결해 주신 고 팀장님, 장 팀장님께 미안하고 감사한 마음을 전한다.

행정은 담당자가 바뀐다고 업무가 단절되지 않는다. 단절되어서도 안 된다. 그런데 담당자가 바뀌면 업무의 방향이 바뀌는 경우가 있다. 새로운 담당자가 더 좋은 방향으로 개선하는 것이야 문제가 없겠지만 단지 본인의 성향과 차이가 있다는 이유로 기존과 다른 방향으로 업무처리를 하는 것은 민원인들에게 혼선을 초래한다.

퇴직하신 선배님께서 인터뷰 중에 하신 말씀이 기억난다. "전임자 잘 만나면 상賞 받고, 후임자 잘못 만나면 징계 받는다."라시며, 이야기를 풀어 놓으셨다. "있잖아요. 새로이 부서를 옮기고 석 달 정도 되었나, 나에게 표창을 준다는 거예요. 사실인즉, 전임자가 전국적인 체육행사를 성황리에 개최하고, 집안일로 휴직을 하였어요. 그때 그 체육행사 치르느라 정말 고생했다는 이야기를 들었는데, 그 공로로 우리 부서에 표창이 배정된 거죠. 난 사실 그 행사를 마무리하고 정산한 것밖에 없는데, 정말 고생한 전임자를 대신하여 제가 표창을 받았죠. 그래서 내가 전임자에게 고맙다는 전화를 했더니, '정산과 마무리가 더 중요합니다. 내 업무를 잘 정리하여 주어서 감사합니다.'라고 하더군요." 그러면서 선배님은 또 후임자와 관련한 이야기를 해주셨다.

"사실 내가 그 부서에 있을 때 중요한 것을 실수한 적이 있었어요. 늘 뒷골이 당기는 과실이었는데, 감사를 받으면 징계 받을 각오를 하고 있었죠. 물론 업무를 소홀했다기보다는 너무 바빠서 챙기지 못한 것이었죠. 그리고 다음 감사에 제대로 지적이 되었어요. 나의 후임자가 전화가 왔더군요. 그 당시 그렇게 할 수밖에 없었던 사유를 알려 달라 하더군요. 사실대로 말씀드리고 잘못했다고 꼭 전해 달라고 하였죠. 사실 감사장에 가서 적극적으로 해명하고 싶었지만 너무 먼 거리라 그럴 수는 없었어요. 사실 난 그때가 승진을 앞두고 있어서 내심 걱정이 되더군요. 그런데 후임자가 얼마나 적극적으로 해명을 해주었는지, 그리고 나의 실수에 대한 향후 조치계획까지 상세하게 작성한 덕에 저는 징계를 면하였어요. 그리고 나의 후임자는 그 조치계획을 모두 다 이행하여 그 건은 잘 마무리되었죠. 지금도 난 나의 후임자가 너무 자랑스럽고 고마워요. 나중에 감사관께서 정말 후임자 잘 만났다고 하면서 웃더랍니다."

퇴직하신 다른 선배님들께서도 업무의 연속성에 대하여 많이 이야기하셨다.

"인사발령이 얼마나 잦아요? 기껏해야 한 부서에 2년 있으면 잘 있지. 그러다 보니 전임자가 해 놓은 업무가 가장 좋은 밑천이죠. 그런데 이따금씩 잘 운영되고 있는 제도를 내 마음대로 바꾸어서 운영하다가 힘들었던 적이 있었어요. 사실 행정이란 것은 예측가능하고 일관되어야 하는데, '난 전임자와 다르다' 이 생각으로 업무를 내 마음대로 바꾸었다가 죽도 밥도 안 되는 경우가 있었어요. 괜히 시간만 낭비하기도 하였지요. 그리고 그것이 민원인을 불편하게 하는 일이었어요. 지금 와서 후회하고 반성합니다. 그리고 무엇보다 공직사회의 너무 잦은 인사발령도 문제예요. 어떤 민원인은 이렇게 이야기하더군요. '사람을 바꾸지 말든지, 사람이 바뀌더라도 기존업무의 방향을 바꾸지 말든지, 이거 어디 혼란스러워 일하겠어요?'라고 말이에요."

대부분의 퇴직하신 선배 공직자들은 공직사회의 너무 잦은 인사발령에 대하여 부정적으로 생각하였으며, 잦은 순환보직에 대해서 문제점을 꼬집었다. 나 또한 2년 동안 3개 부서를 근무한 적이 있다. 그러다 보니 전문성은 떨어지고 업무의 현황파악 정도에 그쳤다. 제도개선 등은 생각도 못하였다. 어쩔 수 없는 경우도 있지만 공직사회의 잦은 순환보직은 행정에 대한 국민의 만족도를 저하시킬 뿐만 아니라 전문성 부족으로 인하여 문제해결 및 위기대처에 어려움을 겪을 수도 있다. 한 부서에 발령이 나면 최소 3년에서 5년 정도는 일할 수 있어야 한다.

이따금씩 이런 이야기를 듣는다. "한 부서에 오래 있으면 타성에 젖을 수 있고 비리에 노출될 수 있다."라고……. 공직자의 비리를 막는 것은 공직자의 처우 개선으로 예방하여야 하고, 오래 근무할수록 타성에 젖는다는 것은 우리나라 공직자의 수준을 너무 낮게 보고 하는 기우杞憂다. 나 또한 한 부서에 3년 정도 근무할 때가 있었는데, 제도개선도 하고, 업무에 대한 전문성을 가져 본 기억이 있다. 그리고 무엇보다 잦은 인사발령은 민원인에게 피해가 돌아간다. 얼마 전 만났던 사업을 하는 친구가 공직의 인사발령 사항을 보고 "담당자 또 바뀌었어. 그럼 가서 새로 설명해야 되겠네. 2년 동안 이번이 벌써 세 번째야, 아니, 왜 그리 자주 바뀌지? 어휴, 힘들어……."

하며 한숨을 쉬는 것을 보고 내가 괜히 미안했다.

공직생활 23년 동안 나에게는 수많은 전임자와 후임자가 있었다. 어떨 때는 전임자가 잘 만들어 놓은 시스템으로 아주 쉽게 일한 적이 있었고, 나의 부족함으로 후임자가 힘들었던 경우도 있었다. 업무의 연속성을 생각해 보면 나의 전임자도, 나의 후임자도 모두모두 고마운 사람들이다. 전임자는 내가 보다 쉽게 일할 수 있도록 해주었고, 후임자는 나의 업무를 잘 마무리해 주었다. 공직자는 항상 누군가에게 전임자이며 또 후임자이다.

오늘 한번 나의 전임자, 나의 후임자와 차를 한잔 마시면서 내 업무에 대하여 이야기해 보자. 현안에 대하여 의외로 답을 찾을 수 있다.

이 글을 통해 23년 동안의 나의 전임자, 그리고 후임자에게 내가 성장할 수 있도록 도와주고, 아무 문제없이 현안을 마무리해 준 것에 다시 감사드린다.

작은 일도 무시하지 않고 최선을 다해야 한다.
작은 일에도 최선을 다하면 정성스럽게 된다.

정성스럽게 되면 겉에 배어 나오고
겉에 배어 나오면 겉으로 드러나고
겉으로 드러나면 이내 밝아지고 밝아지면 남을 감동시키고
남을 감동시키면 이내 변하게 되고 변하면 생육된다.

그러니 오직 세상에서 지극히 정성을 다하는 사람만이
나와 세상을 변하게 할 수 있는 것이다

– 《중용》 23장

18

보고, 보고서에
너무 매달리지 말 것을

내가 경험했던 공직사회의 보고^{報告}의 문제점에 대한 사례를 소개해 본다.

2000년 강릉시청에 근무할 때, 대형 산불로 인해 상황실에서 근무했을 때의 일이다. 워낙 큰 인재인지라 수시로 광역지자체와 중앙부처에 보고할 사항이 많았다. 또한 정치인과 유력인사들이 계속하여 현장을 방문하고, 상황실에 들렀다. 그 당시 상황실 근무자뿐만 아니라 많은 직원들이 상황보고서 작성, 유력인사 방문 시마다 브리핑, 현장방문 안내로 근무를 제대로 못할 지경이었다. 그러다 보니 피해를 입은 주민에게 행정력이 모두 미치지 못하였다.

그러던 어느 날, 피해를 입은 주민이 상황실에 달려와 "이 ○○들아, 너들은 뭐하는 공무원들이야? 만날 앉아서 보고서나 만들고, 국회의원들 오면 브리핑이나 해주고, 현장 갈 때 졸졸졸 따라다니는 것이 공무원이 할 일이야? 지금 피해 주민들은 어떻게 할 줄 몰라 우왕좌왕 하고 있는데 이게 뭐하는 짓들이야. 그리고 국회의원 당신들 여기 내려오지 마시오. 당신들 때문에 저 사람들이 우리를 위해 일을 못하잖아요. 이게 무슨 나라요? 이게 무슨 공무원이요? 이게 무슨 국회의원입니까?"라며 울면서 절규를 하시는 것을 보았다. 난 그때 고개를 푹 숙이고 아무 말도 할 수가 없었다.

공직사회, 보고를 제때 못하여 문제가 되는 경우를 더러 보았다. 공직사회에 그런 말이 있다.

"보고를 제때 못하여 징계 받지 마라."

사실 나 또한 적시에 보고를 못하여 곤혹을 치른 적이 있었다. 그런데 보고에만 매달려 현장을 챙기지 못해 국민에게 문제가 발생하면 이것은 더 큰 문제이다. 아주 중요한 정책적 판단이 따라야 하는 사항이 아니라면 현장 공무원의 판단에 맡겨라. 보고만큼 중요한 것은 현장의 위급성이다.

이제 우리도 현장 공무원에게 재량권을 대폭 넘겨야 한다. 책임과 권한은 같이 가야 한다. 그래야 전문성이 생긴다. 지금의 구조를 보면 현장 공무원의 책임은 많고 권한이 적은 시스템이다. 그러다 보니 현장 공무원은 책임 회피를 위하여 보고하고 또 보고하는 것이다. 모든 것을 상급자, 상부에 보고하고 그 지침에 따라 일이 이루어진다면 현장 공무원은 왜 필요하며, 그렇게 하여서 어떻게 전문성과 사명감이 생기겠는가? 큰불이 났는데, 홍수가 발생하였는데, 언제까지 보고만 할 것인가? 그리고 이 글을 통해 부탁드리고 싶은 말이 있다. 재난 등 긴급사항 발생지역에는 응급상황이 마무리될 때까지 업무와 관련되지 않은 유력인사의 방문은 가급적 자제하여 주기 바란다. 속된말로 공직자들이 유력인사를 따라 우르르 몰려다니는 모습은 위에서 언급한 것처럼 피해주민들에게는 또 다른 아픔이다.

그러면 공직사회 보고서에 관하여 이야기해 보겠다.

공직에 있으면 늘 보고서를 작성하여야 한다. 어쩌면 보고서를 항상 등에 지고, 어깨에 걸치고 산다고 해도 무방할 것이다. 적게는 1장짜리 보고서에서 많게는 책 한 권 분량의 보고서까지, 행사, 예산, 정책 등 다양한 보고서를 작성한다. 나 또한 늘 보고서를 작성하였고, 보고서로 인하여 즐겁기도 하고, 보고서로 인하여 슬프기도 하였다. 사실 나는 공직에 있을 때 보고서를 잘 작성하지 못했다. 어느 부처에 근무할 때 과장에게 "남형 씨, 이걸 보고서라고 작성했어요? 보고서 작성하는 공부 좀 하세요."라는 이야기까지 들은 적이 있다. 이따금씩 내가 쓴 보고서를 읽어 보다가 "도대체 이게 무슨 말이지?", "무엇을 왜, 어떻게 하겠다는 이야기야, 도대체 결론이 뭐야?" 하면서 나 스스로 내가 쓴 보고서에 실망한 적이 한두 번이 아니다.

2005년 중앙선거관리위원회 기획관실에 근무할 때다. 그 당시 주간·월간 업무계획을 담당하였는데, 내가 보아도 보고서가 늘 부족하였다. 그러던 어느 날 지방 출장이 있어 나는 사무실 동료에게 "주간·월간 계획서 부탁 좀 드려요. 대신 출장 갔다 오면 맛난 점심 사 드릴게요." 하고 출장을 다녀왔다. 그리고 출장을 다녀와 내 책상 위에 동료가 대신 작성한 주간·월간보고서를 보면서 한없이 내 자신이 부끄러웠다. 얼마나 일목요연하게 잘 만들었는지 내가 작성한 보고서와는 너무 달랐다. 그리고 그때부터 나는 가급적 보고서를 많이 작성하는 부서를 원하지 않았다. 아마 그때부터 '나는 무슨 업무를 잘하는 것일까, 내가 다른 직원들보다 장점이 있는 업무는 무엇일까.' 하는 고민을 하였고, 그래서 보고서를 덜 작성하는 부서만 희망하였다. 당연히 정책부서나 기획부서는 가급적 신청하지 않았다. 아니, 가려고 하여도 가지도 못하였을 것이다.

멋진 보고서를 작성할 수 있는 것은 틀림없이 매력적인 능력이다. 그리고 누구나 인정하는 보고서를 작성하는 직원들을 보면 평소에 엄청나게 노력을 많이 한다. 그러면 나는 보고서를 잘 쓰기 위한 노력을 하지 않았을까? 그건 아니다. 나도 남들만큼은 노력해 보았다. 그런데 늘 남들보다 못하였다. 이상한 것이 다른 무엇보다 보고서 작성 능력은 늘지 않았다. 내 주변에는 보고서를 잘 작성하는 직원이 계셨다. 무엇보다 기존의 틀을 깨고 창조적으로 작성한 보고서를 보면, 얼마나 노력했기에 이렇게 작성하였을까, 감탄해 본 적이 있다.

그러면 공직사회 보고서는 얼마나 많을까? 또 얼마나 자주 작성할까? 정말 많다. 부처별로 차이는 있겠지만 늘 보고서에 허덕이며 살고 있다고 해도 과언이 아니다. 더군다나 요즘 공직사회에 성과제도가 도입되고 보고서가 더 늘어날 수밖에 없는 현실이다. 어떤 선배 공무원께서는 전자결재 시스템 도입으로 보고서 및 문서생산량이 많이 늘었다고 하는 분도 계시다. 어떤 부처는 보고서 작성 능력이 그 사람의 업무 능력의 거의 전부인 것처럼 여기기도 한다.

나도 공직사회에서 보고서 작성 능력이 중요하다고 생각한다. 그러나 그것은 업무 능력 중 하나일 뿐이다. 업무 역량은 보고서뿐만 아니라, 추진력, 소통, 리더십, 경청, 문제해결 능력 등 다양한 것들의 복합체이기 때문이다. 보고서 작성이 부족한 사람 중에 문제해결 능력이 뛰어난 사람이 있는가 하면, 다른 것은 부족하여도 추진력이 있는 공직자도 있다. 그러기 때문에 공직에는 보고서를 잘 작성하는 사람, 추진력이 강한 사람, 문제해결 능력이 뛰어난 사람, 민원인의 마음을 잘 헤아려 주는 사람 등 다양한 사람들이 각자가 잘하는 분야에서 강점을 살려 일하도록 하여야 한다. 서로의 강점을 살려 국민에게 최상의 서비스를 해야 한다. 단지 보고서만을 가지고 역량을 판단해서는 아니 된다.

중앙부처에는 행정고시, 기술고시 등 고시 출신 공직자가 꽤나 많다. 내가 경험한 바에 의하면 고시 출신 공직자들이 작성하는 보고서는 비고시 출신 공직자의 보고서보다 수준이 높다. 그도 그럴 것이 고시 출신 공직자는 보고서 작성을 체계적으로 공부하고 그에 대한 교육을 받을 뿐만 아니라, 정책부서에 오래 근무하게 된다. 그러나 비고시 출신 공직자는 현장근무도 많고, 정책부서에 근무하는 기간이 상대적으로 짧을 뿐만 아니라 사무관으로 승진하면 대부분이 40대에서 50대이다. 어쩌면 고시 출신 보고서와 비고시 출신 보고서를 비교하는 것 자체가 말이 안 된다. 물론 비고시 출신 공직자

중에서도 보고서를 잘 작성하는 직원이 있고, 또 고시 출신 공직자 중에도 보고서를 잘 작성하지 못하는 직원도 있을 것이다.

고시, 비고시를 편 가르자고 하는 이야기가 아니다. 서로 상대편의 입장에서 한번 고려해 주자는 이야기이다. 고시 출신 공직자들은 비고시 출신 공직자들의 현장경험을 존중하여 주고, 또 비고시 출신 공직자들은 고시 출신 공직자들의 정책 및 기획 능력 등을 존중하여 주어, 현장을 고려한 정책이 수립될 수 있도록 상호 보완하면 좋을 듯싶다.

환경부에 근무할 때 나의 팀장인 윤 서기관님은 고시 출신이었는데 정말 보고서를 잘 작성하셨다. 이따금씩 작성한 보고서를 보면 나의 보고서와는 확연히 차이가 있었다. 그런데 윤 팀장님은 나의 현장경험을 잘 살리도록 충분히 배려하여 주었다. 현장과 관련한 나의 이야기는 전폭적으로 신뢰하였으며, 현장과 관련한 보고서를 올릴 때 보고서에 대한 자구 수정은 하여도 보고서 방향은 거의 수정하지 않으셨다. 또 이따금씩 나에게 현장에 대하여 자주 묻곤 하였는데, 그때 이런 말을 내게 해준 기억이 있다. "현장 경험이 풍부한 분이 옆에 있으니까, 일하기가 편하네요." 이 글을 통해 늘 나를 인정하여 주신 윤 서기관님께 감사의 말씀을 드린다.

퇴직한 뒤에 강의 때문에 민간분야에 대한 보고서를 작성해본 적이 있었다. 그런데 대부분의 사람들이 보고서가 아주 준수(俊秀)하다고, 잘 작성했다고 이야기한 걸 보면 공직자들의 보고서 수준이 상당히 높다는 것을 알 수 있다. 내가 공직에 있을 때 보고서 잘 작성한다는 이야기는 거의 들어본 적이 없는데 말이다.

보고서 작성 능력 향상을 위해 공직자들은 노력해야 한다. 그러나 보고서는 단지 보고서일 뿐이다. 보고서를 위한 보고서가 되어서도 안 된다. 그리고 보고서만큼 중요한 것은 현장이다.

대한민국이라는 주식회사에는 정치, 경제, 사회, 문화, 스포츠 등 다양한 것이 존재한다. 이 다양함을 통합하고 조정하려면 기획력, 추진력, 문제해결 능력, 민원처리 능력 등 다양함이 필수이다. 이러하기에 공직자 역량을 판단할 때 보고서뿐만 아니라 다양한 역량을 고려하여야 한다. 그래야지만 대한민국이라는 주식회사에 다양성이 생긴다.

한 선배 공직자는 인터뷰에서 "평생 보고만 하다가, 보고서만 작성하다가 28년 공직을 끝냈어요. 그래서 내 인생은 보고와 보고서 인생이에요. 후배 공직자들은 너무 보고와 보고서에 매몰되지 않았으면 좋겠어요. 꼭 필요한 보고와 반드시 작성해야만 하는 보고서에만 시간을 투자하세요."라고 당부하셨다.

후회를 최대한 이용하라
깊이 후회한다는 것은
새로운 삶을 산다는 것이다. – 헨리 D. 소로

중앙정부를, 지방정부를
이해하려고 노력할 것을

나는 운이 좋게도 중앙부처와 지방자치단체에서 모두 근무해 보았다. 근무기간으로 따지면 거의 반반 정도 되는 것 같다. 나는 기초지자체, 광역지자체, 중앙선거관리위원회, 통일부, 환경부 5개의 부처를 다녔다. 이따금씩 사람들이 물어본다. 어느 부처가 가장 좋았냐고. 그럴 때마다 난 이렇게 대답한다. 가장 기억나는 부처는 통일부, 가장 애착이 가는 부처는 광역지자체, 동료애가 가장 좋았던 부처는 기초지자체, 가장 일이 많았던 부처는 환경부, 가장 열심히 일한 부처는 중앙선거관리위원회라고 답한다. 그러면 "공직으로 다시 돌아간다면 근무하고 싶은 부처는 어디인가요?"라고 묻는다. 나는 기초지자체라고 답한다. 그리고 "이유가 뭐예요?"라는 질문에 난 바로 답한다. "기초지자체는 무엇보다 공직자로서 보람을 찾을 수 있었습니다. 그리고 주민들의 환한 웃음이 있고, 사명감과 따뜻한 마음으로 주민들과 이야기 나누다 보면 서로를 채워 갈 수 있었습니다."

같은 공무원이라 할지라도 중앙부처와 지방자치단체는 근무 분위기, 보고서 작성형태 등 일하는 방식, 각종 수당 등에 조금씩 차이가 있다. 업무성격이 다르기에 당연하다. 이따금씩 이런 말을 듣는다. 지방자치단체 직원들은 "왜 중앙부처 직원들은 우리 지자체를 잘 이해하지 못하지, 현장의 목소리를 듣지 않고, 현장의 여건도 고려하지 않고 제도를 만들어서 효과는 떨어지고, 지방 공무원만 힘들고……."라고 말한다. 중앙부처 직원들은 또 이렇게 말한다. "지방자치단체 직원들은 민원을 너무 의식해. 그냥 법대로 하면 되지, 너무 정치적이야."

모두 맞는 말이기도 하지만 또 틀린 말이기도 하다. 내가 근무해 본 중앙정부 공직자는 현장의 목소리를 듣기 위해 애쓰고 있었고, 지방정부 공직자는 민원업무 해결을 위해 법대로 집행하다가 어쩔 수 없는 경우에 부딪힐 때 정치적인 모습이 보이는 것뿐이다. 그리고 가장 큰 차이점 중에 하나는 중앙부처 장관은 임명직이고, 지방자치단체장은 선출직이라 그렇게 보일 뿐이다.

퇴직하고 나서 강의 때문에 지자체 직원들을 많이 만났다. 지자체 직원들은 늘 민원 때문에 허덕인다. 친한 직원들은 장난삼아 이런 말을 한다.

"남형 씨, 그만두고 나니까 골 아픈 민원 없으니까 좋지? 부럽다.

나도 민원들 때문에 그만두고 싶다."

또 어떤 직원은 이런 말을 한다.

"왜 사업자들은 약속을 지키지 않을까? 허가해 주고, 현장에 가 보면 허가 조건을 잘 지키지 않아. 그러다 보니 서로 감정만 상하고, 지방공무원 그만하고 싶어."

나는 그 이야기를 한참이나 듣고 있다가 꼭 한마디를 한다.

"선배님, 저에게 가장 부족한 것이 무엇인지 아세요? 자주自主나 자율自律이 아닐까 합니다. 퇴직하고 저도 무엇을 하려다 보면 자꾸 국가를 쳐다봅니다. 요즘처럼 경기가 불황인 경우에는 더 심하겠죠. 사실 그런데 국가나 지자체가 해줄 수 있는 것이 많지 않잖아요. 저 같은 사람이 많으면 국가와 지방정부에 많은 것을 요구하게 될 테고, 그러다 보면 공무원이 당연히 힘들죠. 지금이 그 상황이 아닌가 합니다."

그리고 최근 들어 중앙부처 직원들을 만나곤 한다. 만날 때마다 느끼는 것은 너무 피곤해 보인다는 것이다.

"일이 너무 많아요. 매일 야근하다 보니 몸도 좋지 않고, 요즘은 주말에도 자주 사무실에 나가다 보니 아이들에게도 미안하구요. 일하는 기계가 아닌가 싶은 생각이 들 정도로……."

나도 근무해 보니 중앙부처는 참으로 일이 많았다. 일 때문에 늘 허덕이고 산다.

환경공학과 대학생들을 대상으로 강의를 하면서, 대학생들이 "공직은 일이 편하고, 칼퇴근한다. 그래서 공직에 가고 싶다. 환경부에서 근무하고 싶다."라고 말하는 것을 들으면 한숨이 저절로 나온다. 그렇다고 일일이 설명해 줄 수도 없는 노릇이고······. 하여튼 중앙부처는 업무량이 정말 많다. 이렇듯 중앙부처는 정책과 예산 그리고 국회업무가 많고, 지방자치단체는 아무래도 민원, 인허가 등 대주민업무가 많다.

환경부에 근무하는 고 서기관님은 광역지자체 직원들이 아주 좋아하였다. 이따금씩 지자체 직원을 만나면 꼭 그분의 안부를 물어보신다. 나 역시 그분을 좋아하였다. 지자체 직원들은 "고 서기관님은 지자체와 많이 소통하시고, 현장에서 늘 같이 호흡해 주셨다. 현장을 함께 갔는데 전혀 몸을 사리지 않으셨다. 오히려 우리가 더 소극적이었다. 예산편성 시에도 깎지 않으려고 애쓰셨다. 그런 분하고 같은 업무를 해본 것이 영광이다."라고 이야기한다. 내가 알고 있는 고 서기관님도 그런 분이다. 현장의 목소리를 중요시하고, 현장에 있는 분들을 아주 존중해 주신다.

지자체에 근무할 때 중방부처 직원이 현지 실사를 나온 적이 있었다. 내 업무는 아니었지만 현장 방문이라 주민들도 일부 참석하므로 나도 지원을 나갔다. 그런데 중앙부처 직원은 주민들의 의견은 듣지도 않고, 바쁘다며 그냥 현장을 한번 둘러보더니 가 버리는 것이 아닌가? 오래된 일이지만 그때는 모두가 섭섭해 하였던 기억이 생생하다.

두 가지의 경우를 보면서 후자의 경우는 서로가 이해하기 힘든 경우다. 소통이 될 수가 없다.

중앙부처에 근무하면 지자체의 의견을 물어보는 경우가 많다. 당연한 일이다. 그런데 어떤 지자체는 정말 현장의 목소리를 담아서 정책에 반영할 수 있도록 보내 주는가 하면, 어떤 지자체는 중앙부처에서 다 알아서 하면 되지, 라는 식으로 대충 해서 보내오는 곳도 있다. 지자체에서 현장의 목소리를 제대로 담아 주어야 정책이 제대로 나온다.

지방환경관서에 근무할 때, 매년 초 환경부에서 그해 년도 주요 업무를 설명하고 서로 소통하는 자리를 만드는 '신년 업무계획 설명회'가 지방환경관서에서 있었다. 환경부 직원들만 참여하는 것이 못내 아쉬워 '다음부터는 지방자치단체 환경정책부서 직원들도 초청하여 새해 업무에 대하여 상호 의견을 나눌 수 있었으면 좋겠다.'라는 건의를 한 적이 있다. 왜냐하면 중앙부처의 정책은 결국은 지방정부에서 집행되기 때문이다. 그렇기에 신년 업무계획에 대하여 서로가 인식을 공유하는 것은 아주 중요하다.

광역지자체에서 41년을 근무하다 지난해 퇴직한 실장님께서는 늘 중앙정부에 강원도의 열악한 지방재정 상황을 어필하다가 잘 안 되면 "중앙부처 직원들은 자치단체의 사정을 너무 모르고 또 이해하려 하지 않는다."라며 더러 불만도 하였다고 한다. 그런데 퇴직하고 곰곰이 생각해보니 자신 역시 그랬다는 것을 깨달았다고 하셨다.

"나 역시 광역지자체에서 일하면서 18개의 기초지자체에 대한 개

별적인 모든 상황을 고려하지 못하였어요. 또 내가 시청에 근무할 때도 20개 이상의 동별 상황을 크게 고려하지 않고요. 중앙정부도 다 나름대로 고충이 있고 그랬을 텐데 이해하려는 노력이 부족했어요. 지금 와서 생각해보면 미안하기도 하구요."

중앙부처에서 퇴직한 공직자들 중에서 지방정부를 이해하려는 노력이 부족했음을 아쉬워하는 분들도 있었다. 사실 중앙과 지방이 인사 교류를 통해 서로를 이해하려는 노력도 있지만 많이 부족한 것이 사실이다.

그리고 중앙부처에 근무할 때 이따금씩 안타까운 광경을 보곤 한다. 지자체 직원들이 각종 예산편성, 사업 인허가 등으로 중앙부처를 방문한다. 그때 가끔 느낀 것은 '갑'과 '을'의 모습이었다. 특히 지방재정이 열악한 지자체는 예산이 더욱 간절하기 때문인지 더 그런 모습이 보였던 것 같다. 오죽했으면 지방자치단체 공무원이 영업하러 온 것 같다는 생각이 다 들었을까? 모두 국가와 국민을 위해 일하는 같은 공무원이다. 단지, 중앙정부에서 일하느냐, 지방정부에서 일하느냐의 차이다. 중앙부처 직원들은 지방정부 공무원을 현장 전문가로서 정책 파트너로 생각하여 주고, 지방정부 공무원은 중앙정부 공무원을 정책입안자로서 현장 파트너로 인정하고 존중하는 모습을 더 보일 필요가 있다. 모두 그런 것은 아니었지만 일부에서 보이는 마치 '갑'과 '을'의 모습에서 안타깝고 아쉬운 마음에 언급해본다.

그리고 지자체에서 근무할 때 보았던 모습이다. 국가의 예산편성이나, 중앙부처의 주요사업에 대한 사업지역 지정, 사업 인허가로 지자체가 중앙부처와 협의를 할 때 정치인 등을 동원하는 경우가 왕왕 있다. 물론 지자체의 입장은 이해하지만, 일은 일이다. 즉, 일은 일로서 풀어야 한다. 일을 사람과 인맥, 그리고 정치로 연결시키는 것은 적정하지 않다고 본다. 모두가 그런 것은 아니었지만 좋은 방안이 아니라고 본다.

중앙정부와 지방정부, 국가공무원과 지방공무원, 몸으로 따지면 머리와 그리고 팔·다리 역할이다. 머리 따로, 그리고 팔·다리 따로 일 수 없다. 물론 국가사무와 자치단체 고유사무로 업무적으로 보면 구분이 가능한 것도 있지만 그것은 서로를 위한 존재 기능일 뿐 크게 보면 국가를 위하여, 국민과 주민을 위하여 유기적으로 협조하고, 상호 보완하여야 한다. 그러기 위하여 서로 존중하고, 그리고 소통을 위해 끊임없이 노력해야 한다.

사랑한다는 것은 관심을 갖는 것이며, 존중하는 것이다. 사랑한다는 것은 책임감을 느끼는 것이며 이해하는 것이다. 사랑하는 것은 주는 것이다. - 에리히 프롬

20

공직생활, 절반쯤 왔을 때
나만의 시간을 가져 볼 것을

지난해에 육아휴직을 하고 있는 여직원과 차를 한잔하였다. 그 직원은 30대 후반으로 공직생활을 10년 정도 했는데, 휴직하기 전에 가끔씩 나에게 일과 육아를 병행하기 힘들다며, 육아휴직에 대하여 자주 이야기를 나눈 적이 있다. 아마 그때 맡고 있던 일이 업무강도가 좀 센 편이었고, 야근도 아주 잦은 일이었다. 이따금씩 옆에서 지켜보면서 "육아휴직 하면 좋을 것 같아요. 아이들도 클 때가 있잖아요. 그 시기는 다시 오지 않아요. 뭐든지 다 시기가 있잖아요."라고 말해 주곤 했다.

어렵게 결정하여 휴직을 한 터라 잘 지내는지 보고 싶었다. 커피숍에는 아이를 데리고 나왔는데, 얼굴이 참으로 평온해 보였다. 아이는 커피숍 안의 놀이터에서 놀게 하고, 꽤나 오랫동안 이런저런 이야기를 나누었다.

"아이 크는 거, 매일 지켜보니까 참 좋아요. 조금 더 일찍 휴직을 할 것을 그랬어요. 아이와 지내면서 그간 너무 정신없이 살아온 날들을 돌아보기도 했어요. 왜 그리도 바쁘고 힘들게 살았는지, 아버님 생신인데 식사는 고사하고 전화도 못 드린 적이 있었어요. 매일 야근하고 집에 돌아가면 아이는 잠자고 있죠. 아이의 그 모습 보면서 눈물짓고 또 그 한숨은 얼마겠어요. 정말 소중한 것을 놓치고 살았는데, 이번에 다시 찾은 느낌이에요. 늘 선배께서, '휴직도 방법이에요. 돈이야 없으면 안 쓰면 그만이지만 아이와 함께할 수 있는 시간은 그 어떤 것과도 바꿀 수 없잖아요.'라시던 말이 이제야 이해가 됩니다. 그냥 아이 크는 거 지켜보며, 그간의 공직생활 10년도 차근차근 되돌아보고 있어요. 다시 공직으로 돌아가면 남은 공직생활 정말 의미 있게 보내고 싶어요. 선배님께서 지금 강의하는 '후회 없는 공직생활'처럼 말이에요."

나 또한 공직 기간 내내 쉬어 본 기억이 없다. 휴직은 고사하고 심지어 1년 동안에 갈 수 있는 법정휴가도 제대로 챙겨 본 기억이 한 번도 없다. 더 기가 막힌 것은 연가를 내고 사무실에 나와서 일했던 적도 있다. 아마 그때는 직원들의 연가 일수가 업무성과로 되어 있어서 성과를 위해 어쩔 수 없이 연가를 내고, 민원인 상대 등으로 사무실에서 일을 하는 것이다. 그런 날은 컴퓨터 화면에 '오늘은 연가입니다.'라는 문구가 계속하여 컴퓨터 모니터에 뜨던 기억이 난다. 아마 나와 같은 직원이 더러 있는 것으로 안다. 보통 사람들은 이해가 안 될 수도 있다. 그럼 어쩌겠는가? 방법이 없는 것을······.

공무원이 온전히 장기간 휴가를 갈 수 있는 상황은 내가 공직에 처음 들어 왔을 때보다 점점 힘들고 어려워지는 것이 사실이다. 지자체의 경우, 의회 행정사무감사(중앙부처의 국정감사), 예산편성, 산불조심 기간, 심지어 해수욕장 개장 기간에는 해수욕장근무로 여름휴가를 못 가는 직원도 있다. 중앙부처의 경우 국정감사 준비에서 수감까지 많게는 2개월씩 지속하는 업무가 적지 않다. 또한 예산편성과 심사, 결산은 연중으로 이어진다. 그러니 법정휴가를 다 갈 수 있는 것 자체가 무리다.

그러면 또 휴일은 쉴 수 있는가? 아니다. 앞에서 설명한 것처럼 설날 내내 폭설 때문에 근무를 하기도 하고, 큰비가 오고 바람이 심하면 주말이고 연휴고 상관없이 출근한다. 2009년도 설날 연휴기간 내내, 태백의 가뭄 때문에 하루도 쉬지 못하고 상황근무를 한 적도 있다. 난 공직 기간 중, 사업부서에 오래 근무했기 때문에 이처럼 여유 없는 생활 속에서 1주일 이상의 휴가는 쉽지 않은 것이 현실이었다.

지난해 말쯤에 인사혁신처에서 처장의 지시로 크리스마스에서 연말까지 하루 이상 연가를 내어 쉴 수 있도록 했다는 기사를 본 적이 있다. 매우 의미 있는 결정이라 본다.

퇴직하신 분들과 인터뷰하다 보면 자주 나오는 이야기가 있다.

"40대 초·중반쯤에 몇 개월 만이라도 나만의 시간을 가져 볼 것을, 하는 아쉬움이 남네. 늘 무거운 몸과 마음으로 30년 이상을 지내왔어. 그러다 보니 쉬는 것에 대한 두려움도 많았지. 1주일 이상 쉬면 세상이 어떻게 되는 줄 알았으니까. 그리고 그때는 지금처럼 휴직이란 제도가 많지도, 활성화되지도 않았던 시절이니까, 또 휴직하는 것 자체가 사치라고 여기던 시절이니까……"

사실 처음 이 책을 쓰기 위하여 퇴직하신 분들께 설문을 할 당시에는 설문지의 후회목록에 '공직 절반쯤 왔을 때 나만의 시간을 가져 볼 것을'이라는 항목은 없었다. 그런데 퇴직하신 공직자들이 추가로 작성한 후회의 내용에 '40대쯤에 멈추고 뒤돌아보라'라는 내용이 참으로 많았다. 인터뷰에서 어떤 선배께서는 이런 이야기를 해주셨다.

"바쁠 때 잠깐의 휴가가 그렇게 의미 있고 좋더니, 퇴직하고 이제는 매일 쉬고 매일 노니까 그런 것들이 의미가 없더군. 좀 허무하기도 하고……"

맞는 말씀이다. 40대는 정말 바쁜 시기이다. 사무실도 그렇고 가정도 그렇고. 오히려 그럴 때 가쁜 숨 고르면서 잠시 멈추고 한번 뒤돌아보는 것은 틀림없이 삶을 풍성하게 할 수 있을 것이다.

나도 공직생활 초창기에는 눈치 보느라 휴가나 휴직은 생각도 못하였고, 어느 순간부터는 바빠서 가지 못하는 경우가 많았다. 특히 우리나라 40대는 조직에서 중추적인 역할을 한다. 그러다 보니 40대에 나만의 시간을 가지고 잠시 쉬어 본다는 것은 정말 어려운 이야기다. 이제 공직자의 업무량은 민간기업 못지않다. 아니, 부처별로 차이는 있지만 정책부서는 정책부서대로 사업부서는 사업부서대로 민간기업보다 더 일이 많다고 본다. 그러기에 자기만의 시간을 가져 보라는 것이다.

나 또한 퇴직을 하고 4개월을 아무것도 하지 않고 쉬었다. 지금 생각해 보면 그 4개월의 시간이 나에게는 더없이 소중한 시간이었다. 나는 어디까지 와 있고, 또 어디로 갈 것이며, 또 무엇을 놓치고 달려왔는지, 또 앞으로 무엇을 준비하여 어디로 달려갈 것인지 나를 점검하는 귀중한 시간이었다.

최근 들어 베스트셀러 중 잠깐 멈추어 자신을 돌아보라는 메시지를 주는 책들이 많다. 즉, 더 멀리 가려면 잠시 쉬었다 가라는 것이다. 그 쉬는 기간 중에 이 길이 맞는지 정말 나는 지금 행복한지 한번쯤 뒤돌아보라는 내용의 책들이다. "인생의 절반쯤 왔을 때 뒤돌아보라"라는 말이다. 음악에 쉼표는 왜 있는가? 잠시 숨을 쉬어야 한다는 뜻이 아니겠는가? 마라톤에서 반환점이 왜 있는가? 여기까지가 절반이니까 페이스 조절하라고 있는 것이다. 고속도로 휴게소는 왜 일정한 간격으로 있는가? 달리다가 졸음이 오고, 피곤하면 잠시 쉬었다 가라는 것 아니겠는가? 우리의 삶도 마찬가지다. 인생의 절반쯤 왔을 때, 공직 절반쯤 지났을 때 한번은 뒤돌아볼 시간이 필요하다. 누구를 위해서 잠깐 멈추라고 하는가? 공직자 자신을 위해서, 그리고 다음으로 국민과 국가를 위해서 잠시 자신만의 시간을 가지라는 뜻이다. 늘 피곤하고 무거워 보이는 공직자를 보는 국민은 얼마나 힘들고, 피곤하겠는가? 또 그런 공직자가 하는 일의 효율이 얼마나 높을 수 있겠는가?

사회복지사 자격증을 취득하면서 선진국들의 직장인들은 잠깐 멈춤, 즉 휴직이나 안식년제 등을 어떻게 운영하는지 살펴본 적이 있다. 대부분의 선진국은 일정 기간 일을 하면, 본인이 선택하여 쉴 수 있도록 하고 있었다. 심지어 어떤 나라는 40대가 되면 의무적으로 일정 기간 쉬도록 하는 법안을 제정하려는 움직임도 있다. 선진국들은 왜 인생의 절반쯤 왔을 때 자기만의 시간을 가지도록 하는 것인가? 여러 가지 이유가 있겠지만 잠시 되돌아보며 점검하고 더 나은 미래를 만들어갈 수 있는 힘을 보충하라는 뜻이 아닐까 한다. 잠시 쉬면서 달려온 길에 무슨 성과가 있었는지, 무엇이 부족하였는지 점검하고, 다시 달릴 준비를 하라는 뜻이 아니겠는가.

아인슈타인은 성공의 법칙을 'S=X+Y+Z'라고 하였다. "성공(S)을 위해서는, 말을 많이 하지 말고(X), 지금 현재의 생활을 즐기며(Y), 여유 있는 쉼의 시간을 가져라(Z)."라는 것이다. 아마 나를 돌아보는 시간이 부족하다면 그만큼 나를 발전시킬 여지가 없다는 뜻이 아니겠는가?

40대 공직자들이여, 휴직이나 휴가가 어려우면 법정연가를 한꺼번에 쓰더라도 1개월 정도는 쉬어라. 머릿속에 가득 찬 걱정들을 비워야 하지 않겠는가? 핸드폰으로 연결된 숨 막히는 고리들을 한번 정도는 끊어야 하지 않겠는가? 인디언들조차 말을 타고 달리다 내 영혼이 따라오고 있는지 잠깐잠깐 멈춘다고 하질 않는가? 공직자여, 쉬어야 다시 달릴 수 있다.

휴식은 게으름을 피우는 게 아닙니다. 때로는 여름날 나무 아래서 잔디에 누워 보고 물의 속삭임을 듣기도 하고, 하늘 위를 가로질러 떠다니는 구름을 쳐다보는 것은 결코 시간 낭비가 아닙니다. - 존 러벅

인간의 모든 불행은 휴식할 줄 모르는 데서 생겨난다.
- 파스칼

안재필 실장님

실장님. 어느새 또 한해의 끝입니다. 늘 이맘때면
아쉽고, 안타깝습니다. 사람들은 그것을 "후회"라 하더군요.
그런데, 곰곰이 생각해보면, 그러한 "후회"도 열심히
달려온 사람만이 가질수 있는 감정이 아닐런지요.....

'15년 한해동안 고생 많으셨습니다. 애쓰셨습니다.
늘 실장님의 응원과 격려 덕분으로 백수생활 잘 적응하고
자랑하게, 멋지게 한해를 보냈답니다. 감사하고, 고맙습니다.
지나고 보니, "참으로 운이 좋았다" 라는 생각을 해봅니다.
'16년 병신년 한해 뜻하시는 많은 일들 모두 모두 이루시길
소원합니다. 또 건강하시고, 행복하세요.
늘 멋진 웃음으로 다시 뵙기를 고대합니다.
새해 福 많이 받으세요   - 김 금형 드림 -

마흔 살

안도현

내가 그동안 이 세상에 한 일이 있다면
소낙비같이 허둥대며 뛰어다닌 일
그리하여 세상의 바짓가랑이에 흙탕물 튀게 한 일
씨발, 세상의 입에서 욕 튀어나오게 한 일
쓰레기봉투로도 써먹지 못하고
물 한동이 퍼 담을 수 없는 몸, 그 무게 불린 일
병산서원 만대루 마룻바닥에 벌렁 드러누워
와이셔츠 단추 다섯 개를 풀자
곧바로 반성된다
때때로 울컥, 가슴을 치미는 것 때문에
흐르는 강물 위에 돌을 던지던 시절은 갔다
시절은 갔다, 라고 쓸 때
그때가 바야흐로 마흔 살이다
바람이 겨드랑이털을 가지고 놀게 내버려 두고
꾸역꾸역 나한테 명함을 건넨 자들의 이름을 모두 삭제하고 싶다
나에게는
나에게는 이제 외로운 일 좀 있어도 좋겠다

멈추라

소천

가던 길 멈추라
잘못 들어서지는 않았는지

하던 일 멈추라
잘못되지는 않았는지

보는 것 멈추라
못 볼 것 보지는 않는지

듣는 것 멈추라
듣지 말아야 할 소리는 아닌지

하던 말 멈춰라
안 할 말 하지는 않았는지

21

나의 퇴임식을
내가 직접 준비할 것을

나의 퇴임식을 마치고 집에 돌아왔다. 직원들께서 보내 준 선물과 편지를 꺼내 책상과 서랍장에 차곡차곡 정리를 하던 중에, 우리 과 직원들이 정성스럽게 만들어 준 사진첩과 응원편지를 읽다가 갑자기 눈물이 났다. 정말 한참이나 울었던 것 같다. 우는 이유는 알 수 없었다. 아마 감사하고, 고맙고, 그리고 미안했기 때문일 것이다. 어쩌면 다시는 돌아갈 수 없기에 더 슬펐는지도 모른다.

나의 퇴임식 날을 다시 회상해 본다. 아침, 마음은 가벼웠다. 세종시의 숙소에서 밤새 짐을 정리하느라 잠이 부족했지만, 또 업무 마무리로 야근이 잦아 몸은 무거웠지만 마음만큼은 가볍고 즐거웠다. 아침에 김 과장님께서 퇴임식에 못 갈 것 같다며 예쁜 꽃바구니를 가지고 오셨다. 환하게 웃어 주시며 그간 봉사활동을 같이 해준 것에 감사하다는 말씀을 해주셨다.

사무실로 가서 오전에 그간 감사했던 환경부 직원들에게 인사를 하고, 오후 3시 퇴임식장으로 향했다. 난 그저 간단하게 감사인사만 하는 그런 송별식 정도로만 생각하였다. 그런데 아니었다. 그리고 생각보다 굉장히 많은 직원들이 와 있었다. 누가 만들었는지, 나의 재직 동영상을 보면서 가슴이 먹먹했다. 퇴임식 시작부터 내내 울었던 길 연구관님은 두고두고 가슴에 남아 있다. 또 박 사무관께서 5장 분량의 나의 약력을 소개하는 동안 참 많이 웃었다. 아마 사무실 옆 짝으로서 많은 이야기를 나누었는데, 그 와중에 나의 생각과 성장과정에 대해서도 이야기 나누었고 그것을 고스란히 약력에 넣어 재미있게 만들었다. 지금도 가끔씩 퇴임식 때 박 사무관님을 통해 소개된 나의 약력을 보면서 웃음 짓는다. 그리고 박 사무관님에게 이 글을 통해서 감사의 말씀을 전한다.

퇴임식은 남 국장님의 송별사, 환경부 노동조합의 격려의 말씀, 그리고 나의 감사인사로 즐겁고, 멋지게 마무리되었다. 퇴임식 내내 울지 않았다. 환하게 웃었다.

남 국장님은 송별사에서 "늘 당당하고 용기 있는 모습이 좋았다. 짧은 기간 같이 근무했지만 거침없이 일하는 것을 보면서 든든했다. 젊어서 자신의 길을 가는 모습이 부럽다. 오늘은 축제의 날이다."라고 하셨다. 노동조합의 허 수석은 "그동안 우리 환경부를 근무하기 좋은 부처로 만드는 데 많은 애를 써 주셨다."며 나의 손을

들어 주었다. 퇴임식을 마치고 김 과장님과 우리 과 모든 직원들이 청사 정문까지 배웅을 나와 주셨다. 과장님께서 "남형 씨, 늘 고마웠어요. 앞으로 멋진 모습 기대할게요. 그리고 열심히 응원할게요."라며 나를 안아 주셨다. 눈물이 나왔지만 참았다. 대신 환하게 웃으며 "그동안 부족한 것이 많았는데, 늘 감사했습니다. 멋진 모습으로 다시 뵈러 오겠습니다."라며 인사드렸다. 그렇게 나의 멋진 퇴임식을 마쳤다.

퇴직한 뒤 힘이 들 때마다 나는 나의 퇴임식 동영상과 직원들이 보내 준 편지를 읽어 본다.

"그래, 힘을 내자. 지금 여기서 멈추면 퇴임식 날 나를 응원해 준 직원들을 앞으로 어떻게 볼 것인가?"

그리고 나는 "앞으로 내가 아는 분들의 퇴임식에 꼭 가 보리라.", 나 자신과 약속을 하였고, 지금도 그 약속을 지키고 있다.

"마지막이 아름다우면 모두 아름답다"고 한다. 나 또한 이 말에 공감한다. 그러기에 퇴직도 멋있게, 아름답게 하여야 한다. 30년 이상을 묵묵히 걸어온 길이기에 그 마지막은 더욱 아름다워야 한다. 퇴임식을 성대하게 하라는 이야기가 아니다. 의미 있고 기억에 남도록 하면 좋겠다는 뜻이다.

지난해 여러 퇴임식을 다녀 보았지만, 어떤 퇴임식은 부서 직원이 모여서 그냥 꽃다발 전달로 끝나는 경우가 있는 반면, 동료 직원들이 모두 참석하여 의미 있는 시간을 만들어 축하해 주는 퇴임식도 있었다. 또 어떤 퇴임식은 퇴직하시는 분께서 직접 기획하여 준비한 퇴임식도 있었다. 그 퇴임식은 모두모두 행복해 보였다.

퇴직한 선배님들과의 인터뷰 중에서 퇴임식을 이야기하는 분들이 많았다.

지난해 33년을 재직하고 명예퇴임하신 선배님을 뵈었다. 환한 얼굴이셨다. 그리고 본인의 퇴임식을 나에게 이야기해 주시면서 아주 행복해하셨다.

"퇴임식 날만 생각하면 행복하다네. 기관의 많은 직원이 와서 축하해 주고, 꽃다발도 많이 받고, 응원의 메시지도 들었다네. 특히 기억나는 것은 동료가 불러 준 축가였다네. 눈물이 나더군. 사실 공직에 있는 동안 주인으로 살아 본 기억이 없는데 퇴임식 날, 공직의 마지막 날에 정말 한번 주인공으로 살았다네. 지지고 볶고 싸우며 지냈던 동료들 모두가 그리 예쁘고 아름다울 수가 없더군. 행복했다네. 그리고 특히, 퇴임식에 참석한 아내와 아이들이 나를 자랑스러워

하였다네. 그간 우리 공직자들, 가족들에게 우리가 하는 일에 대하여 제대로 이야기하지 않고 살았지 않은가? 또 내가 하는 일에 대한 자긍심을 알리지도 않았고, 나 또한 그렇게 살았다네. 그런데 퇴임식 이후 아내가 그러더구먼. '당신 참 행복하게 살았네요. 그리고 당신이 자랑스러웠어요. 그동안 너무 고생 많았어요.' 그 말이 얼마나 고맙고 또 행복하던지…….''

나 또한 무슨 말인지 충분히 이해할 수 있을 것 같았다. 나의 퇴임식 날 같이한 동료들이 따뜻하게 나를 안아 준 그 느낌과 어쩌면 같지 않을까 한다. 선배님도 나처럼 외롭고, 우울할 때 퇴임식 동영상과 사진, 그리고 동료들의 응원의 편지를 읽어 보며 힘을 내신다고 한다.

어떤 퇴임식은 본인께서 직접 기획하고 준비하신 퇴임식도 있었다. 특히 퇴임식 마지막에 앞으로 살아갈 계획에 대하여 후배 공직자들에게 이야기하는 모습은 너무 인상적이었다.

언제부터인가 퇴임식을 간단하고 조촐하게 하는 것이 정례화되어 있다. 어떤 경우 퇴임식을 기관장의 방에서 차 한잔으로 마치는 경우도 보았다. 물론 20~30년 전 허례허식으로 치러진 퇴임식도 있었을 것이다. 또 그런 것들로 인하여 퇴임식이 간단하고 조촐하게 바뀌었다고 들었다.

이제 100세 시대다. 옛날처럼 퇴임 후 10년 정도 살다가 생을 마감하는 시대가 아니다. 그러기에 퇴임식은 정리하는 시간이자 다시 출발하는 시간이다. 인생 2막을 멋지게 출발하도록 남은 사람들이 응원해 주고 격려해 주는 것은 우리 사회가 반드시 해야 할 일이라고 본다.

퇴임식을 의미 있고, 기억나게 만들어 보자. 그리고 내가 기획하고 준비하여 그간 고생한 나를 위한 퇴임식을 만들어 보자. 다시 한번 말하지만 마지막이 아름다우면 전체가 아름다울 수 있다.

끝이 좋으면 모두가 좋다. - 셰익스피어

김남형 사무관 약력 소개

8.7. 생물다양성과

김남형 사무관의 그간 살아온 길을 소개하겠습니다.

○ 김남형 사무관은 경부고속도로가 개통되어 경제 발전이 태동하기 시작한 1970년 꽃 피는 음력 3월에 강원도 산골 어딘가에서 탄생하였다.

○ 강원도 산골의 정기를 받아 우람하게 자라난 김남형 사무관은 강원도 3대 명문고인 ○○고, ○○대학교를 매우 우수한 성적으로 졸업한 것으로 알려져 있다.

- 중략 -

○ 이제 김남형 사무관은 환경부를 떠난다.

○ 탁월한 장수를 떠나보내는 환경부가 해야 할 일은 조직의 능력, 시스템의 힘을 길러 더욱 아름다운 환경을 만들어 김남형 사무관과 국민에게 보답하는 일뿐이다.

○ 김남형 사무관은 공직생활을 통해 웃음치료사, 사회복지사로서 그리고 투철한 애국심과 애민정신을 발휘하여 사람과 민족과 자연을 사랑하고, 웃음과 사랑을 베풀어 주었다.

○ 건강한 강원도, 건강한 선거문화, 건강한 남북관계, 건강한 자연환경을 위해 헌신한 김남형 사무관은, 그러나 본인의 건강에는

신경을 쓰지 못하였다.

ㅇ 다른 이에게 베풀기만 하고 스스로와 가족에게는 베풀지 못했던 김남형 사무관은 장기간에 걸친 두통으로 말미암아 얼마 되지 않는 월급을 뇌 MRI 촬영에 소진하며, 가계에 큰 타격을 주기도 하였다.

- 퇴임식에 박정준 사무관인 읽어 내려간 재미난 나의 프로필의 일부

22

갈등을 회피하지 말고
정면으로 부딪혀 볼 것을

공직에 있으면 늘 안고 살아야 하는 것이 갈등 해결이다. 지역주민과의 갈등, 사업자와의 갈등, 시민사회단체와의 갈등, 그리고 조직 내부의 갈등 등 어쩌면 항상 갈등이 존재하고, 갈등을 해결하는 것 자체가 일인지도 모른다. 그런데 또 우리나라처럼 갈등을 해결하는 데 엄청난 에너지를 써야 하는 나라도 드물 것이다. 나도 공직에 있으면서 다양한 갈등의 현장에 있었지만, 정말 어떤 갈등은 그 당사자가 목숨을 걸고 싸우는 경우도 있기 때문에 갈등은 또 다른 갈등을 낳고, 그 갈등을 해결하면 누구도 승자가 없는 경우도 다반사다. 이따금씩 이러한 갈등은 행정을 무기력하게 할 때가 있다.

그런데 그들이 목숨을 걸고 싸워야 하는 상황까지 가도록 만든 나 자신에게도 많은 질책을 한 적이 있다.

1998년 송정동사무소에서 건축업무를 담당할 때다. 건축업무는 민원이 많고 그에 따른 갈등도 많다. 그것도 그럴 것이 일조권, 토지 경계선 침범, 통행권 확보 등으로 이해관계가 얽혀 있기 쉽기 때문이다. 한번은 주택 건축신고가 접수되어 서류를 검토한 후 현장을 방문하여 경계선을 정확하게 확정해 주고서는 절대로 경계선을 넘지 않도록 당부하였다. 그런데 신축 과정에서 이웃집과 경계선으로 갈등이 초래되고, 나에게 전화가 왔다. 일주일에 한두 번은 반드시 건축신고 현장을 방문하였고 또 늘 신경을 쓰고 있던 터라, 주민 간 갈등이 이해가 되지 않았다. 현장에 가 보니, 주말에 공사를 한 지붕 처마가 도로경계선을 넘었고, 이것 때문에 이웃 간 다툼이 생긴 것이다. 아마 건축주와 이웃집은 평소에도 사이가 좋지 않았던 것 같다.

나는 건축사업주에게 도로경계선을 침범하여 시공한 지붕구조물을 원상복구 하라고 명령하고, 건축주도 나에게 그렇게 하겠노라고 약속을 하였다. 그러나 건축주는 약속을 차일피일 미루고 지키지 않았고, 나는 바로 행정대집행을 추진하여 이를 집행하던 차에 건축주가 자진해서 철거하여 해결할 수 있었다. 그 당시 그러한 갈등이 몇 건 더 있었는데, 이런 식으로 바로바로 집행해 버렸다. 대집행을 집행할 당시에는 갈등이 증가하여 조금 힘들지만, 결국은 모든 것이 정상으로 돌아온다. 그리고 나는 건축신고의 경우에는 더 자주 현장 확인을 나갔고, 그 덕에 사전에 갈등을 많이 예방할 수 있었다. 아주 작은 갈등이었지만 그때 나는 느낄 수 있었다. '갈등과 민원은 그 속으로 들어가 정면으로 부딪혀야 한다.'는 것을.

2006년 통일부 동해선 남북출입사무소에 근무하면서 철도·도로 사업지역에 묘역 이전사업으로 인한 갈등이 심하였던 기억을 떠올려 본다. 남북철도 공용야드 사업장에 위치한 무명용사 묘역을 이전하기로 해당 군부대와 합의를 마쳤으나 그 지역에 국가기관의 연수원이 입주하는 것으로 변경되어 발생한 갈등이었는데, 너무 첨예하게 대립되어 거의 1년을 지자체와 군부대와 국방부, 보훈단체를 쫓아다니면서 결국은 해결을 하였다.

그때 보훈단체와의 갈등이 얼마나 심했는지 지금도 생생하게 기억이 난다. 그때 보훈단체 사무국장께서 나에게 이런 말씀을 하였다. "남형 씨, 지금의 상황은 서로 각자의 존재 이유를 가지고 갈등하는 상황입니다. 그러니까 정신 똑바로 차리고 해결해 주셔야 합니다. 자칫하다가 더 큰 분란이 생길 수 있습니다." 다행히 나중에 서로가 조금씩 양보하여 갈등은 마무리되었지만, 이 업무를 담당하면서 갈등이 있을 때 눈감지 말고 정면으로 응시하고, 그리고 갈등의 중심으로 들어가야지만 그 해결방안이 보인다는 것을 알았다. 갈등의 대부분은 이해관계에서 나오고 그 중심은 돈이다. 그렇기 때문에 갈등을 방치하면 특성상 점점 커지게 마련이다. 물론 시간이 필요한 갈등도 있다. 그러나 그것은 방치와 다르다. 공직사회에서 갈등을 잘 해결하는 공직자를 본 적이 있다. 그 직원도 역시 갈등의 중심으로, 폭풍의 중심으로 두렵지만 뚜벅뚜벅 걸어가는 길만이 해결방안이라고 하였다.

지자체에서 환경과장으로 근무하다 퇴직하신 김 선배님과의 인터뷰를 하면서 아주 재미난 이야기를 들을 수 있었다. "남형 씨, 공무원이 갈등을 잘 해결하려면 술을 잘 먹어야 합니다. 특히 주민과의 갈등 해결에는 술이, 아니 막걸리가 반드시 필요하죠." 하면서 이야기보따리를 풀어 놓으셨다.

"쓰레기 매립장의 사용 연한이 도래하여 다른 부지를 물색하여도 없는 거예요. 알잖아요, 쓰레기 매립장 하나 만들려면 얼마나 힘든지. 당초에 조성할 때 담당자로 한번 경험해 보았지만, 쓰레기 매립장 조성사업을 추진하다가 지역주민들로부터 계란세례도 받았고, 주민들 설득하러 마을에 갔다가 분변을 맞은 적도 있었죠. 도저히 새로운 매립장을 조성할 부지를 찾기가 어려워서 기존 매립장의 사용 연한을 반영구적으로 연장하는 것으로 방향을 잡았죠. 어휴, 지역주민의 반발이 얼마나 거세던지 처음 조성할 때보다 더 힘들었죠. 처음에는 주민들이 아예 우리를 상대해 주지 않았죠. 그래도 매일 그 마을을 찾아가 보상에 관한 이야기, 마을발전에 대한 이야기 등을 했어요. 그랬더니 하루는 대책위원장이 막걸리를 한 대야 내오면서 술 한번 먹자고 하는 거예요. 정말 엄청 먹었어요. 업혀서 집으로 돌아왔죠. 그리고 또 다음 날도 그랬고, 또 다음 날도 그랬죠. 그러던 어느 날 마을주민들이 마음을 열더군요. 그리고 그 사업은 잘 마무리되었어요. 아마 알코올 중독 직전에 주민들과 합의를 하였죠. 마을 주민들이 그러더군요. 주민들을 위한 진정성이 보였다고, 술도 약한 과장님, 그리고 직원들의 악착같은 노력이 보였다고, 그래서 믿을 수 있을 것 같다고 하더군요. 정말 다시 하라면 절대로 못할 것 같아요. 갈등의 해결방법은 여러 가지예요. 그런데 그 무엇보다 중요한 것은 신뢰를 쌓는 겁니다. 주민과 행정 간의 신뢰……."

원주지방환경청에서 환경영향평가를 담당할 때의 일이다. 에너지단지가 조성되는 지역의 주민을 단체로 이주하는 '작진마을 이주단지 조성사업'에 갈등이 있었다. 사업자 및 지자체가 조성하려는 이주단지지역은 환경적으로 민감한 지역이라 당초의 계획대로 개발사업을 하기는 어려웠다. 그래서 나는 사업의 축소 또는 변경을 요구하였다. 그러나 이미 사업자와 지자체는 주민들과 협약을 통해 조성을 약속한 만큼 당초 계획안으로 시행하기를 원하였으며, 그로 인해 갈등이 심화되었다. 주민들이 수시로 사무실을 항의 방문하고, 단체로 방문하여 대책을 요구하기도 하였다. 대회의실에서 주민들과 언쟁도 몇 번이나 하였다. 주민들의 입장도 이해는 되었다. 국책사업으로 생활터전을 잃고 다른 곳으로 이주하여야 하는 마음이야 오죽하겠는가? 그렇다고 기준과 원칙을 어길 수도 없었다.

나는 이주단지 사업계획을 확정하면서 환경영향평가 대상 사업임에도 불구하고 환경청과 사전에 협의를 하지 않은 사업자와 지자체에도 문제가 있음을 주민들에게 주지시켜 드렸다. 그 부분에 대하여는 사업자 및 지자체에서도 사전에 협의를 하지 못한 것에 대한 양해말씀을 전해 왔으며, 그럴 수밖에 없는 이유도 또한 전해 왔다. 나는 서로가 조금씩 이해하고 양보하는 계획안을 내놓았고, 조성 사업자가 추가로 부지를 매입하고 환경민감지역은 적정하게 보존하는 것으로 토지이용계획안을 변경하여 사업이 확정되고 갈등이 해결되었다.

사실 이 사업의 갈등을 해결하면서 주민들과 언성을 높이며 많이 싸우기도 하였다. 모든 것이 해결되고 이주대책위원장께서 나에게 "난 살면서 남형 씨 같은 공무원 처음 봅니다. 우리가 그렇게 소리쳐도 어떻게 한 발짝도 물러서지 않습니까? 그래도 서로가 조금씩 양보하여 잘 조정을 해 주어서 고맙습니다."라며 말했고, 우리는 웃으며 헤어진 것이 기억난다. 지금도 이 문제를 같이 해결한 이 선생님과 그때의 일들에 대하여 이야기하며 웃음 짓는다.

대부분의 갈등이 그렇다. 사전에 충분한 협의만 해도 갈등의 절반 이상은 없을 것이다. 그리고 그 당시 기관장이셨던 두 분의 청장님을 기억한다. 참으로 갈등 해결을 잘하셨던 분이다. 그 당시 강원지역은 골프장 개발, 동계올림픽 유치 및 낙후지역인 접경지역 개발로 인한 개발사업, 폐기물사업장 조성으로 정말 갈등이 심하였다. 어떤 경우는 일주일에 3일을 청사를 방문한 시위대에 대응하느라 1주일 내내 일을 제대로 하지 못하는 경우도 있었다. 갈등의 원인도 다양하였다. 님비NYMBY현상, 지자체 및 사업자 간 소통 부족, 지자체 및 환경청 간의 소통 부족도 있었으며 이를 해결하고자 나선 정치권이 어떤 경우엔 갈등을 더 꼬이게 하는 상황도 초래하곤 하였다.

그 당시 두 분의 환경청장은 법과 원칙을 지키되, 주민들과는 무조건 대화한다는 생각을 가지셨던 분이었다. 지금도 기억나는 것은 아침 10시에 찾아와 밤 12시에 돌아간 주민들과 이야기를 나누느라 식사를 거르기도 하셨다. "주민들도 힘들고 배고픈데, 나만 먹을 수 있느냐."며, 10시간 이상 자리를 비우지 않으시고 주민들과 이야기하는 모습을 보면서 기관장으로서 또 공직자로서 솔선수범의 모습이 너무 좋았다. 또 나 같은 후배 공무원들이 갈등 해결을 위해 무엇을 어떻게 해야 하는지 몸소 보여 준 것이었다.

그분들이 말하는 갈등 해결의 첫 번째 방안은 "어떤 악조건 속에서도 갈등 당사자와 이야기 나눈다."였으며, 두 번째로 "원칙은 반드시 가지고 있되, 서로에게 윈-윈 하는 방안을 계속하여 찾는다."였다. 두 번째는 누구나 할 수 있는 일이지만, 첫 번째는 사실 지키기 어렵다. 왜냐하면 갈등의 당사자와 이야기하다 보면 더 악화되는 경우가 많기 때문이다. 또한, 언쟁을 하다 보면 평정심을 지키기가 어렵다. 나 또한 갈등의 현장에서 감정이 폭발하여 나중에 힘들었던 기억이 있다. 두 분의 기관장의 공통적인 특징은 갈등이 생기면 회피하거나 미루지 않으셨다. 갈등의 중심으로 가셨다. 그리고 갈등을 가급적 해결하셨다. 두 분의 기관장님은 모두 같은 말을 내게 하셨다.

"남형 씨, 갈등은 내가 있을 때 끝내야지, 그게 모두에게 좋아요."

지금은 퇴임하셨지만 환경부에 근무할 때 내가 좋아한 전 서기관님이라고 계셨다. 참으로 갈등 해결의 달인이셨다. 나의 업무 중에 갈등이 심한 사업이 있었는데, 한번은 내게 전화를 하셔서 "남형 씨, 그 사업에 대한 갈등을 해결하려면, 우선 남형 씨가 그 분야의 최고 전문가가 되어야 합니다. 그리고 필요하면 밤을 새워서라도 끝장토론을 한번 해보고, 난상토론도 해봐요. 갈등의 당사자와 같이 술도 한번 제대로 먹어 봐요. 쉽게 말해 너 죽고, 나 죽자 식으로 한번 해봐요. 그러다 보면 마음이 열리고 또 해결방안이 나옵니다. 갈등 당사자는 생계가 걸린, 즉 목숨이 걸린 문제잖아요. 해결하려면 나도 무엇인가를 걸고 제대로 한번 붙어야죠."

퇴직하신 선배님들과의 인터뷰 중에서 선배님들이 자랑삼아 신나게 이야기하는 것의 대부분이 갈등 해결에 대한 사례들이었다. 당연한 것이리라. 공직이란 곳이 갈등을 해결하면서 업무를 배우고 그리고 성장하기 때문이리라. 갈등을 해결해 본 사람이 하는 말 중에는 공통점이 있다. 바로 인내와 끈질김이다.

퇴직하고 나서 생각해 보니, 내가 가지고 있는 지금의 '깡'도 공직에 있을 때 갈등을 해결하면서 배운 학습결과 중에 하나다. 계란세례를 받아 보고, 주민에게 멱살도 잡혀 보고, 100명이나 되는 시위대 중간에 들어가 물병세례도 받아 보면서 참을성도 많이 배웠고, 또 두려움을 용기로 바꾸는 법도 배웠다.

공직자들이여, 지금 갈등의 중심에 서 있는가? 그러면 지금 그대는 성장하고 있는 중이다. 그 갈등이 언젠가 그대를 더 큰 세상으로 인도할 것이다. 반드시 그렇게 되리라 믿는다.

위험들

자넷 랜드

웃는 것은 바보처럼 보이는 위험을 감수하는 것이다.
우는 것은 감상적으로 보이는 위험을 감수하는 것이다.
타인에게 다가가는 것은 휘말리는 위험을 감수하는 것이다.
감정을 표현하는 것은 진정한 자신을 드러내는 위험을 감수하는 것이다.
자신의 생각과 꿈을 대중 앞에 내보이는 것은
그것을 잃어버리는 위험을 감수하는 것이다.
사랑하는 것은 답례로 사랑 받지 못하는 위험을 감수하는 것이다.
사는 것은 죽는 위험을 감수하는 것이다.
희망하는 것은 절망하는 위험을 감수하는 것이다.
시도하는 것은 실패하는 위험을 감수하는 것이다.

그러나 위험은 감수해야 하는 것이다.
삶에서 가장 큰 위험은
아무 위험을 감수하지 않는 것이다.

아무 위험을 감수하지 않는 사람은

아무것도 하지 않고, 아무것도 갖지 않고,
아무것도 아니다.
그 사람은 고통과 슬픔을 피할 수 있을지 모르지만
전혀 배울 수도, 느낄 수도, 바꿀 수도,
성장할 수도, 사랑할 수도, 살 수도 없다.

확실성의 사슬로 매여 있다면, 그 사람은 노예다.
그 사람은 자신의 자유를 박탈당했다.
오직 위험을 감수하는 사람만이 진정으로 자유롭다.

- 〈천국으로 가는 시〉 중에서

23

국민의 세금,
예산을 아껴 쓸 것을

매년 연말에 인도의 보도블록을 교체하는 것을 보면 이런 말을 하는 분들이 있다. "에구, 또 예산이 남는구먼, 멀쩡한 보도블록을 교체하는 것 보니, 세금 내는 것이 아깝다 아까워……."

공직에 있으면 '세금'이란 단어를 참 많이 듣는다. 지자체에 근무하면서 주민들로부터 가장 많이 들었던 말이 아마 "내가 낸 세금으로 너희들 봉급 주잖아."였다. 그러면 이따금씩 나도 이런 말을 하곤 한다.

"나도 세금 냅니다." ^-^

공직에 있으면서 "공무원은 국민에게 봉사해야 한다."라는 말에 대하여 늘 그 의미를 고민하였다. '봉사'의 사전적 의미는 누구를 위하여 자신을 돌보지 않고 힘을 다한다는 뜻이다. '그럼 봉사의 대상은 누구인가? 당연히 국민이다. 그 이유는 세금을 내고 우리는 그 세금으로 봉급을 받기 때문이다.'라는 생각을 나는 오랫동안 가지고 있었다. 그리고 언제부터인가 봉사의 대상인 국민에게 내가 조금이라도 덜 미안한 마음을 가지는 방법은 무엇일까?, 고민하기 시작했다. 당연히 열심히 일하는 것이다. 그건 너무나 당연한 일이다. 열심히 일하는 것, 다음으로 내가 선택한 것이 예산을 아껴 쓰는 것이었다. 물론 이런 생각은 공직을 그만두기 얼마 전부터 가졌던 것이라 못내 아쉬웠다.

현직에 있을 때도, 퇴직한 후에도 자주 뵙고 대화를 나누는 동물보호단체 조 사무국장께서 이따금씩 나에게 하시는 말씀이 있다.

"남형 씨, 공직사회 얼마나 일하기 좋습니까? 예산 있겠다, 주변에 전문가 있겠다, 정말 철학과 사명감만 있으면 이것처럼 좋은 직업이 어디 있어요."

나는 그 말씀을 들을 때마다, 모두 맞는 말씀이지만 특히, '예산'에 대해 다시금 깊이 생각하게 된다. 그리고 지나온 공직사회를 돌아보면서 나는 국민이 낸 세금, 예산을 어떻게 사용하였는지 혹 낭비한 적은 없는지 반성하곤 한다.

예산집행, 하면 늘 기억나는 일이 있다. 공직사회는 늘 연말이면 업무성과를 마무리하고 다음년도 업무계획을 수립하기 위하여 바쁘다. 그리고 성과 마무리와 새로운 업무계획을 위하여 전문가 집단

및 관계자들과 워크숍 등을 통해 소통의 시간을 갖는데, 그때 워크숍에 참여하는 외부 참가자에게는 참가 기념품을 제공하곤 한다.

그해, 나는 워크숍 계획을 수립하면서 사용예산을 파악해 보니 충분하였다. 그래서 4만 원 상당의 기념품을 지급하는 것으로 계획을 수립하여 황 과장님께 말씀을 드렸더니, "남형 씨, 기념품 너무 비싼 것 아니에요? 서로에게 부담이 되지 않는 것으로 하면 좋을 것 같아요." 하시는 것이다. 그래서 다시 한 번 고민하여 2만 원 정도의 기념품으로 변경하여 말씀드렸는데 과장님께서는 "기념품은 만 원 정도의 간단한 것으로 합시다."라시며 이번에도 반대하셨다. 내가 "과장님, 예산이 충분히 있는데요. 그래도 2만 원 정도는 되어야 하지 않을까요?"라고 말씀드렸더니, 과장님께서 이렇게 이야기하셨다.

"남형 씨, 나는 기념품의 가격 때문에 그런 것이 아닙니다. 예산이 있다고, 그것도 연말이라서 불용해서는 안 되니까, 써야 한다는 생각에 대해 반대하는 겁니다. 당연히 필요하면 값비싼 기념품도 구입해야 하지요. 그러나 국민이 낸 세금이잖아요. 의미 있게 씁시다. 그리고 남으면 불용시키면 되잖아요."

그 이후로 나는 예산을 사용할 때 늘 한 번 더 고민하고 사용하는 버릇을 가졌다.

위의 사례를 보고 혹시 "예산이 아주 풍족하구나."라고 생각할 수도 있을 것이다. 예산이 많다거나, 충분하다는 뜻이 아니다. 공직 생활 내내 늘 예산은 부족하였다. 공직에 처음 들어 왔을 때는 특근매식비가 부족하여 야근을 하면서도 개인 돈으로 저녁을 사 먹었던 적이 있었다. 회식을 하고 나면 예산이 부족하여 직원들에게 갹출했던 기억도 있다. 그런데 어쩌면 부족하였던 그때가 예산을 더 아끼고 소중하게 생각했던 것 같다.

중앙선거관리위원회 근무할 때 예산을 아껴 쓰시던 한 국장님께서 하신 말씀이 기억난다. "남형 씨. 선관위는 선거 때가 아니면 예산이 거의 없었어요. 그러다 보니 선거가 없는 해에는 출장을 자비로 다닌 적도 있었어요. 그렇게 지내다 보니 예산의 소중함을 저절로 알겠더군요. 그래서 내가 남형 씨에게 예산 아껴 쓰라, 아껴 쓰라 이야기하는 것도 그 버릇인 듯싶어요."

언젠가 퇴직한 한 선배님께서 인터뷰에서 아주 재미난 이야기를 해주셨다.

"1980년대 후반, 1990년대 초반에 내가 지자체 회계과에 근무할 때의 과장님과 계장님께서 아주 검소한 분이었어요. 예산을 낭비하는 것은 절대 넘어가지 않으셨어요. 늘 하시는 말씀이 회계부서 직원이 예산을 낭비하면 타 부서 직원들에게 예산을 아껴 쓰라는 말을 어떻게 하느냐면서 예산 절약에 대하여 늘 입버릇처럼 말씀하셨죠. 그리고 비리에 대하여도 아주 단호하였죠. 지금은 공개경쟁 입찰을 하면 예정가격을 정하는 복수예비가격을 공개하잖아요. 그 당시만 하여도 입찰에 기준이 되는 예정가격을 공개하지 않았어요. 즉, 비밀이었죠. 누설이 되면 절대 안 되는 거였죠. 예정가격을 사전에 누군가에게 알려 주었다가 파면이나 해임을 당하는 공직자도 있었으니까요. 그런데 입찰이 있는 전날이면 과장님께서 용도계장님, 그리고 용도계(계약담당 부서) 직원을 불러 저녁과 막걸리를 드셨어요. 그리고 거의 12시가 되어서야 집에 들어갔어요. 아마 늘 그랬던 것 같아요. 그러던 어느 날 우린 그 사실을 알았죠. 입찰 전날에만 왜 항상 밤늦게까지 우리를 잡아 두셨는지……. 바로 예정가격이 누설되지 않도록 과장님이 직원들과 함께 있었던 거였어요. 예정가격조서는 늘 입찰전날 오후 늦게 작성하였거든요. 직원을 의심하는 것이 아니라 만일의 상황에 대비하는 거였어요. 그 당시만 하여도 핸드폰이 없었던 시절이니까요. 과장님과 계장님은 당연히 우리 직원을 믿지만 만에 하나라도 예정가격이 누출되는 일이 발생하면 그날 저녁은 다 같이 있었기 때문에 우리 모두의 책임이라는 것을 인식시키고 싶었던 거예요. 즉, 그만큼 우리 직원들을 사랑하고 또 국가 예산을 아끼시려고 노력하셨지요. 이따금씩 그 과장님, 계장님이 생각이 나곤 합니다."

이 이야기를 하시면서 선배님은 한참이나 웃었다.

지자체에서 근무할 때 예산을 참으로 소중히 사용하는 분과 같이 근무한 적이 있다. 사무기기 등이 내용연수가 지났어도 사용할 만하면 바꾸지 않으신다. 관외 출장도 무조건 대중교통을 이용하셨다. 본인께서는 대중교통이 편하다고 이야기하지만 예산을 아끼고, 환경을 생각하기에 대중교통을 이용하시는 것을 난 알고 있다. 본인에게 지급되는 피복비는 아끼고 환경미화원, 산불감시원 등 현장에서 힘들게 일하는 분들에게 지급하는 옷은 따뜻하고 좋은 근무복을 사 주신다. 그분께서는 이따금씩 나에게 말씀하곤 하셨다.

"남형 씨, 우리 국민이 세금 내는 것을 많이 싫어하잖아요. 어쩌면 그 이유가 우리 공무원에게 있는지도 몰라요. 그렇기 때문에 우리가 더 열심히 일해야 하고, 예산을 더 아껴 써야 하지 않을까 해요. 내 돈처럼 말입니다."

난 공무원 재직 기간 동안 회계업무를 적지 않게 담당하였다. 회계담당을 할 때는 직원들에게 예산을 아껴 쓰라고 하면서, 막상 사업부서에 가서는 그러지 못했다. 이제 와 생각하니 후회가 된다.

퇴직한 선배님 중 사업을 일구시는 분들이 계시는데, 가끔 세금 이야기를 하셨다.

"사업을 하다 보니 우리나라에는 세금이 참 많다는 것을 알았어요. 법인세, 소득세, 종합소득세……, 공직에 있을 때야 잘 몰랐지. 단지 사업하는 사람들, 봉급쟁이들의 세금저항이 거세다는 정도만 알고 있었는데, 막상 내가 사업을 해보니까 또 다른 생각이 들더군요. 그래서 나는 공직자들에게 부탁드리고 싶어요. 예산 아껴 쓰시라고요. 내가 쓰는 예산이 국민의 호주머니에서 나온 것이니까 한 번만 더 생각하고 써 달라고 부탁하고 싶어요."

예산을 아낀다는 것은 그만큼 국민을 한 번 더 생각한다는 뜻이리라. 경상예산은 중앙정부나 지방정부 모두 예산을 집행하는 시스템이 잘 마련되어 있어 낭비나 또는 비리를 사전에 차단할 수 있도록 되어 있다. 이제는 사업예산에 대하여도 국가 전체적으로 한번은 점검해 볼 필요가 있다. 물론 사업예산이야 돌발변수가 있지만 당초에 예측하지 못한 사항 때문에 사업이 장기간 표류되면서 예산이 낭비되는 경우가 더러 있다. 내가 담당한 사업도 이와 유사한 경우가 있었다. 앞으로 이러한 부분을 예방할 수 있는 시스템 마련이 필요해 보인다.

2016년 1월 1일에 개정 시행된 공무원 헌장을 읽어 보다 마지막 문구가 눈에 크게 들어 왔다.

"청렴을 생활화하고 규범과 건정한 상식에 따라 행동한다."

공무원 헌장

우리는 자랑스러운 대한민국의 공무원이다.

우리는 헌법이 지향하는 가치를 실현하며 국가에 헌신하고 국민에게 봉사한다.

우리는 국민의 안녕과 행복을 추구하고 조국의 평화 통일과 지속 가능한 발전에 기여한다.

이에 굳은 각오와 다짐으로 다음을 실천한다.

하나. 공익을 우선시하며 투명하고 공정하게 맡은 바 책임을 다한다.

하나. 창의성과 전문성을 바탕으로 업무를 적극적으로 수행한다.

하나. 우리 사회의 다양성을 존중하고 국민과 함께하는 민주 행정을 구현한다.

하나. 청렴을 생활화하고 규범과 건전한 상식에 따라 행동한다.

민원서류,
하루라도 더 빨리 처리할 것을

퇴직하고 나서 민원서류를 신청한 적이 있다. 처리기한이 14일이었기에 당연히 기한인 14일에 맞추어 수리受理가 될 줄 알았다. 그런데 10일 만에 처리가 된 것이다. 그래서 담당자분에게 감사하다고 전화를 드렸더니, "더 빨리 해드렸어야 하는데, 요즘 일이 밀려서……, 다음에는 더 빨리 해드릴게요."라며 웃으셨다. 그 전화를 끊고 나서 나는 공직에 있을 때 민원서류 얼마나 공을 들이고, 또 얼마나 빨리 처리해 드렸는지 되돌아보았다.

공직생활 초기에는 민원서류를 우선하여 처리하였다. 건축업무를 담당할 때도 그러하였고, 회계업무를 처리할 때도 그러하였다. 민원서류가 접수되면 바로 다음 날 현장을 나가 이를 확인하고, 처리방안을 고민하였으니 그 당시에만 하여도 민원인들이 나를 좋아하였다. 또 회계를 담당할 때도 각종 대금 청구가 들어오면 바로 결재를 받아, 대금 지급을 하였다. 오죽했으면 과장께서 "대한민국에서 각종 대금을 제일 빨리 지급해 주는 공무원"이라고 했을까. 아마 그때는 이렇게 생각했던 것 같다.

"나의 하루와 민원인의 하루는 다를 것이다. 내가 민원인에게 감사하다는 말을 듣는 방법은 하나뿐이다. 하루라도 빨리 처리해 드리자."

공직에 있는 동안 내가 부서 이동을 할 때마다 나에게 예쁘고 작은 화분을 보내 주시는 분이 있다. 그분은 시설공사 계약업체를 운영하시는 분으로, 공사가 완료되어 준공서류를 접수하셨는데 그 당시가 IMF로 건설업체가 많이 힘들 때였다.

그분은 대금 청구서를 접수하면서 "요즘 많이 힘듭니다. 장비대금도 줘야 하고, 함바집 밥값도 드려야 하구요, 어음도 막아야 하는데 공사대금, 빨리 주시면 너무 고맙겠습니다."라며 부탁, 부탁을 하고 가셨다. 난 늘 하던 대로 빨리 처리해 드렸고, 그것이 감사했는지 그 부서를 떠나 아무 상관없는 부서에 가 있어도 안부전화를 걸어 주시고, 또 가끔 사무실에 들러 차 한잔 같이 하며 "김 주사님, 그때 준공대금을 빨리 처리해 주셔서 어음도 막고, 사람들에게 신뢰를 잃지 않았습니다. 지금은 사업이 그럭저럭 잘됩니다. 모두 김 주사님 덕분입니다. 작게는 저에게 은인입니다……"라고 말씀해 주시곤 하셨다. 이렇게 항상 나의 기억 속에 좋은 추억으로 남아 있는 분이다.

그 사업자에게 내가 좋게 기억되듯이 나 역시 민원서류 또는 민원인을 어떻게 대하여야 하는지 알게 해준 분이기 때문이다. 당연히 내가 해야 되는 일인데, 작은 정성만 담았을 뿐인데 누군가에게는 엄청난 은혜가 될 수 있구나, 하는 생각을 하게 해준 계기였다.

그런데 공직근무 기간이 길어지면 길어질수록 그 생각은 어디론가 사라지고, 늘 허덕이며 민원서류를 처리하곤 하였다. 14일 처리기한 민원은 14일 만에, 30일 처리기한 민원은 30일 만에……. 나중에는 처리기한을 하루, 이틀 초과한 적도 있었다. 그러다 보니 그런 민원인에게 내가 기억될 리도 없거니와 나 또한 그 일이 즐겁지 않았다.

지난해 지자체 공무원을 대상으로 강의를 하면서 질문을 한 적이 있다.

"오늘 신청되어 있는 처리기한 7일의 민원서류가 있고, 또 상급자가 작성하라고 지시한 보고서가 있습니다. 민원서류는 검토하고 처리하는 데 하루 정도가 소요되고, 상급자가 지시한 보고서도 작성하는 데 하루 정도가 소요됩니다. 여러분은 어떤 업무를 먼저 처리하십니까?"

그렇다면 공직생활 동안 나는 이런 경우 어떤 일을 먼저 처리했을까? 아마 상급자의 보고서를 먼저 처리했던 것 같다. 그것도 너무나 당연하게……. 퇴직하고 나서 내가 가장 후회하는 부분 중 하나다. 상황에 따라 민원서류를 먼저 처리해 주기도 하고, 상급자의 보고서를 먼저 처리하여 주기도 했어야 했는데 내 기억에는 늘 상급자가 지시한 보고서를 먼저 처리한 기억이 많다.

왜 그랬을까? 퇴직하기 전부터 10년을 거의 민원업무와 사업부서에만 근무하였다. 그러다 보니 민원서류는 늘 안고 살았고 그것이 일상이다 보니 "처리기한 안에만 처리하면 되지."라는 생각을 했던 것 같다. 심지어는 노력하면 기한 내 처리할 수 있음에도 불구하고 처리기한까지 미룬 적도 있다. 전자시스템으로 요청하는 정보공개 요구 등 전자민원은 검토도 하지 않고 있다가 처리기한이 다가오면 자연스럽게 처리기한을 연장한 적도 있다. 그것도 언제부터인가 버릇처럼 되었다. 그렇다고 처리기한을 넘기지는 않았지만 민원서류를 빨리 처리하여 주는 것이 그들에게는 얼마나 중요한지 알면서도 그랬던 것이다.

원주지방환경청에서 환경영향평가업무를 담당할 때다. 사업자가 환경영향평가 협의서를 협의요청하면서 늘 하는 말이 있다.

"가급적 빨리 처리해 주시면 너무 고맙겠습니다."

환경영향평가 처리기한은 사업 종류에 따라 30일 또는 45일이다. 난 늘 처리기한이 임박해서야 처리하곤 하였다. 현장방문과 자문의견 또는 관계기관 의견수렴을 거치면 늘 30일이 임박하여 협의를 마치곤 하였다. 그런데 늘 그런 것만은 아니었다. 환경적으로 민감하지 않은 지역에 입지立地하는 사업은 상대적으로 빨리 처리해 드렸다. 조금 빨리 처리해 드리고, 사업자에게 처리가 되었다고 알려주면 그렇게 감사하고 고마워하셨다. 그다음부터 우리 사무실을 방문하실 때는 꼭 나를 찾아오셔서 감사하다는 말씀을 전하고 가신다.

그 당시 백 과장님께서 늘 나에게 하셨던 "환경적으로 민감한 사업은 처리가 늦어지더라도, 민감하지 않은 사업은 빨리 처리해 줍시다. 그래야 조금 늦게 처리되는 사업에 대해서도 서로가 이해를 할 수 있지 않겠어요."라는 말씀은 지금도 기억이 난다. 우리가 노력하여 빨리 처리할 수 있는 것은, 하루라도 일찍 처리해 주어야 상호 이해와 신뢰가 생긴다는 뜻이었을 것이다.

퇴직한 한 선배님께서 이런 말씀을 하셨다.

"공직자가 국민에게 신뢰를 받을 수 있는 가장 좋은 방법 중에 하나는 민원서류에 빨리 답변을 해주는 것이에요. 내가 퇴직하고 사업을 해보니까 인허가를 하루라도 빨리 해주는 직원이 얼마나 고맙던지, 그리고 질의를 하면 바로 그 자리에서 답을 주는 공직자가 가장 멋지더라고요."

그리고 이런 말씀도 해주셨다.

"공직에 있을 때는 규제라고 생각하지 않던 것이, 퇴직하고 내가 그 일을 해보니까 규제처럼 느껴지는 것도 있더군요. 규제라는 것이 뭐예요? 꼭 필요한 것에 대하여 국가가 제한을 하는 거잖아요. 그래서 규제는 필요한 것이라고 생각해요. 근데 규제라는 것도 그것이 조금 빨리 처리되고, 가부가 명확해지면 규제라는 생각이 조금은 덜 들어요. 후배 공직자에게 꼭 전해 주세요."

공직을 그만두고 나서야 빠른 실행력이 성장할 수 있는 조건임을 알았다. 사람은 누구나 빠른 시간 내 처리해 주면 대접 받고, 존중 받았다고 생각한다. 하물며 민원인은 더 그렇게 생각할 것이다. 처리기한이 있는 이유는 그날까지 해주라는 뜻이 아니고, 그날이 마지막이니까 서둘러서 가급적 빨리 해주라는 뜻이었다. 물론 일이 밀리고, 또 처리하는 데 어려움이 있다는 것은 누구나 다 알고 있다. 단지, 나는 공직사회에서 우선 처리해야 할 업무는 민원서류임을 다시 한 번 강조하고 싶은 것이다. 그리고 하급자에게 업무 지시를 하는 상급자들도 "우선 민원서류 먼저 처리하고 그다음에 내가 부탁한 보고서 작성해 주셔도 됩니다."라고 말해 주면 얼마나 좋을까?

민원서류를 빨리 처리해 드린 사업자가 나에게 메일을 보내온 적이 있었다. "사업자에게 있어 '시간이 돈이다'라고 생각해 주시는 공

직자가 있어 좋습니다. 사업을 시작하면 우리에게 하루하루는 온전히 돈입니다. 그런데 민원서류가 2~3일만 빨리 처리되어도 우리는 그만큼 일을 더 할 수 있고 비용을 줄일 수 있습니다."

이 책의 앞 '친절' 부분에서 얘기했지만, 민원인이 공직자에게 바라는 가장 큰 친절은 바로 민원서류를 빨리 처리해 주는 것이다.

친절에 있어 첫 번째 친절은 '가급적 빨리 처리해 주는 것', 두 번째가 '가부可否 판단을 명확히 해주는 것', 그리고 마지막이 '환하게 웃어 주는 것'이라는 것을 잊지 않았으면 좋겠다.

신속하게 그러나 서두르지는 마라 - 존 우든

같은 하늘 다른 별

설영호

그의 자전거는 700만 원짜리란다.
나의 자전거는 15년 된 녹슨 고물
그는 경인운하를 달려왔고
나는 논두렁길을 달려왔다.
그는 디지털음원 mp3를 듣고
나는 아날로그 라디오를 듣는다.

그와 내가 우연히 벤치에 앉아
4,500원짜리 각자 담배를 피우고 있다.

25

법 집행,
더 엄격하게 할 것을

공직에 있으면서 공권력에 도전하는 사람들을 더러 본다. "우리 사회가 신뢰가 부족한 이유 중 하나는 '법을 지키는 사람이 따로 있기 때문'이다."라는 슬픈 말을 들은 적이 있다.

강릉시청에 근무할 때다. 지방세 중 자동차세를 체납하면 추가 고지를 하여 독촉하고 추가 절차를 거쳐 최종으로 체납자의 자동차 번호판을 영치한다. 나도 지자체 근무할 때 번호판을 떼러 새벽에 나간 경험이 있다. 번호판을 제거하는 것도 참으로 힘든 작업이다. 번호판을 영치한 날 아침에 출근하면 사무실은 아수라장이 된다.
"야 ○○놈들아, 돈이 없어 세금을 못 내는데 번호판은 왜 떼어가고 지랄이야?"부터, "시장 어디 있어, 그동안 세금 꼬박꼬박 내다가 한번 안 냈는데 번호판을 떼? 나쁜 놈들!" 하면서 소리를 고래고래 지른다. 한마디로 도떼기시장이다. 심지어는 세무계장님이 체납자와 언쟁을 하며 싸우다가 멱살을 잡히는 바람에 와이셔츠가 찢어지는 사고도 있었다. 나 또한 실랑이를 벌이다 손에 상처를 입기도 했다. 그 상황을 지켜보고 있노라면, "정말 국가는 무엇이며, 법은 또 무엇인가……." 하는 자괴감이 든다. 생활이 어려워 세금을 체납할 경우도 있지만 납부할 수 있음에도 상습적으로 체납하는 경우도 있다.

공직에 있으면 우리나라 국민의 법 준수 의식을 자주 보게 된다. 물론 대다수의 국민은 준수하려고 노력하지만, 어떤 사람들은 안하무인眼下無人이다. 특히 사회 지도층의 법 무시행태는 많은 사람들에게 영향을 미칠 수 있음을 꼭 기억하여야 한다.

기초지자체에 근무할 때 경험한 일이다. 본인의 차량이 불법주차로 견인되었다는 어느 시의원이 교통과로 전화를 해서 담당자에게 의원 차량을 견인해 간다며 호통을 치고 소리를 지르고 있었다. 그런데 교통과 담당자가 "의원님, 불법주차를 하셨으면 과태료 납부하시고 차량 가져가시면 되지 여기다 전화하셔서 저에게 호통을 치면 어쩌자는 겁니까?" 하면서 되레 나무라는 것이다.

그렇게 전화로 옥신각신하더니, 급기야 전화를 끊고 그 의원이 시청 교통과로 달려왔다. 의원은 들어오자마자 욕을 날리며 "○○○ 어디 있어?"라며 소리를 질렀다. 그때 담당자인 ○○○ 주사님이 "나

여기 있다, 왜 뭐 어쩌라고?" 하면서, "의원이 더 법을 잘 지키고 그래야지. 그리고 불법을 하였으면 오히려 미안해서라도 과태료 내고 가면 되지, 예까지 와서 이게 뭐하는 행태야? 창피하지도 않아?" 하면서 사무실이 떠나가라고 꾸짖는 것이었다. 그러자 그 의원은 더 이상 말을 못하고 우두커니 서 있다가 나가 버렸다. 그 모습을 지켜본 모든 직원들은 아마 많은 생각을 하였을 것이다.

우리나라 사회 지도층들의 법 무시행태는 많은 국민을 허탈하게 만든다. 일부 정치인과 고위공무원, 대기업 총수들이 보여 주는 불·탈법, 비도덕적인 행태를 보면서 우리 국민은 좌절한다. 그러기에 공무원들의 엄격한 법 집행은 더욱 필요하다.

선거관리위원회에 근무하면 늘 불법선거 현장을 단속한다. 지금은 사이버상의 선거운동이 활성화되고 대신 다중이 모이는 선거운동은 많이 사라졌지만, 15년 전만 하더라도 합동연설회 등 다중이 모이는 선거운동이 주를 이루었으며 사람이 모이고 이해관계가 얽히면 충돌하게 된다. 그리고 서로서로를 향해 불법이라며 으르렁거리고, 결국 현장에서 선거관리위원회 공무원들의 판단을 요구한다. 나도 몇 번 그러한 현장에 서 보았지만 정말 식은땀이 난다. 그러나 법을 집행하여야 하고, 불법은 현장에서 차단해야 하기에 부딪힐 수밖에 없다. 선거관리위원회에 근무할 때 정말 사명감이 투철한 공무원을 많이 보았다. 그런 현장에서 불법에 대해서는 단호하게 조치하고, 이를 해결하신다. 참으로 보기 좋은 모습이었다. 돈 선거가 거의 사라지고 공명선거가 자리 잡았다면 그 공은 틀림없이 선거관리위원회 직원들 몫이다.

공직에 있으면 각종 업체나 현장을 대상으로 지도·점검을 나간다. 각종 의무사항 준수 여부, 허가조건 이행 여부를 확인해 보면 관련법 준수를 소홀히 하는 경우가 있는데, 무척 안타까운 마음이 든다. 걸리면 재수 없는 것이고, 걸리지 않으면 운이 좋은 것이라는 행태로는 절대로 선진국이 될 수 없다. 작은 위반 사항은 현지 지도로 끝내지만 중대한 위반은 과태료를 부과하거나, 사법당국에 고발을 한다. 과태료 부과나 고발되는 경우에도 잘못을 시인하고 그에 적법한 벌을 받으면 되는데, 변명으로 일관하고 거기에다 부탁과 청탁이 들어오는 경우도 있다. 누구나 잘못은 할 수 있다. 그러나 그 잘못된 일에 대하여 시인하고 용서를 빌고, 그리고 그에 합당한 처벌을 기꺼이 감수하는 사회, 그런 사회를 위해 노력해야 한다. 나 또한 법 위반자에 대한 법 집행을 엄격하게 하려고 했지만 부족한 것이 많았다.

갈등의 현장에서도 다양한 형태의 불법행위가 있다. 현장조사를 방해하는 등 공무 집행을 방해하고, 본인의 생각과 다르다며 공무원을 협박하고, 시위를 하면서 청사 시설물을 불법으로 점거하는 등의 행위는 이제 없어져야 한다. 그리고 공무 집행을 방해하는 불법행위, 공권력을 무력화하는 행위 등은 엄하게 처벌하여야 한다.

물론 공권력의 남용濫用도 있다. 이에 대해서도 철저한 징계와 자기반성이 따라야 하며 또한 비리공무원은 공직사회에서 영원히 퇴출되어야 한다. 그리고 무엇보다 중요한 것은 사회지도층의 솔선수범하는 모습일 것이다.

그리고 나는 공직자를 비리집단으로 매도하는 것에는 동의하지 않는다. 100만 명의 공무원 중 단지 몇 명의 부도덕함으로 마치 공직사회 모두가 그런 것처럼 여겨지는 것에 나는 반대한다. 내가 아는 공무원은 모두가 청렴하다. 그리고 공직을 돈 몇 푼과 바꾸는 그런 어리석은 공직자도 내 주변에는 없다.

우리나라는 OECD 국가 중에 정부 신뢰도가 거의 최하위 수준이다. 신뢰도가 높은 나라는 법이 제대로 작동하고, 신상필벌을 엄격하게 적용하는 나라다. 사회적으로 신뢰도가 10% 상승하면 경제성장률이 0.8% 증가한다는 이야기도 있다. 대한민국 공직자여, 법집행을 공정하게 하고 그리고 엄격하게 집행하자.

탓이다

소천

왜 힘들게 사는가?
물 흐르듯 살지 못한 탓이다.

왜 용을 쓰는가?
안 되는 걸 억지 쓰려는 탓이다.

왜 싸우는가?
기어코 이기려 한 탓이다.

왜 탓 하는가?
자기 잘못을 남 탓한 탓이다.

26

비판의 목소리에
귀 기울일 것을

20년 전 광역지자체 도로관련 부서에 근무할 때의 일이다. 평창지역에 교량설치 및 도로보수 공사지역의 주민께서 전화를 하셨다. "지금 공사 중인 구간에 인접하여 거주하는 주민입니다. 공사 중에 먼지가 날려 빨래를 널지도 못하고요, 이 더운 날씨에 창문도 열지 못하고 있어요. 대책을 강구하고 공사해 주세요. 국가에서 하는 공사를 뭐 이딴 식으로 합니까. 공사 전에 미리 알려 주시든지 해야지요? 그러면 주민들이 그에 대비하면 되잖습니까?"라며, 나에게 엄청난 불만과 비판을 쏟아 내고는 전화를 끊으시는 것이다.

전화를 끊고 생각하여 보니 내가 그 입장이라도 그랬을 것 같았다. 오히려 그 정도에서 마쳐 준 그분에게 고마웠다. 그리고 바로 현장에 전화를 드려 세륜 세차 시설을 점검하고 공사 중에 살수차를 수시로 운영하도록 하였고, 주민이 건의한 것처럼 면사무소와 협조하여 마을대표인 이장님과 협조하여 공사 상황을 주민에게 전달하여 드렸다. 그리하여 더 이상 추가 민원 없이 공사가 잘 마무리되었다.

공직에 근무하다 보면 늘 비판의 대상이 되곤 한다. 당연하다. 공인이기 때문이다. 국민은 정책을 비판하고 제도를 비판하고, 그리고 기관장을 비판하기도 한다. 건설적이고, 또 논리가 맞는 비판이라면 공직자이기에 당연히 받아들여야 한다. 그런데 나의 공직생활을 뒤돌아보면 비판을 너무 의식하거나, 회피하거나, 핑계로만 일관하지 않았나 싶다.

원주지방환경청에서 기획홍보업무를 담당할 때 환경부의 환경교육에 대하여 늘 비판적인 목소리를 내시던 시민사회단체 대표가 있었다. 그 대표는 날 만나면 늘 "우리나라가 선진국이 되려면 교육을 바꿔야 합니다. 지금의 입시를 위한 국·영·수 과목 위주에서 환경, 역사, 윤리 등의 인문학, 사회과학을 강화하고 특히 진로에 대해 고민할 수 있도록 이끌어 주어야 합니다. 왜 환경부는 환경과목이 필수 교과목이 되도록 노력하지 않는 겁니까? 그것은 우리 후손에게 죄를 짓는 것입니다."라고 말씀하시곤 했다. 그분은 더러 공개적인 자리에서도 환경부를 비판하곤 하셨다.

물론 틀린 말씀이 아니다. 나 또한 우리나라의 중등학교 선택교과목 현황에 환경과목 선택 학교의 비율이 10%대로 아주 낮은 것을 보고 놀라곤 하였다. 퇴직한 뒤에 청소년들과 환경분야에 대한 진로를 이야기하면서 입시 위주의 우리 교육현장의 민낯을 그대로 볼 수 있어 안타까운 생각이 들었다. 아이들을 대상으로 '숲 해설'을 해보면 금방 알 수 있다.

나는 환경교육은 바로 인성교육이라고 여기고 있다. 자연을 알고, 환경을 배워 간다는 것은 바로 '배려'라는 큰 가치를 알아 간다는 뜻이다. 지난해 중학생을 대상으로 하는 자유학기에 '기후변화와 나의 꿈'이란 주제로 강의를 했다. 강의가 끝나고 나면 담당교사께서 나에게 묻곤 한다. "어떻게 한 명의 학생도 졸지 않도록 강의를 할 수 있어요?"라고. 나는 아주 쉽게 답한다. "국영수가 아니잖아요."

비판적인 목소리를 내던 그 시민단체 대표께서는 정확한 자료를 보여 주시며 정부의 교육정책, 환경교육정책을 비판했다. 그리고 그 비판 내용은 퇴직하고 나서 현재 내가 현장에서 느끼고, 아쉬워하는 부분이다. 물론, 환경부뿐만 아니라 학생, 학부모, 그리고 교육부까지 관련되어 있는 일이라 쉽지 않은 일이지만 그때 비판의 목소리를 정책에 담아내려 노력하지 못한 것이 지금 무척 후회가 된다.

최근 몇 년간 구제역과 조류인플루엔자(AI)로 축산 농가뿐만 아니라 경제에도 어려움이 있었다. 2014년 2월 조류인플루엔자로 나라가 떠들썩하였다. 그 당시 환경부에서 야생생물을 담당하는 부서에 근무하였는데, 조류인플루엔자의 원인이 철새로 밝혀지면서 우리 부서도 조류인플루엔자 확산 방지와 근본적인 해결방안을 찾는 것에 많은 어려움을 겪었던 기억이 있다.

그런데 그 당시 조류인플루엔자의 원인을 철새뿐만 아니라 현재 우리나라 축산 농가의 대규모 입식사육에도 그 원인이 있다며 정부의 축산정책에 대하여 비판하는 목소리가 있었다. 나 또한 환경영향평가 시 축사에 대한 협의를 하면서 축산 농가를 꽤나 방문해 보았기에 그러한 비판의 목소리가 틀리지 않는다고 본다. 몸도 돌리기 어려울 정도로 아주 좁은 공간에서 사료를 먹고 계란만 생산하는 축사에, 건강하다고 볼 수 없는 닭들이 사육되는 곳에 조류인플루엔자가 유입되었다면 감염 확률은 당연히 높을 것이다. 구제역과 조류인플루엔자의 매몰 작업에 참여해 보았지만 정말 슬픈 일이다. 이제 정부는 이러한 일들에 대하여 근본적인 대책을 내놓아야 한다. 그 근본적인 대책은 아마 그러한 비판의 목소리에 이미 담겨져 있다고 본다.

비판의 원인은 여러 가지가 있다. 우선 당연히 비판 받아야 할 일이 있다. 이런 것은 문제가 되지 않는다. 잘못을 시인하고 개선점을 찾으면 된다. 그리고 두 번째는 사실(팩트)을 정확하게 인식하지 못한 상태에서 오는 비판이다. 이러한 비판은 먼저 서로 이야기를 나누고, 그리고 사실관계를 정확하게 인식한 다음 비판하여야 한다. 그런데 우리 사회에는 첫 번째 원인만큼 두 번째 원인으로 인한 비판 때문에 서로에게 상처를 입히고 갈등의 원인이 되는 경우가 많다.

환경부에 근무할 때 환경단체의 비판으로 인해 힘들 때가 있었다. 그런데 그 비판을 단지 비판으로만 보지 말고 잘못된 것이 있는지 서로 찾아보고 그리고 개선해야 할 사항이 있다면 상호 노력하여 개선해야 한다. 또 비판하는 사람들이 의외로 개선책과 대안을 가지고 있는 경우도 있다. 누구의 비판을 그냥 흘려보내면 안 된다. 그 비판은 어떤 문제가 개선이 되지 않는 이상 계속하여 이어질 것이며, 내가 그 자리를 떠나도 후임자에게 또 이어질 것이다. 난 이따금씩 공직자들에게 이런 이야기를 한다. "비판하는 사람은 목숨을 건다. 그런데 우리는 무엇을 걸고 그들을 대할 것인가?"

지난해 공무원들이 온 국민으로부터 비판의 대상이 되었던 공무원연금 개혁에 대하여 이야기해 보자. 공무원연금 개혁으로 공직자들은 본의 아니게 세금도둑이 된 기분일 것이다. 그런데 알고 보니 공무원연금을 비판하는 사람들이 오해하고 있는 것들이 적지 않았다. 그래서 나는 퇴직하고 나서 공무원연금에 대해 오해하고 있는 것들을 사실 그대로 국민에게 알려 주려고 애썼다. 공무원노동조합 활동을 하면서 공무원연금에 대하여 늘 공부했던 터라, 비판 받아야 할 것은 비판받고, 오해인 것은 풀어야 한다는 생각이었다. 사실은 이렇다.

연금을 300만 원 이상 받는 공직자는 대부분이 고위공무원으로 30년 이상 근무해야 가능하다. 하위직으로 근무한 공무원이 300만 원 이상 받는 것은 거의 불가능하다. 그리고 우리나라 고위공무원은 중앙부처의 국장급이니까 극히 일부이다. 물론 40년 이상 교직에 있었던 분들도 300만 원 이상의 연금을 받는 것으로 알고 있다. 5급으로 30년 정도 근무하고 퇴직하면 200만 원이 조금 넘는다. 그러니까 300만 원 이상 받는 것이 마치 보편적인 것처럼 이야기하는 것은 오해이다. 그리고 공직의 퇴직수당은 민간에서 지급하는 퇴직수당의 40% 정도에 불과하다. 민간분야보다 많이 부족한 퇴직수당이 연금에 일부 보전되어 있는 것이다.

또한 내가 1991년 처음 공직에 입문하였을 무렵의 봉급은 민간 수준의 50% 정도였다. 나의 연봉이 1천만 원을 넘어선 것이 1997년으로 기억한다. 난 어렸을 때부터 공직자였던 아버님의 봉급 봉투에 적혀 있던 금액을 정확하게 기억한다. 정말 적은 액수였다. 나의 형님이 은행에 입사한 지 2년차가 되었을 때의 연봉과 아버님 공직 20년차 연봉이 비슷하였다. 물론 비교하는 것 자체가 크게 의미가 없지만 어지간히 차이가 나야지, 싶기도 하다. 그만큼 공무원 봉급은 열악했다.

1990년과 25년이 지난 2015년의 9급 공무원 1호봉의 기본급 인상율과 우리가 즐겨 먹는 자장면 인상률을 비교하여 보라. 공무원 봉급 인상률은 6.8배(18만 7,000원 → 128만 2,800원)이고, 자장면은 5배(1,000원 → 5,000원)이다. 공무원 봉급이 마치 엄청나게 인상된 것처럼 비치는 것도 착시현상이다. 그러니까 공무원 봉급이 민간분야보다 상대적으로 적었고, 또 그 당시에는 퇴직수당이란 제도가 없었거나, 있었다고 해도 큰 의미가 없었다. 그래서 이런 부족한 부분을 연금으로 채웠던 것이다.

또 20년만 근무하면 무조건 연금이 나오는 것으로 알고 있는데, 이것도 오해다. 이 모든 것은 퇴직한 나의 자료니까 정확한 것이다. 여기서 내가 말하고 싶은 것은 공무원은 세금도둑도 아니고, 그리고 엄청나게 연금을 많이 받지도 않는다는 것이다. 정확하게 내가 50%를 부담하고 또 국가에서 50%를 부담하는 것을 법으로 정해진 시간에 지급 받는 것이다.

인터뷰를 한 선배 공직자께서는 이번 공무원연금 개혁으로 공무원을 세금도둑으로 오해하는 것에 대하여 너무 억울하다고 하셨다. 그렇게 적은 봉급으로 정말 국가를 위해서 주말도 반납하고 일해 왔고, 그저 그 연금 하나 보고 살아왔는데 어느새 세금도둑이 되었다고 하니 얼마나 억울할까. 나의 아버님께서도 그런 말씀을 하셨다.

내가 여기서 공무원연금을 언급하는 것은 누구를 비판하려면 정확하게 알고 비판하라는 뜻과, 또 비판의 대상이 되었을 때 그 비판의 내용이 맞는지, 만약 사실이 아니면 이에 대하여 적극적으로 대처해야 한다는 뜻에서이다.

이번 공무원연금 개혁은 공무원노동조합에서 홍보를 적극적으로 실시하여 사람들이 오해가 일부 풀린 것은 그나마 다행이다. 국가 재정이 어렵고, 향후 고령화 저출산에 대비하여 공무원연금 개혁이 필요하니까 동참을 해달라고 하는 것과, 많이 받으니까 줄여야 한다는 것은 틀림없이 받아들이는 데에 차이가 있다. 난 공무원연금 개혁 때 공직자가 마치 세금도둑으로 취급되는 것이 너무 안타까웠다. 누군가를 비판하려면 모든 상황을 정확하게 알려 주고 그 바탕 위에서 비판도 하고 비난도 하여야 한다는 것을 다시 한 번 강조하고 싶다.

공직이란 늘 비판을 안고 살아야 한다. 그리고 비판하는 사람을 곁에 두어야 한다. 그래야 내가 하는 일이 잘된 것인지 또 무엇이 부족한지 알 수 있으며, 그로 인해 내가 발전할 수 있다. 또 그래야 그만큼 국민의 피해가 줄어들 수 있다. 하나 더 첨언하고 싶은 것은 공직사회에 대한 비판을 가지고 서로 토론할 수 있는 시스템을 더 구축하고 그런 문화를 확산하여야 한다는 것이다. 비판할 수 있다는 것 자체가 열린사회이고 다양성이 존재한다는 뜻이 아닐까 한다.

비판과 비난을 두려워하면 아무것도 할 수 없다.
비트겐슈타인의 명언을 되새겨보자.

"비판의 자유가 허용되는 한, 유럽은 언제나 자신들의 문제를 효율적으로 해결하는 능력을 가질 것이다."

1991년 6월 보수 지급명세서

김남형 귀하

항목	금액	항목	금액
봉급	156,400	의료보험	4,230
가족수당		지방공제	1,000
장기근속수당		연금상환금	
기말정근수당	52,130	재형저축	
학비보조수당		저축기금	
동근무수당	38,340	직장금고	
직무수당	31,280	자치회비	
체력단련비			
계	278,150		
소득세			
방위세			
주민세		공제액계	29,380
기여금	18,130	수령액	248,770

수 고 하 셨 읍 니 다.

1991년 6월 8일 발령을 받아 받은 첫 봉급 명세서!!!!
부모님께 내의를 사 드리고, 친구들과 축하 술 한잔을 하였는데,
봉급이 모자랐던 기억이~~~~

27

조금 더 경청하고
겸손할 것을

퇴직을 하고 자서전을 쓰면서 가장 후회한 것이 겸손과 경청이었다. 어찌 보면 이 글을 엮게 된 이유도 공직 기간 내내 겸손하지 못하였고, 경청하지 않았던 나를 반성하면서부터다.

2010년 원주지방환경청에서 환경영향평가를 담당할 때의 일이다. 업무를 맡은 지 한 달 정도 되었을 때 도시 관리 결정과 관련한 사업으로 지자체 공무원과 사업자, 용역업체가 방문을 하였다. 그때 나는 한 달 동안 꽤나 업무에 대해 공부를 열심히 한 것 같다. 언제부터인가 새로운 업무를 시작하면 도서관에 가서라도 관련 법령, 제도, 사례들을 찾아보고 업무숙지를 위해 노력을 했는데 그때도 그랬던 것 같다.

방문 인원이 꽤나 되었다. 업무를 시작하면서 황 과장님께서는 늘 내게 이런 말씀을 해주셨다. "남형 씨, 평가업무는 협의업무고, 그리고 우리가 검토하여 나중에 결정하면 되니까 사람들과 대면으로 협의할 때는 꼭 필요한 말만 하고 그냥 잘 듣고, 그러고 나서 나랑 같이 상의해서 결정합시다. 뭐든지 섣불리 결정하면 꼭 탈이 납니다."

그런데 그때는 그 말씀이 잘 이해가 되지 않았다. 또 워낙 자기주장이 강한 성격이라 그것을 지키기가 쉽지 않았다. 방문단이 앉고 명함을 주고받았다. 용역업체 직원들의 명함에는 ○○기술사, ○○박사라는 것이 눈에 들어왔다. 협의를 진행하다 보면 생각이 서로 다른 부분이 생기는데 이때는 법령과 지침을 우선하고, 이에 대하여 규정이 없을 경우 제도의 취지와 목적에 맞는지 검토해 보고 마지막으로 사례 등을 확인하여 본다. 그날의 협의도 의견을 달리하는 부분이 있었고, 사업자는 타 지역의 사례를 내게 설명해 주었다. 하지만 나는 "그런 사례가 있다는 것이 이해가 되지 않습니다. 있다고 해도 그 사례가 잘못된 것입니다. 내 생각이 맞습니다. 그렇게 합시다."라고 하며 협의를 마쳤다. 그리고 사업자에게 혹시 참고가 될 수 있으니까 다음 날까지 그 사례를 메일로 보내 달라고 말씀드렸다.

다음 날 사업자에게서 사례와 관련한 메일이 왔다. 사업자는 메일에 "팀장님, 유사 사례를 보내드립니다. 다시 한 번 검토해 주십시오. 유사 사례가 더 있는 것으로 압니다. 필요하면 찾아서 추가해 보내 드리겠습니다."라는 말씀과, 마지막으로 "잘 부탁드립니다."라고 써 놓았다. 나는 오후 내내 다른 직원에게 물어보고, 관련 사례를 찾아보면서 제도의 취지를 고민해 보았다. 그리고 내 판단이 너무 섣불렀다는 것을 인정했다. '나중에 판단하여도 될 것을', 후회하며 전화를 걸어 "미안합니다. 제 생각이 조금 짧았습니다. 사장님 생각이 맞는 것 같습니다."라고 말씀드렸다. 그리고 "제가 업무를 맡은 지 얼마 되지 않아 아직 부족합니다. 앞으로 많이 도와주세요."라고 전화를 끊으면서 문득 과장님의 말씀이 생각났다.

"협의업무는 답을 빨리 주는 것도 중요하지만 정확하게 주어야 하며, 서로 인정하는 범위에서 합의하는 과정이 필요하다. 난 그래서 환경영향평가 협의업무는 협의이지만 합의업무라 생각한다."

그날 밤 사무실에 혼자 남아 "나는 왜 경청에 약할까? 조금 더 겸손하지 못할까? 사업자와 용역업체 사람은 이 업무만 10년 이상을 해온 전문가인데, 분명 명함에 기술사, 박사라고 되어 있었는데, 이제 겨우 한 달밖에 안 된 초보자가 무엇을 그리 많이 안다고 그랬을까……, 그 사람들이 돌아가서 나를 얼마나 깔보았을까……." 얼굴이 화끈 달아올랐다. 그 이후로 나는 가급적 듣고, 심사숙고하여 결정하는 버릇을 들이려 애썼다.

퇴직자를 대상으로 설문과 인터뷰를 하면서 보니, 경청하지 못하고 겸손하지 못했던 것을 참으로 많이 후회하였다.

"남형 씨, 뭐가 그리 잘나서 내 말만 했는지 몰라. 정말 40대 중반부터 50대 초반까지는 안하무인으로 살았어. 직원들의 말도 무시하고, 민원인들이 오면 내 말만 하고, 회의에 참석해서도 자문위원 의견을 듣지 않고 내 생각대로 진행하고 결정하였지. 정말 후회가 되네."

그분은 말을 이어 가셨다.

"한번은 말이야, ○○종합계획을 수립하기 위한 전문가 회의를 하였는데, 그 분야의 교수께서 통계와 관련 자료들을 바탕으로 종합계획의 방향에 대하여 일부 수정의견을 말했지. 사실 나도 그 분야에 관심이 있던 터라 교수의 의견을 반박하고 그냥 내 생각대로 밀고 나갔고, 그리고 회의는 끝났지. 그런데 얼마의 시간이 지난 뒤에 다른 전문가들이 의견을 제출했는데, 그때 내 생각이 틀렸다는 것을 알았네. 얼마나 얼굴이 화끈하던지……. 그때 그냥 듣고 나중에 검토한 다음에 결정하면 되는데, 나 잘난 맛에 망신을 떨었지. 물론 그 종합계획은 잘 마무리되었네. 나는 그 이후로 생각을 많이 바꾸었지. '나를 찾아오는 사람은 나에게 할 말이 많다, 그러니까 듣자. 그리고 결정은 어차피 내가 한다. 듣지도 않고 결정하고, 또 무언가를 듣기 위해 전문가를 불러 놓고 말도 못하게 한다면 그 당사자는 얼마나 초라해질까?' 이런 생각을 했다네. 남의 말을 듣는 것처럼 쉬운 것도 없지만 또 그것처럼 어려운 것도 없다네."

그 선배님의 소회素懷의 말 속에 후회가 가득하였다.

선거관리위원회에 근무할 때다. 2002년 동시지방선거로 기억한다. 지금은 부재자 투표가 다방면으로 확대되었지만 15년 전만 하여도 시군에는 부재자 투표소가 보통 한 곳이었다. 강릉시의 부재자 투표소는 실내종합체육관에 마련해 놓았는데, 부재자 투표소에서 대학생이 전화가 왔다. 부재자 투표를 하러 왔는데 군인들이 너무 많아서 투표시간이 너무 오래 걸릴 것 같은데, 조금 있다가 수업 시작인데 방법이 없겠느냐는 전화였다.

나는 투표 사무종사원이 계시니까 우선 그분에게 얘기해 보고, 그리고 군인들에게도 양해를 구하라고 전화를 끊었다. 그런데 조금 있다가 또 전화가 왔다. 그 학생은 "양해를 구했지만 잘 안 되었다. 학교 수업시간 때문에 투표를 못할 것 같다. 앞으로 선관위가 우리 같은 학생들이 투표에 적극 참여할 수 있는 방안을 마련해 주었으면 좋겠다."라는 건의를 했다. 그런데 나는 "내일도 투표를 할 수 있다. 그러니까 내일이라도 꼭 투표를 하여라." 하면서 "투표는 민주시민이 꼭 행사해야 한다. 불편하더라도 참아 달라."며 훈계를 늘어놓았다.

학생은 듣다못해 "그런 말씀 들으려고 전화 드린 것이 아니고요. 저는 단지 건의를 드리는 겁니다. 왜 공무원들은 이야기를 하면 듣고 나서 판단하면 되는데, 들어 보려고도 하지 않으세요? 에이, 제가 잘못 전화 드렸네요. 전화 끊을 게요." 하면서 전화를 끊었다. 그 날은 하루 종일 나의 귓가에 맴돈 말이 있다.

"왜 들어 보려고도 하지 않으세요?"

경청의 대가로 우리는 세종대왕을 뽑는다. 나 또한 세종대왕을 기록한 책을 많이 읽어 보았기에 이에 대하여 동의한다. 또, 이순신 장군의 《난중일기》에는 부하장수 그리고 백성들과 소통하는 내용이 적지 않게 나온다. 아마 세종대왕도 이순신 장군도 신하와 부하장수 그리고 백성들에게 신뢰를 주고 또 그들로부터 신뢰를 얻는 중요한 방법이 경청임을 알고 있었던 것 같다.

공무원을 한자로 하면 '公務員'이다. 그런데 '空無願'으로 쓰라는 충고를 받은 적이 있다. 민원인을 만날 때 빈 마음으로(空), 아무것도 없는 상태에서(無), 민원인의 바라는 사항을 간절하게(願) 들어 주라고, 그래서 공무원은 경청의 달인이 되어야 한다고 말이다. 모두 알 것이다. 경청의 '들을 청(聽)'의 한자풀이를 보면 어떻게 들어야 하는지. "임금(王)이 귀(耳)를 기울여 백성의 소리를 듣듯이 상대방의 말에 귀 기울여 듣고, 열 개(十)의 눈(目)으로 상대를 집중해 바라보며, 상대와 마음(心)이 하나(一)가 되는 것이다."

공자가 40세를 불혹不惑, 50세를 지천명知天命, 60세를 이순耳順이라 한 것은 나이가 들면 들수록 나를 낮추고 남의 이야기를 들으라는 경고가 아니겠는가?

공직자는 경청과 겸손의 대가가 되어야 한다.

모든 덕이 하늘에 오르는 사다리인데 겸손이 그 첫째 계단이다. 이 첫째 계단에 오르면 그다음에는 위로 올라가기가 쉬운 것이다. – 어거스틴

다른 사람의 이야기를 진지하게 들어 주는 경청의 태도는 우리들이 다른 사람에게 나타내 보일 수 있는 최고의 찬사 중에 하나이다. – 카네기

나의 퇴임사

사랑하는 환경부 선후배님께…….

안녕하십니까!!
　지난주에 원주지방환경청에서 같이 근무했던 동료에게서 전화가 왔습니다. 우선 축하한다고, 그리고 그동안 너무 고생이 많았다고, 앞으로 퇴임하고 나가면 하고 싶은 일 실컷 하면서 살아 보라 하였습니다. 그러면서 마지막에 묻더군요. 가장 기억에 남는 것은 무엇이며, 가장 아쉬운 것은 무엇이었는지, 또 가장 기뻤던 일은 무엇이고, 가장 슬펐던 일은 무엇이었는지 물어보더군요.
　저는 답을 하지 못하다가 "같이 근무하던 동료들에게 마음을 주지 못한 것이 가장 아쉽습니다."라고 답한 뒤 전화를 끊었습니다. 갑자기 물어보았기에 나머지는 평소 생각하지 않았던 것들이라 답을 하지 못했지만 아쉬운 것, 후회되는 것에 대한 대답은 평소에 하고 있었던 모양입니다. 그런데, 그 전화를 끊고 생각해 보니, 공직생활 내내 내가 가지고 있던 원칙 중 하나였던, '동료를 사랑한다.'라는 원칙을 지키고 산다고 하면서도 또 그것이 가장 부족했던 것이 아니었나, 생각했습니다.
　오늘자로 23년 공직생활을 마치려 합니다. 대부분의 선배님들이 퇴임하는 이 자리에 서면 눈물을 보였습니다. 아마 아쉬움 때문이 아닐까 합니다. 아마 지나온 날들에 대한 후회 때문이 아닐까 합니다. 다시는 돌아오지 못하기에 했던 일, 하지 못했던 일에 대한 회한 悔恨이 아닌가 합니다.

저도 이번 주 내내 사무실을 정리하면서 후회되는 것들에 대하여 목록을 적어 보았습니다. 역시 첫 번째는 우리 직원들에게 더 다가가지 못한 것이더군요. 그리고 두 번째가 간절하고 절실하게 무언가에 도전하지 않았던 것입니다. 일에도 간절함과 절실함이 있었어야 했는데 누구 말마따나 큰 성과도 큰 대과도 없이 지내 온 것이 후회 됩니다. 그리고 마지막으로 공직과 우리 환경부를 사랑하지 못했다는 것입니다. 늘 말로만 공직에 대한 사명감과 조직에 대한 애착을 외쳤던 것 같습니다. 공직을 사랑한다는 것은 결국 국민과 국가를 사랑한다는 것입니다. 또 우리 조직을 사랑한다는 것은 우리 직원을 사랑하고 우리가 하는 일을 사랑한다는 뜻입니다.

여러분도 아시지만 "사랑하면 알게 되고, 알게 되면 보이나니, 그 때 보이는 것은 예전과 같지 않으리라"라는 말처럼 사랑하면 결국은 온전히 자기 것이 되는 것인데도 불구하고 저는 그렇게 생활하지 못하였습니다. 후회가 됩니다.

제가 1991년 처음 공직에 입문할 때보다 많은 것이 변하였습니다. 공무원 전체 조직도 커지고, 업무량도 많아지고, 업무 영역도 넓어졌습니다. 무엇보다도 많이 변한 것은 공직이 아주 인기 있는 직업군이 되었습니다. 바람직한 모습이라 생각됩니다.

그러나 그 이면을 보면 아쉽고 안타까운 것도 있습니다. 우선 공직에 대한 국민의 신뢰도입니다. 1991년보다 지금이 공직에 대한 신뢰도가 높다고 볼 수 없습니다. 아니, 틀림없이 낮을 겁니다. 저는 여러분께 감히 말씀드리지만 우리 공직자가 해야 할 가장 시급한 것은 국민으로부터 공직에 대한 신뢰를 높이는 일이라고 생각합니다. 또한, 국민이 공직에 대해 일부 오해하고 있는 부분에는 적극적인 설명과 해명도 필요합니다. 저는 퇴직하면 공직에 대하여 국민들이 잘못 알고 있는 부분을 제대로 알 수 있도록 힘쓰고, 그래서 여러분들이 일한 만큼은 국민으로부터 인정받을 수 있도록 저의 작은 힘을 보태도록 하겠습니다.

　모 방송국 드라마 《대왕세종》의 첫머리에 "단 한 명의 백성도 그에게는 하늘이고, 땅이고, 우주였다."라는 말을 참 좋아했습니다. 세종대왕과 관련한 책을 보면서 그 시대의 태평성대는 세종대왕과 함께 그 시대의 공직자가 만들었다는 생각을 해보았습니다. 백성은 왕을 신뢰하고, 왕은 신하의 말에 귀를 기울이고, 다시 신하는 백성의 아픈 곳을 어루만져 주는 신뢰가 큰 강물과도 같이 흐르는 세상, 이제 우리도 그런 세상을 만들어 보아야 하지 않겠습니까? 선배·후배 공직자 여러분들의 능력을 믿습니다.

　오늘의 이별이 더 아름다워질 수 있도록 우리 다시 뵈올 때는 지금보다 멋진 모습으로 뵙기를 기대합니다. 명예퇴직신청서를 제출하고 나서부터 가장 좋아하게 된 정현종 시인의 〈모든 순간이 꽃 봉우리인 것을〉이라는 시로 저의 마지막 인사말에 갈음하고자 합니다. 다시 한 번 부족한 저를 늘 응원해 주셨던 국장님, 과장님, 그리고 우리 국 직원 여러분, 또 참석해 주신 모든 분들께 감사의 말씀을 올립니다. 사랑합니다.

김남형 배상(拜上)

모든 순간이 꽃봉우리인 것을

정현종

나는 가끔 후회한다.
그 때 그 일이
노다지였을지도 모르는데…
그 때 그 사람이
그 때 그 물건이 노다지였을지도 모르는데…
더 열심히 파고들고
더 열심히 말을 걸고
더 열심히 귀 기울이고
더 열심히 사랑할 걸…

반벙어리처럼
귀머거리처럼
보내지는 않았는가,
우두커니처럼…….
더 열심히 그 순간을
사랑할 것을…….

모든 순간이 다아

꽃봉오리인 것을,

내 열심에 따라 피어날

꽃봉오리인 것을

글을 마무리하면서

지난해 지역주민을 대상으로 강의를 하던 중에 누군가가 질문을 하였다.

"왜 그 좋은 직장을 그만두셨습니까? 남들은 들어가지 못하여 안달인 공직인데 후회하지 않으세요?"

사실 이런 유형의 질문은 거의 강의 때마다 받는다.

그러면 나는 다시 청중에게 묻는다.

"혹시, 자제분이 공직에 들어가길 바라시는 분 손들어 보세요?"

그러면 거의 대부분이 손을 든다. 그럼 난 다시 물어본다.

"그럼 혹시 우리나라 공직자가 우리 국민을 위하여 봉사하고자 노력하고 있으며, 그래서 정말 신뢰가 간다, 라고 생각하시는 분 손들어 보세요?"

이번에는 손을 드는 사람이 거의 없다. 어떤 경우에는 한 사람도 손을 들지 않는다.

"지금 나의 질문에 답하신 여러분들의 그러한 생각들 때문에 공직자는 고민이 많습니다. 저 또한 공직에 있는 동안 끊임없이 국민들로부터 사랑 받는 공직자가 되기 위한 노력을 하였지요. 그런데 참으로 어려웠습니다. '공직자를 크게 신뢰하지 않는다.'라고 오늘 여러분들이 답하신 것이, 공직에 있는 동안 나의 노력에 대한 결과물입니다. 저는 그것이 가장 후회가 됩니다. 공직에 있으면서 내가 국민으로부터 신뢰 받지 못한 것, 지금에 와서 뼈저리게 후회합니다."

내가 이렇게 말씀드리고 나면 다시는 이같은 질문이 없으시다.

"단 한 명의 백성도 그에게는 하늘이요, 땅이요 우주였다."

이 말은 모 방송국의 대하드라마 《대왕세종》의 첫 화면에 나오는 카피 문구였다. 세종대왕 시대를 엮은 도서를 몇 권 읽어 보면서, 우리나라 오 천년 역사상 가장 흥興하였던 세종 재위 32년간은 태평성대였으며, 백성도, 신하도, 임금도 서로서로를 신뢰하였다. 그러면 세종대왕 시대에 공직을 하였던 사람은 혹시 후회가 있을까? 하고 생각해 본 적이 있다.

백성의 평온과 안위를 위하여 공직자는 밤을 새워 공부하고, 치열하게 토론하고, 세종대왕은 그러한 공직자와 백성을 긍휼히 생각했던 치세 32년간 공직자들은 어떤 생각을 하고 살았을까 하는 궁금증을 지금도 가지고 있다. 이 물음에 대하여 한 가지 분명한 것은 "세종시대 공직자는 공직자로서의 자긍심, 그리고 백성에 대한 사랑이 남달랐을 것 같다."라는 생각이다. 아무리 세종이 뛰어난 임금이라 하여도 공직자가 제 역할을 못하였으면 그러한 치세를 이룰 수 없었을 것이다. 그러한 공직자를 백성들은 또 얼마나 따르고 신뢰를 주었겠는가? 그래서 그 당시 공직자는 퇴직 후 '후회'가 아주 적었을 것 같다.

세종대왕 재위 이후 566년이 지난 지금 우리 공직자의 모습은 어떠한가? 난 역시도 그 당시와 다르지 않다고 본다. 내가 몸담았던 공직사회, 공직자 대부분은 누구보다 국민이 평온함을 기원하고, 그것을 위해서 엄청난 일을 하고 있다. 아마 전문성도 세종대왕 당시에 못하지 않다고 본다. 단지, 그때보다 부족한 것이 있다면 바로 신뢰일 것이다. 정부와 국민 간 신뢰가 그 당시와 차이가 나면서 우리는 세종대왕과 같은 치세를 누리지 못하고 있는 것이 아닐까 한다. 그래서 나는 공직자들에게 국민으로부터 신뢰 받기 위한 노력을 더 할 것을 주문한다.

내가 본 우리나라 공직자 대부분이 우수하고, 전문가이며, 열심히 일한다. 또한 사명감이나 철학을 가진 공직자도 많이 보았기에 난 공직사회의 미래를 밝게 본다. 내가 본 지금까지의 공직사회는 그랬었다. 내가 인터뷰한 선배 공직자분들도 "후회가 있지만 그래도 행복했다."라고 말씀하셨다.

공직, 그 일은 세상을 밝게 하고, 누군가에게 희망을 주는 일이다. 그렇기에 공직자는 더 후회가 없어야 한다. 공직자의 후회는 바로 국민하고 연결되기 때문이다. 그리고 한 직업으로 30년을 근무하는 것은 참으로 행복한 일이다. 생각해 보아라. 30년 동안 늘 같은 고용주(국민)에게 이윤(희망)을 창출해 줄 수 있다고 생각하면, 무엇을 준비하여야 하고 어떤 방법으로 이윤(희망)을 창출하여야 하는지 어렵지 않게 알 수 있다. 그만큼 '후회'를 줄일 수 있다는 이야기다.

나는 이 글을 쓰면서 공직자는 국민에 대한 봉사자이기도 하지만 그 이전에 노동자임을 전제로 하였다. 왜냐하면 공직자를 단지 국민을 위한 봉사자라고만 여긴다면 '후회'라는 것으로 접근하지 못하였을 것이다. 봉사라는 것 자체가 '후회'하고는 맞지 않기 때문이다. 공직자를 직업 전문가로, 국민과 계약을 체결한, 국민이 고용한 고용인(servant)로 보았기 때문에 '후회'와 연결하고자 하였다.

이 글을 쓰면서 '후회'에 대한 상념을 참으로 많이 하였다. 그리고 때로는 눈물도 짓고, 한숨도 나왔다. 그 이유는 바로 '알고 있었는데도 불구하고 하지 않은 것'에 대한 나의 자책이요, 나에 대한 책망이었다.

공직에 입문할 때 면접관께서 나에게 이런 말을 해주셨다. "공직자 한 명이 나라를 살리기도 하고 나라를 망하게도 한다. 나라를 살리지는 못하더라도 망하게 하는 공직자는 되지 마라."

최근 공직자들이 어떻게 하면 공직생활의 '후회'를 줄일 수 있느냐 물어 온다. 그러면 나는 "오늘 당장 퇴임사를 써 보세요."라고 권한다. 그 퇴임사를 읽고 또 읽고, 그리고 외우라고 한다. 그러면서 그 퇴임사에 적혀 있는 후회목록을 오늘부터 하나씩 하나씩 지우라고, 그래서 퇴임할 때는 퇴임사에 딱 세 마디만 할 수 있도록 하라고 말한다.

"감사합니다. 고맙습니다. 그리고 행복했습니다."

모든 공직자가 그럴 수 있기를 진심으로 소원한다.

그리고 마지막으로 퇴직하신 선배님들의 설문 및 인터뷰에서 건강과 가족, 재테크, 미래에 대한 투자, 외국어 공부, 즐겁게 일하기, 감정적으로 일처리 한 것, 독서를 많이 하지 못한 것 등 우리가 늘

알지만 또 소홀히 하는 것에 대한 후회가 많다는 것을 알 수 있었다. 그러나 그런 것은 다른 책에서 많이 다루고 있기에 이 책에서는 다루지 않았다는 점 알려 드린다.

과거에 했던 일에 대한 후회는 시간이 지나면 잊힐 수 있다. 하지만 하지 않은 일에 대한 후회는 위안 받을 수 없다.

— 시드니 J 해리스

"감사합니다!"

명예퇴직은 어려운 결정이었지만, 그 결정을 지지해 주고 그리고 퇴직 후에도 늘 나를 응원하여 주신 고마운 분들이 있었다. 퇴직하고 1년은 너무 힘들었고, 그렇게 힘들 때 나의 손을 잡아 주신 분들이라 한 분도 빠짐없이 기록하여 본다. 그들이 없었으면 지금의 나도, 이 글도 없었을 것이다. 늘 내 곁에 있어 주시길 소원한다. 그리고 고마움을 담아 드린다.

가족 중에 유일하게 공직에 있었던 나를, 그래서 더 나를 자랑스러워 하셨던 우리 부모님께 허락을 받지도 않고 공직에서 퇴직한 것에 대한 죄송스러움과 늘 묵묵히 지켜봐 주신 것에 대하여 감사드린다. 그리고 퇴직 후 한동안 백수였던 나를 늘 응원해 준 우리 가족, 나의 아내, 특히 백수인 아빠를 존경한다는 우리 딸 자은이, 우리 아들 유래에게 고맙다고 사랑한다고 전한다.

"자은아, 유래야, 너희들의 응원이 아빠에게는 가장 큰 힘이라는 것을 알고 있지?"

지난해를 내 인생에 있어 가장 의미 있게 보내도록 도와준 우리 원주기후변화대응교육연구센터 김영하 위원장님, 김응석 센터장님, 제현수 국장님, 이소장 부장님, 이경호 간사님, 윤회승 간사님, 박은주 간사님, 엄영철 간사님, 권지영 간사님, 김홍열 간사님, 박보미 간사님, 김정중 간사님께 이 글을 통해 감사의 말씀을 전한다.

또 지난해 청소년 포럼, 원주시 온실가스 감축을 위한 에너지 레시피 등 의미 있는 많은 사업에 나를 초청해 주신 연세대 의과대 고상백 교수님, 연세대 환경공학과 구자건 교수님, 강릉원주대 전기공학과 이상돈 교수님, 상지대학교 산림과학과 엄태원 교수님, 원주환경운동연합 김경준 국장님, 그리고 이클레이한국사무소 한순금 박사님께도 살아가면서 좋은 인연을 내주시어 감사의 말씀을 올린다.

나의 공직 마지막을 아름답게 만들어 주신 환경부 남광희 자연보전국장님(현 분쟁위원장님), 그리고 생물다양성과 김종률 과장님, 윤은정 서기관님, 김영식 사무관님, 박정준 사무관님, 정수명 사무관님, 장혜숙 사무관님, 김봉필 선생님, 김익수 선생님, 김옥상 선생님, 위경희 선생님, 김윤아 선생님, 서현화 선생님과, 길지현 박사님, 정석환 박사님께도 평생 잊을 수 없는 은혜를 주신 것 마음 깊이 머리 숙여 감사의 말씀을 드린다.

또 나의 퇴임식에 모두 참석해 주신 자연보전국 직원과 늘 나에게 아름다운 마음을 내주신 환경부 직원 모두에게도 사랑한다는 말씀을 전한다. 또한, 강릉시청, 강원도청, 중앙선거관리위원회, 통일부 등 나와 인연이 되어 지금까지 나에게 많은 사랑을 주신 모든 공직자분들, 기억의 편린으로 가슴속 언저리에 항상 남아 있음이 행복하다. 살아가면서 그 은혜 평생토록 잊지 않을 것을 약속드린다.

환경부공무원노동조합 활동을 하면서 늘 같은 곳을 바라보았던 박상동 위원장님, 이동춘 전 위원장님, 은준기 사무국장님, 허균 수석님, 박응로 수석님, 고준귀 부위원장님, 정윤숙 부위원장님, 박문구 부장님, 강진훈 부장님, 그리고 같이한 모든 임원님들, 모든 조합원님께도 감사의 말씀을 드린다. 그리고 공직사회가 더 일하기 좋고, 국민에게 더 신뢰 받을 수 있도록 지금의 노력 멈추지 않고 질주하여 꼭 이루어 내기를 소원한다.

그리고 사랑하는 나의 친구들…….
매일 하루에 한 통씩 전화로 파이팅을 외쳐 준 나의 평생지기 이현석, 퇴직 이후 정신적으로 경제적으로 엄청난 도움을 주어 내가 죽어서도 절대 잊을 수 없는 우리의 878모임 친구들인 전인표, 육종국, 최선준, 최대기, 최길영, 이제희, 매일 아침 전화를 안 걸어 주면 삐지는 나의 정신적 지주 소민섭, 원주에서 마음이 제일 넓은 바다 같은 친구 김태환, 강원FC와 나를 가장 사랑한다는 최태원, 힘들 때마다 속초로 초대하여 맛난 것을 사 주는 동해선CIQ 공무원 동기들인 정창범, 박기준, 남해원, 박성희, 임영재, 문경수, 늘 나에게 시간의 소중함을 알려 주는 박명근 그리고 힘들고 어려울 때마다 나를 위로하고 격려해 준 강순원, 김철기, 주홍, 강성일, 김두호, 전찬

혁, 허행일, 정창환, 김동준, 김민성, 조영수, 최돈삼, 박재수, 김성규, 정동한, 홍성관, 이정일, 조영관, 송민호, 최상경, 황용래, 최종근, 최태영, 손창환, 임용호, 강원구, 이도엽, 김석래, 신정태, 강성습, 김충기, 이영호, 최돈영, 김남규, 김남윤, 박경원, 박상욱, 조예현, 최소영, 박재한, 심종혁, 김재준, 황경래, 이상윤, 송종국, 권경환, 이주현, 김일우, 전성표, 심은석, 김남각, 박태원, 박규동, 김윤기, 함동은, 김종삼, 김왕식, 권혁일, 설영호, 승봉혁, 박종필, 김형중, 김성호, 김선휴, 윤종용, 양재용, 권혁환, 이현종, 유동수에게도 진심으로 고마움을 전한다.

환경공학과, 에너지공학과 등 대학생들과 희망에 대하여 많은 이야기를 나눌 수 있도록 도와주신 상지대학교 김세현 교수님, 최준길 교수님, 강원대학교 허우명 교수님, 연세대학교 정태영 교수님, 한림성심대학교 이용석 교수님, 홍성욱 교수님, 광운대학교 김임순 교수님, 백현민 교수님, 장윤영 교수님, 정연돈 교수님, 양재규 교수님, 한국교통대학교 장인수 교수님, 한양대학교 전동표 팀장님 등 교수님들과 지인분들께도 감사의 말씀을 전한다. 그리고 나의 강의를 듣고 용기를 얻었다며 마음을 열어 준 대학생들, 또 나의 강의를 들으며 새로이 무언가에 도전할 우리의 학생들에게 응원의 박수를 보낸다.

퇴직한 날로부터 지금까지 늘 나를 응원하여 주시는 나의 영원한 은사님 김연식 선생님, 심미자 선생님, 김중태 전 실장님, 이규만 전 청장님, 이성한 전 청장님, 박연수 전 청장님, 전제원 선배님, 권창동 선배님, 최용규 후배님, 최종길 후배님, 김진배 후배님, 심문찬 후배님, 김세환 전 국장님, 함대식 전 국장님, 이용식 전 과장님, 홍성우 전 국장님, 손동훈 전 과장님, 최부길 전 과장님, 백운봉 전 국장님, 배준기 선배님, 박상준 선배님, 전관표 선배님, 조규혁 선배님, 김진규 선배님, 황병관 선배님, 김중남 선배님, 이정수 선배님, 김범수 선배님, 이승철 선배님, 전길탁 선배님, 김진휘 선배님, 최종림 선배님, 이상원 정책보좌관님, 김택남 국장님, 김남대 국장님, 황병일 소장님, 박병진 국장님, 송삼규 사무관님, 문남수 과장님, 노재하 과장님, 김익경 사무관님, 이종명 사무관님, 김경구 사무관님, 김진수 선생님, 최경락 선생님, 박한규 과장님, 권수안 사무관님, 손진권 사무관님, 염규봉 사무관님, 남창진 선생님, 유열 계장님, 이은심 계장님, 박경아 과장님, 김은희 과장님, 이정순 계장님, 최대영 계장님, 서은영 선생님, 신승춘 계장님, 임정규 계장님, 전미애 선생님, 홍성태 과장님, 박경자 과장님, 정준호 계장님, 김지현 선생님, 김신동 계장님, 심승보 계장님, 조광희 계장님, 이종권 과장님, 임상빈 선생님, 김재구 계장님, 이병주 선생님, 박경열 과장님, 김호열 단장님, 최근구 계장님, 안재필 실장님, 고광선 과장님, 김창인 과장님, 이성수 실장님, 이해숙 계장님, 김광래 계장님, 김상미 선생님, 이상덕 과장님, 이종욱 선생님, 노재홍 계장님, 김명수 계장님, 강충원 계장님, 손명성 계장님, 김영환 과장님, 박지혜 선생님, 이민석 선생님, 최봉준 선생님,

이미연 선생님, 이철수 팀장님, 유연기 팀장님, 양승조 팀장님, 김정욱 팀장님, 이경남 선생님, 동남옥 선생님, 김영식 과장님, 이용훈 팀장님, 최종인 과장님, 이정석 팀장님, 허남덕 팀장님, 송유철 선배님, 허봉조 팀장님, 오경석 팀장님, 고대걸 팀장님, 김송현 팀장님, 엄소희 선생님, 임희택 팀장님, 박건우 팀장님, 최은실 팀장님, 이유경 팀장님, 김준식 선생님, 오현경 연구사님, 서문홍 연구사님, 길현종 연구관님, 유숙자 선생님, 추미선 선생님, 전은혜 팀장님, 안유미 선생님, 이정준 선생님, 강유리 선생님, 심근영 팀장님, 신상엽 팀장님, 김희석 선생님, 임성빈 선생님, 최민 선생님, 홍정호 사무관님, 허정 사무관님, 고인곤 서기관님, 박지하 사무관님, 이규형 사무관님, 윤승일 과장님, 강연서 과장님, 정완호 사무관님, 김주헌 과장님, 임병철 서기관님, 김재훈 서기관님, 하민수 과장님, 최홍규 사무관님, 도경호 사무관님, 박종학 계장님, 구기수 과장님, 김경주 선생님, 이한일 과장님, 김영수 과장님, 김기병 국장님, 조준식 사무관님, 이경화 팀장님, 이유경 팀장님, 이성기 국장님, 전인원 과장님, 김남익 계장님, 이진숙 선생님, 차혜영 사무관님, 최재윤 과장님, 김동진 과장님, 남미란 과장님, 류호일 과장님, 고동훈 팀장님, 정성광 팀장님, 박주영 사무관님, 김주엽 사무관님, 장천수 과장님, 조성돈 사무관님, 신동혁 팀장님, 전상인 팀장님, 김영 팀장님, 조준행 선생님, 김영주 선생님, 최희정 팀장님, 장정호 팀장님, 이해진 선생님, 윤정수 선배님, 이치우 사무관님, 황기협 사무관님, 김효영 사무관님, 연경화 선생님, 신원철 사무관님, 박찬갑 과장님, 채수만 과장님, 정종선 과장님, 조희송 과장님, 김지연 과장님, 최명식 사무관님, 강정완 사무관님, 김석종 사무관님, 김기덕 사무관님, 김기용 사무관님, 김은희 사무관님, 정우용 사무관님, 류영환 사무관님, 정해정 선생님, 박해철 사무관님, 고대현 서기관님, 최종원 과장님, 유태철 과장님, 전종철 센터장님, 서영희 선생님, 이승현 팀장님, 이한은 선생님, 고은별 선생님, 안채선 선생님, 소병훈 팀장님, 곽경복 선생님, 김수진 선생님, 유현미 선생님, 홍남희 선생님, 최봉순 선생님, 김현욱 선생님, 이윤중 팀장님, 안희웅 선생님, 강태구 선생님, 한두희 팀장님, 이준석 선생님, 최승준 선생님, 이혜은 선생님, 엄수진 선생님, 남정희 선생님, 성미영 선생님, 조성은 선생님, 문나은 선생님, 이준희 선생님, 정창순 선생님, 이석형 선생님, 최현숙 선생님, 정혜원 선생님, 심완섭 선생님, 손정기 선생님, 진건기 선생님, 이금연 선생님, 김용학 팀장님, 오희웅 선생님, 강시내 선생님, 김진이 선생님, 남철현 선생님, 박소연 선생님, 조정환 선생님, 장무근 팀장님, 이성률 과장님, 안명찬 연구사님, 김수진 연구사님, 성경희 연구사님, 강윤호 연구사님, 이은미 선생님, 정혜민 선생님, 박명종 선생님, 권혁상 선생님, 안형례 선생님, 김진형 사무관님, 정명환 사무관님, 최효선 선생님, 이연화 선생님, 이경훈 선생님, 안소영 선생님, 서병규 선생님, 박정식 팀장님, 장인규 선생님, 황상훈 대표님, 이주영 국장님, 김영석 기자님, 이명우 기자님, 강탁균 기자님, 김애영 차장님, 이철용 차장님, 민창기 팀장님, 천재룡 사장님, 오영환 사장님, 박유욱 사장님, 이춘원 부사장님, 박선환 전무님, 이율경 박사님께서도 보내 주신 은혜 살아가면서 갚을 수 있기를 소원한다.

　　강원도 산하를 같이 다니면서 야생동물의 소중함을 알려 주시는 야생동물연합 조범준 국장님, 한창욱 박사님, 나의 아들 유래에게 늘 꿈과 희망을 주시는 홀로세생태연구소 이강운 소장님과 연구원님들, 국립공원관리공단 권철환 소장님, 문명근 부장님, 양두하 과장님, 김태한 계장님, 박종길 센터장님, 정철운 센터장님, 손장익 센터장님, 최종오 부장님, 국립생태원 박술현 부장님, 낙동강생물자원관 권세남 선생님, 녹색연합 정규석 국장님, 강원지역녹색환경지원센터 이상익 국장님, 전정숙 선생님, 조은혜 선생님, 이현주 선생님과 직원분들, 충북지역녹색환경지원센터 이재경 사무국장님, 최정구 부장님, 김기호 선생님과 직원분들, 한국수달연구센터 한성용 소장님, 김형후 박사님, 한국자생식물원의 김영철 실장님, 천리포수목원에 남수환 팀장님, 기청산식물원에 강기호 소장님, 한택식물원에 이완희 실장님, 환경보전협회 함동균 차장님, 만도에 송인수 차장님, 청정강원21 강남일 처장님과 직원분들, 강릉의제21 이정임 사무국장님, LH 김진석 부장님, LH 임병근 차장님, 가스공사 강신재 팀장님, 동해화력 성병석 차장님, 엄미숙 대리님, 수자원공사 박현순 팀장님, 송호일 차장님, 박대진 차장님, 원주 정토원의 임길자 원장님, 자연학습원 강성태 본부장님, 철도공사 안효삼 팀장님, 환경영향평가협회 공성원 사무국장님, 한국환경영향평가사회 한기선 회장님, 명민호 사무총장님, 신선 총무님, 그리고 회원님들, 또 늘 만나면 반갑고 행복한 우리의 4인방 이시형, 최진한, 오홍석 평가사님, 자원봉사로 만나 이제는 한 가족 같은 행복나눔터 동아리 이상길 회장님, 태선미 총무님 등 회원님들, 숲에서 숲 해설로 만나 숲 이야기만 하는 우리 강원영동지역 4기 숲 해설가 김유자 회장님과 회원님들, 한 달에 한 번 만나 건강을 이야기하는 발효효소동아리 최영미 회장님과 회원님들, 숲에서 나는 온갖 식물에 대하여 지식을 나누는 약용식물동아리 정선지 교수님, 정재영 회장님과 회원님들, 강원자연사랑연합 현각 이사장님, 남화여 회장님과 모든 회원님들 모두모두 나에게 소중한 분들이다.

퇴직하고 지금까지 늘 내 마음의 언덕이 되어 주시고 놀러 갈 때마다 대로까지 배웅을 해주시는 신일환경 신보균 대표님, 이종환 이사님, 정윤경 대리님 그리고 모든 직원분들, 늘 따뜻한 차 한잔으로 살아가는 이야기를 나누어 주시는 선진환경 김근한 사장님, 김주한 이사님, 이남희 부장님 그리고 모든 직원님들, 이따금씩 맛있는 점심으로 서로에게 응원이 되어 주는 우신이엔씨 최재용 사장님, 이광석 사장님과 직원분들, 용평리조트 송재호 과장님, 강원개발공사 전규빈 팀장님, 김진원 대리님, 보광그룹 견정필 팀장님, 웰리힐리리조트의 김경원 팀장님, 이광재 차장님, 한솔그룹 정의권 과장님, 유돈상 팀장님, 양동인 차장님, 대명그룹 이유호 과장님, 이원준 팀장님, 황수용 팀장님, GS건설 정형진 부장님, 리솜그룹 김정재 본부장님, 강경아 팀장님, 로드힐즈 박재운 과장님, 현대아산 장영수 차장님, 현대건설 윤정수 소장님, 우준석 소장님, 휴먼플래닛의 최재훈 사장님······. 지금 내가 잘 살고 있다면 분명 그분들의 덕이었으며, 늘 감사함을 전한다.

설문서에 또박또박 한 자 한 자 써 내려가면서 많은 생각을 하셨다며 설문에 응해 주시고 응원의 박수를 보내 주신 백영수 부사장님, 정만희 선배님을 비롯하여 설문에 답하여 주신 많은 공직 선배님들, 인터뷰를 하는 동안 너무나도 진지하게 오래전 이야기를 꺼내어 나를 눈물짓게 한 유태선 전 부군수님, 조규석 전 실장님, 김영태 전 과장님 등 인터뷰에 응해 주신 많은 공직 대 선배님들, 그리고 이 책을 쓸 수 있도록 영감을 불어넣어 주시고, 응원하여 주시고, 또 강의 때마다 신선한 아이디어를 주시어 나를 행복하게 해주신 내 평생의 은인인 원주 북새통서점 안정한 사장님께도 사랑한다고 전하고 싶다.

그리고 마지막으로 못난 나의 글을 출간하여 주신 평단의 최석두 대표님과 황인원 주간님을 비롯한 관계자 모든 분들께 감사의 마음을 전한다.

2016년 4월 초
원주 치악산 자락에서 김남형 드림

지은이 | 김남형
발행처 | 시간과공간사
발행인 | 최석두

신고번호 | 제2015-000085
신고연월일 | 2009년 12월 01일

초판 인쇄 | 2016년 04월 22일
초판 발행 | 2016년 04월 28일

우편번호 | 10594
주소 | 경기도 고양시 덕양구 통일로 140(동산동 376) 삼송테크노밸리 A동 351호
전화번호 | (02)325-8144(代)
팩스번호 | (02)325-8143
이메일 | pyongdan@daum.net

ISBN | 978-89-7142-987-7 03810

값 · 13,000원

ⓒ 김남형, 2016, Printed in Korea

※ 잘못된 책은 구입하신 곳에서 바꾸어 드립니다.

이 도서의 국립중앙도서관 출판시 도서목록(CIP)은
서지정보유통지원시스템 홈페이지(http://seoji.nl.go.kr)와
국가자료 공동목록시스템(http://www.nl.go.kr/kolisnet)에서
이용하실 수 있습니다.
(CIP제어번호 : CIP2016009054)

※ 저작권법에 의하여 이 책의 내용을 저작권자 및 출판사 허락 없이
   무단 전재 및 무단 복제, 인용을 금합니다.